U0952511

"一带一路"

沿线国家出口比较优势分析与进口需求研究

俄罗斯、蒙古国和独联体其他六国

李敬　邓靖　李志军 等／著

B&R

经济日报出版社

“一带一路”沿线国家出口比较优势分析与进口需求研究：俄罗斯、蒙古国和独联体其他六国

李 敬 邓 靖 李志军等著

主要作者

李 敬 重庆工商大学经济学院
邓 靖 重庆社会科学院
李志军 《管理世界》经济研究院
李 然 重庆工商大学经济学院
谢晓英 重庆大学公共管理学院
雷 俐 重庆工商大学长江上游经济研究中心
肖伶俐 重庆大学公共管理学院
王丽纳 重庆大学公共管理学院
田 文 重庆大学公共管理学院
刘 洋 重庆大学公共管理学院
覃乔亦 重庆电子工程职业学院
周平录 对外经济贸易大学
陈晓易 对外经济贸易大学
王 静 中国社会科学院大学
单 珊 吉林大学创新发展研究院（北京）
贺 静 《管理世界》经济研究院
王冬晨 《管理世界》经济研究院
李逸飞 《管理世界》经济研究院
张世国 《管理世界》经济研究院
王 宇 《管理世界》经济研究院
禤俊名 《管理世界》经济研究院
徐 迅 《管理世界》经济研究院
张静蕾 《管理世界》经济研究院
梁 蕊 《管理世界》经济研究院

序　言

2013年国家主席习近平提出“一带一路”倡议，旨在借用古代丝绸之路的历史符号，高举和平发展的旗帜，积极发展与沿线国家的经济合作伙伴关系，共同打造政治互信、经济融合、文化包容的利益共同体、命运共同体和责任共同体。共建“一带一路”正在成为中国参与全球开放合作、改善全球经济治理体系、促进全球共同发展繁荣的中国方案。

五年来，中国政府坚持开放合作、和谐包容、市场运作、互利共赢原则，积极促进政策沟通、设施联通、贸易畅通、资金融通、民心相通，取得显著成绩。政策沟通深入有效，政治互信不断加强。截至2019年3月，中国已经与123个国家和29个国际组织签署了171份共建“一带一路”合作文件。“一带一路”国际合作高峰论坛、G20杭州峰会、博鳌亚洲论坛等已成为中国与“一带一路”国家高层交往的重要平台。设施联通发展迅猛。目前，中国港口已与世界200多个国家、600多个主要港口建立航线联系，海运互联互通指数保持全球第一。海运服务已覆盖“一带一路”沿线所有沿海国家。中国与“一带一路”国家的铁路联通水平表现突出，截至2018年底，中欧班列累计开行数量突破12000列，国内开行城市56个，到达欧洲15个国家49个城市。贸易畅通成效明显。五年来，中国与“一带一路”参与国贸易和投资合作不断扩大，形成了互利共赢的良好局面。2013年至2017年，中国与“一带一路”国家进出口总额达69756.23亿美元，与相关国家贸易增速高于中国对外整体增速，成为推动中国外贸加速回暖的重要力量。资金融通持续扩容。截至2018年底，亚投行成员已达93个，来自“一带一路”的小伙伴超过6成；中国出资400亿美元成立的丝路基金；24个国家设立中资银行分支机构102家；人民币跨境支付系统覆盖俄罗斯、新加坡、马来西亚等40个“一带一路”国家165家银行。民心相通增进友谊。五年来，中国与“一带一路”参与国家之间科教文卫等多层次、多领域人文交流合作务实推进，“一带一路”的民意基础进一步夯实。

在逆全球化浪潮滚滚而来、国际环境复杂多变的背景下，加快推进“一带一路”建设，对促进沿线各国的持续发展与加强区域合作具有十分重大的战略意义。“一带一路”沿线各国资源禀赋各异，潜藏着彼此合作的巨大潜力和空间。本丛书从出口产业比较优势、出口主导产业分布、出口比较优势变化、进口需求及其变化等维度，详细剖析“一带一路”沿线国家的产业情况，可为中国企业参与“一带一路”沿线国家产能合作提供支撑，也可为政府政策制订提供参考。

作者

2019 年 3 月于重庆

目　录

序　言 ………………………………………………………… 1

总体情况分析 …………………………………………………… 1

一、俄罗斯出口比较优势分析与进口需求研究 ……………… 3

（一）俄罗斯出口比较优势分析 ………………………………… 3

（二）俄罗斯出口主导产业分析 ………………………………… 9

（三）俄罗斯出口比较优势变化分析 …………………………… 17

（四）俄罗斯进口需求及其变化分析 …………………………… 18

二、蒙古国出口比较优势分析与进口需求研究 ……………… 27

（一）蒙古国出口比较优势分析 ………………………………… 27

（二）蒙古国出口主导产业分析 ………………………………… 33

（三）蒙古国出口比较优势变化分析 …………………………… 41

（四）蒙古国进口需求及其变化分析 …………………………… 42

三、阿塞拜疆出口比较优势分析与进口需求研究 …………… 50

（一）阿塞拜疆出口比较优势分析 ……………………………… 50

（二）阿塞拜疆出口主导产业分析 ……………………………… 55

（三）阿塞拜疆出口比较优势变化分析 ………………………… 63

（四）阿塞拜疆进口需求及其变化分析 ………………………… 64

四、白俄罗斯出口比较优势分析与进口需求研究 …………… 73

（一）白俄罗斯出口比较优势分析 ……………………………… 73

（二）白俄罗斯出口主导产业分析 ……………………………… 80

（三）白俄罗斯出口比较优势变化分析 …… 88
（四）白俄罗斯进口需求及其变化分析 …… 89
五、格鲁吉亚出口比较优势分析与进口需求研究 …… 98
（一）格鲁吉亚出口比较优势分析 …… 98
（二）格鲁吉亚国出口主导产业分析 …… 104
（三）格鲁吉亚出口比较优势变化分析 …… 111
（四）格鲁吉亚进口需求及其变化分析 …… 112
六、摩尔多瓦出口比较优势分析与进口需求研究 …… 120
（一）摩尔多瓦出口比较优势分析 …… 120
（二）摩尔多瓦出口主导产业分析 …… 126
（三）摩尔多瓦出口比较优势变化分析 …… 133
（四）摩尔多瓦进口需求及其变化分析 …… 134
七、乌克兰出口比较优势分析与进口需求研究 …… 143
（一）乌克兰出口比较优势分析 …… 143
（二）乌克兰出口主导产业分析 …… 149
（三）乌克兰出口比较优势变化分析 …… 158
（四）乌克兰进口需求及其变化分析 …… 159
八、亚美尼亚出口比较优势分析与进口需求研究 …… 167
（一）亚美尼亚出口比较优势分析 …… 167
（二）亚美尼亚出口主导产业分析 …… 173
（三）亚美尼亚出口比较优势变化分析 …… 181
（四）亚美尼亚进口需求及其变化分析 …… 182

总体情况分析

俄罗斯，从出口产品的比较优势来看，冻狭鳕鱼、其他喷气发动机（涡轮喷气发动机除外）、其他石棉排在前列。但俄罗斯比较优势产品与出口主导产品具有较弱的一致性。从比较优势变化来看，与2005年相比，2016年俄罗斯的比较优势产业有了逐步增强的态势。进口需求方面，俄罗斯对未按种类指定的商品、其他已配定剂量的药品、液化空气或其他气体用的机器三类产品的进口需求最为强烈。

蒙古国，从出口产品的比较优势来看，普通纺织原料、纱线和织物类产品的出口比较优势排名第一。但比较优势产品与出口主导产品具有较弱的一致性。从比较优势变化来看，与2005年相比，2016年蒙古国比较优势产业具有减弱态势。进口需求方面，蒙古国对矿产品的进口需求最为强烈。

独联体6国包括：乌克兰、白俄罗斯、格鲁吉亚、阿塞拜疆、亚美尼亚、摩尔多瓦。本章节主要从出口比较优势分析、出口主导产业以及进口需求等方面对独联体国家的产业进行分析。

阿塞拜疆出口比较优势有所变化，2005年排名前3的比较优势产品初榨的棉籽油，冷加工的角材、型材及异型材，浮动或潜水式钻探或生产平台都未进入2016年的前10。2005年至2016年，比较优势产业与出口主导产业一致程度并不高；进口产业变动幅度较小，具有一致性。主要进口的大类产品包括矿物开采器具及其零件、电机电气设备及其零件、交通工具、农作物及其制品、药物等。

2005年至2016年，白俄罗斯的出口比较优势有所变化，农业产品的比较优势明显提高，化工产品的比较优势相对下降；比较优势产业与出口主导产业一致程度并不高，仅仅在化工产品上有所对应；进口产品种类变动幅度较小，仍然以石油原油、气态天然气、石油油和油脂、其他已配定剂量的药品等商品为主。

2005年至2016年，格鲁吉亚出口产品比较优势变化不大，相对比较稳定；具有比较优势的出口产品和主要出口主导产品具有较高的一致性，两者都包括铜矿砂及其精矿、硅锰铁、无壳黑醋栗、硝酸铵等主要产品；进口产品种类变动幅度较小，石油油和油脂、1.5 升 < 排量 ≤ 3 升装点燃往复式活塞内燃发动机的其他载人车辆、气态天然气、其他已配定剂量的药品等产品仍然是主要进口商品。

2005 年至 2016 年，摩尔多瓦的出口比较优势有所变化，酒类产品的比较优势出现普遍下降趋势；比较优势产业与出口主导产业具有一定的一致性；进口产业变动幅度较小，进口需求仍集中在能源及其制品、药物、交通工具零配件、电气设备、化工产品等产品上。

2005 年至 2016 年，乌克兰出口商品的比较优势变化十分显著；比较优势产业与出口主导产业不具有一致性；进口产品分布变动幅度较小，具有一致性，主要分布在矿物能源、化学肥料、机械零部件、医疗药品等行业。

2005 年至 2016 年，亚美尼亚出口比较优势有所变化；比较优势产业与出口主导产业一致程度并不高，仅仅在其他贵重金属或贵金属包裹品上和未精炼铜、电解精炼用铜阳极有所对应；进口产业变动幅度较小，具有一致性，主要进口的大类仍然集中在矿物能源及其制品、钻石、医疗用品、农作物产品、机械零部件等。

一、俄罗斯出口比较优势分析与进口需求研究

（一）俄罗斯出口比较优势分析

表 RU-1 显示了 2005 年俄罗斯出口比较优势指数排名前 100 的产品。比较优势反映了一个国家服务在世界服务中的竞争地位。若 RCA ＞ 2.5，则表明该国服务具有极强的竞争力。从 2005 年俄罗斯出口产品前 100 的产品来看，所有产品的比较优势指数（RCA）都大于 2.5，即这 100 种产品相对于其他产品在国家贸易中更具竞争优势。2005 年排名前 10 的产品包括：已碾磨天然磷酸钙；异丁烯 – 异戊二烯橡胶；异戊二烯橡胶；磷酸二氢铵；供拆卸的船舶及其他浮动结构体；其他硅锰钢的条、杆；其他脱粒机；含有硝酸盐及磷酸盐的肥料；252400（该数字表示产品代码，下同）、其他针叶木原木，其比较优势指数分别为 28.4097、24.9740、23.9620、23.3805、20.4232、19.3574、18.5686、17.7912、17.7675、17.7306。可以看出，俄罗斯出口产品中，各产品的比较优势指数差距较小，不存在垄断竞争的产品。从产品整体的类别来看，俄罗斯的橡胶；化学用品；金属类产品；天然气石油类等产品具有明显的比较优势。

表 RU-1　2005 年俄罗斯比较优势指数排名前 100 产品

排名	产品名称	RCA	排名	产品名称	RCA
1	已碾磨天然磷酸钙	28.4097	51	未锻轧铬；铬粉末	7.6115
2	异丁烯 – 异戊二烯橡胶	24.9740	52	氨	7.5906
3	异戊二烯橡胶	23.9620	53	乙醛	7.4241
4	磷酸二氢铵	23.3805	54	其他含氮、磷两种元素肥料	7.3676
5	供拆卸的船舶及其他浮动结构体	20.4232	55	六氟铝酸钠（人造冰晶石）	7.3011
6	其他硅锰钢的条、杆	19.3574	56	未漂白的或漂白的亚麻机织物（亚麻含量不超过 85%）	7.2305

续表

排名	产品名称	RCA	排名	产品名称	RCA
7	其他脱粒机	18.5686	57	锂氧化物和氢氧化物	7.2218
8	含有硝酸盐及磷酸盐的肥料	17.7912	58	其他喷气发动机（涡轮喷气发动机除外）	7.1303
9	252400	17.7675	59	功率 >10000kW 的水轮机及水轮	7.0966
10	其他针叶木原木	17.7306	60	1mm ≥厚度≥ 0.5mm 的冷轧非卷材（未进一步加工，宽≥ 600mm，未包、镀、涂层）	7.0203
11	铁道用非机动厢高 >60cm 敞篷货车（包括电车道用）	16.6380	61	宽度小于厚度两倍的矩形截面钢坯（含碳量小于 0.25%）	6.9955
12	未锻轧非合金镍	16.3064	62	441214	6.8801
13	681260	16.3013	63	栎木（橡木）原木（用油漆，着色剂，杂酚油或其他防腐剂处理的除外）	6.8285
14	钨矿砂及其精矿	15.9693	64	列诺伦（亚麻油地毡）（不论是否剪切成形）	6.8019
15	重铬酸钠	15.7544	65	其他钛及其制品	6.7117
16	其他铬铁	14.8674	66	硼氧化物、硼酸	6.5937
17	气态天然气	13.9805	67	直接从铁矿还原的铁制品（铁团、铁粒及类似形状）	6.5692
18	钛铁及硅钛铁	13.9613	68	葵花子油渣饼及固体残渣	6.2245
19	水及其他蒸汽动力装置的冷凝器	13.4730	69	冶炼钢铁产生的其他熔渣、浮渣及其他废料	6.1635
20	未锻轧镍合金	13.3501	70	其他贵金属化合物，贵金属汞齐	6.1305
21	非合金生铁，按重量计含磷量在 0.5% 及以下	13.2921	71	其他同位素及其他化合物	6.1049
22	未漂白的针叶木亚硫酸盐木浆（溶解级的除外）	12.8954	72	尿素	6.0167
23	冻鲽鱼（鱼肝及鱼卵除外）	12.7440	73	石油原油	5.9683
24	未辐照燃料元件	12.2442	74	石油油和油脂	5.9312
25	其他未列名原木（用油漆，着色剂，杂酚油或其他防腐剂处理的除外）	12.1799	75	其他主要含铅的矿渣、矿灰及残渣	5.9143
26	锑矿砂及其精矿	12.0289	76	铜的硫酸盐	5.8823
27	整张的其他生毛皮（不论是否带头，尾或爪）	11.9961	77	最大截面尺寸 >6mm 的精炼铜丝	5.8421

续表

排名	产品名称	RCA	排名	产品名称	RCA
28	过氧化钠及过氧化钾	11.7653	78	最大截面尺寸 >7mm 的非合金铝丝	5.7736
29	氯化钾	11.3585	79	褐煤	5.7365
30	钙	11.0459	80	1- 氯 -2，3- 环氧丙烷（表氯醇）	5.7332
31	冻红大马哈鱼（鱼肝及鱼卵除外）	10.9107	81	含碳量低于 0.25% 的冷轧板材（宽 <600mm，未包，镀，涂层）	5.5067
32	取向性硅电钢宽板（宽≥ 600mm）	10.8941	82	漂白的和未漂白的纯亚麻机织物	5.4858
33	其他矩形截面钢坯[含碳量小于 0.25%（正方形截面除外）]	10.8437	83	沥青页岩、油页岩及焦油砂	5.4616
34	硝酸铵	10.7781	84	其他含碳量小于 0.25% 的钢坯	5.4413
35	未漂白针叶木碱木浆或硫酸盐木浆（溶解级的除外）	10.5084	85	其他以钢铁为主的废五金材料	5.3879
36	含碳量不小于 0.25% 的钢坯	10.4992	86	其他丁醇	5.3815
37	其他钒铁	10.1919	87	含镁量≥ 99.8% 的未锻轧镁	5.3796
38	磷酸氢二铵	9.8279	88	非片状的铜粉末	5.3635
39	钒氧化物和氢氧化物	9.6889	89	核反应堆的燃料元件（筒）	5.3254
40	石棉水泥、纤维素纤维水泥等波纹板	9.6783	90	钴锍、未锻轧钴、粉末	5.3042
41	其他冷加工或冷成形的条、杆	9.1461	91	尿素及硝酸铵混合物的水溶液	5.2069
42	三氯乙烯	8.8937	92	30360	5.2007
43	以铅化合物为基本成分的抗震剂	8.3548	93	282620	5.1290
44	其他铬的氧化物及氢氧化物	8.2939	94	其他已浸渍的铁道及电车道枕木	5.1249
45	化学肥料或矿物肥料（含氮、磷、钾三种肥效元素）	8.2460	95	1mm ≥厚度≥ 0.5mm 冷轧卷材（宽≥ 600mm）	5.0641
46	未锻轧非合金铝	8.2392	96	300110	4.9855
47	未浸渍的铁道及电车道枕木	8.1537	97	正丁醇	4.9746
48	铁或非合金钢的锻造条、杆（除热加工外未进一步加工）	8.1077	98	其他合金钢冷成形或冷加工条、杆（除冷成形或冷加工外未进一步加工）	4.9056
49	无烟煤	7.7355	99	甲硫氨酸（蛋氨酸）	4.7586
50	厚度 <3mm 的其他热轧卷材（除热轧外未进一步加工宽≥ 600mm，未包、镀、涂层）	7.6695	100	630292	4.7270

数据来源：由联合国商品贸易数据计算整理所得

2016 年，俄罗斯比较优势指数排名前 100 产品的比较优势指数都大于 2.5。即这些产品在国家贸易中更具竞争优势。其中排名前 10 的产品包括冻狭鳕鱼；其他喷气发动机（涡轮喷气发动机除外）；其他石棉；红花子；鲸、海豚及鼠海豚（鲸目哺乳动物）、海牛及儒艮（海牛目哺乳动物）；无烟煤；已碾磨天然磷酸钙；非合金生铁，按重量计含磷量在 0.5% 及以下；直接从铁矿还原的铁制品（铁团、铁粒及类似形状）；其他硅锰钢的条、杆，其比较优势指数分别为 44.4734、35.1309、32.2749、31.3471、30.3355、29.0029、28.3726、28.0552、26.8262、25.8304。同时由表 RU-2 可知，俄罗斯各类产品的比较优势分布较为均匀，各个产品的比较优势指数差距较小，不存在比较优势绝对垄断的产品。整体来看，2016 年，俄罗斯在动物产品；发动机；机械类产品；金属类；天然气石油产品等方面具有显著的比较优势。

表 RU-2　2016 年俄罗斯比较优势指数排名前 100 产品

排名	产品名称	RCA	排名	产品名称	RCA
1	冻狭鳕鱼	44.4734	51	铁道用非机动厢高 >60cm 敞篷货车（包括电车道用）	11.1889
2	其他喷气发动机（涡轮喷气发动机除外）	35.1309	52	镀或涂铅的铁或非合金钢平板轧材（包括镀铅锡钢板，宽度在 600mm 及以上）	11.0778
3	其他石棉	32.2749	53	未锻轧非合金镍	10.9448
4	红花子	31.3471	54	硅铁，含硅量在 55% 以上	10.9416
5	鲸、海豚及鼠海豚（鲸目哺乳动物）、海牛及儒艮（海牛目哺乳动物）	30.3355	55	磷酸二氢铵	10.5566
6	无烟煤	29.0029	56	鲜、冷、干、盐腌或盐渍的带壳或去壳蟹	10.5495
7	已碾磨天然磷酸钙	28.3726	57	其他铬酸盐及重铬酸盐，过铬酸盐	10.1765
8	非合金生铁，按重量计含磷量在 0.5% 及以下	28.0552	58	冻蟹	9.9030
9	直接从铁矿还原的铁制品（铁团、铁粒及类似形状）	26.8262	59	成片或成卷的压缩石棉纤维接合材料（不含青石棉制品）	9.5523
10	其他硅锰钢的条、杆	25.8304	60	其他硅电钢窄板（宽 <600mm）	9.4259
11	异戊二烯橡胶	25.3900	61	核反应堆的燃料元件（筒）	9.2957
12	含石棉的制品	23.3580	62	经其他加工的其他谷物	9.2899
13	宽度小于厚度两倍的矩形截面钢坯（含碳量小于 0.25%）	21.9262	63	未漂白的针叶木亚硫酸盐木浆（溶解级的除外）	9.2615
14	其他铬铁	21.4166	64	其他糖蜜	9.0990

续表

排名	产品名称	RCA	排名	产品名称	RCA
15	含有硝酸盐及磷酸盐的肥料	20.9492	65	冶炼钢铁产生的其他熔渣、浮渣及其他废料	8.9587
16	含碳量不小于 0.25% 的钢坯	20.8682	66	未漂白针叶木碱木浆或硫酸盐木浆（溶解级的除外）	8.8247
17	整张的其他生毛皮（不论是否带头，尾或爪）	20.4271	67	活、鲜或冷的食用海胆	8.7339
18	冻红大马哈鱼（鱼肝及鱼卵除外）	20.2827	68	6– 己内酰胺	8.6608
19	异丁烯 – 异戊二烯橡胶	20.0586	69	土色料	8.5851
20	未辐照燃料元件	19.9724	70	铜的硫酸盐	8.5735
21	其他矩形截面钢坯 [含碳量小于 0.25%（正方形截面除外）]	19.3744	71	其他液化石油气、烃类气	8.4990
22	初榨的葵花油和红花油	18.5831	72	钢铁制桥梁及桥梁体段	8.3535
23	硝酸铵	18.5572	73	钒氧化物和氢氧化物	8.3000
24	未锻轧铬；铬粉末	17.5820	74	未锻轧非合金铝	8.2444
25	其他铁合金	16.4258	75	以纺织物为底涂布或覆面的铺地品（不论是否剪切成形）	8.2375
26	饱和无环烃	16.4080	76	饰面针叶木单板材（经纵锯，刨切或旋切的，厚度≤ 6mm）	8.1894
27	其他毛皮制物品	16.0503	77	至少有一表层是非针叶胶合板（每层厚度≤ 6mm，竹制除外）	7.8702
28	葵花子油渣饼及固体残渣	15.8917	78	厚 <3mm 的热轧非卷材（除热轧外未进一步加工，宽≥ 600mm，未包、镀，涂层）	7.7616
29	金属丝布或格栅状的铂催化剂	15.1625	79	其他未列名原木（用油漆，着色剂，杂酚油或其他防腐剂处理的除外）	7.7594
30	钛铁及硅钛铁	14.9205	80	精制的葵花油和红花油及其分离品	7.7540
31	未锻造或粉末状钯	14.5194	81	其他卤代丁基橡胶	7.7405
32	工业用钻石（未加工或经简单锯开，劈开或粗磨未镶嵌）	14.3943	82	其他针叶木原木	7.5305
33	化学肥料或矿物肥料（含氮、磷、钾三种肥效元素）	14.2378	83	冻鲱鱼（大西洋鲱鱼、太平洋鲱鱼）（鱼肝及鱼卵除外）	7.4999
34	冻鲽鱼（鱼肝及鱼卵除外）	14.1682	84	厚度 <3mm 的其他热轧卷材（除热轧外未进一步加工宽≥ 600mm，未包、镀、涂层）	7.4775

续表

排名	产品名称	RCA	排名	产品名称	RCA
35	其他铁道用机动客车，货车，敞车（包括电车道用的，但品目 8604 的货品除外）	14.1672	85	其他谷子	7.4498
36	其他石棉或石棉混合物制的纸、麻丝板	14.1435	86	雷达设备	7.4223
37	钨硅铁	13.9584	87	其他小麦及混合麦	7.3868
38	氨	13.2585	88	其他含氮、磷两种元素肥料	7.3640
39	冻鳕鱼（大西洋鳕鱼、太平洋鳕鱼、格陵兰鳕鱼）	13.0413	89	小麦糠、麸及其他残渣	7.3409
40	甜菜渣、甘蔗渣及类似残渣	13.0156	90	其他贵金属矿砂及其精矿	7.2787
41	尿素及硝酸铵混合物的水溶液	12.9251	91	尿素	7.1948
42	亚麻子	12.9086	92	其他磷酸钙	7.1510
43	钨矿砂及其精矿	12.8122	93	乙醛	7.0963
44	天然沥青等为基本成分的沥青混合物	11.6972	94	石油原油	7.0736
45	锑矿砂及其精矿	11.4196	95	烟煤	6.8854
46	重铬酸钠	11.3971	96	壁纸原纸（未经涂布的，成卷或成张）	6.8064
47	合纤制针织或钩编的窗帘等（包括帷帘，帐幔，帘帷及床帷）	11.3911	97	针叶木厚板材（经纵锯、纵切、刨切或旋切的，厚度超过 6mm）	6.7146
48	未磨的芫荽子	11.3436	98	石油油和油脂	6.6446
49	冻的狭鳕鱼鱼肉	11.2813	99	镍锍	6.5723
50	氯化钾	11.2619	100	其他铬及其制品	6.5045

数据来源：由联合国商品贸易数据计算整理所得

2005 年至 2016 年，俄罗斯出口比较优势有所变化。从比较优势指数来分析，相对于 2005 年，2016 年俄罗斯前 100 名产品的比较优势指数总体有所上升，比较优势均值从 9.7309 上升到 13.7030，增幅为 40.82%；比较优势指数最大值从 28.4097，上升到 44.4734，增幅为 56.54%；最小值从 4.7270 上升至 6.5045，增幅为 37.6%；组间差距也逐渐缩小。这表明俄罗斯在国际上具比较优势的产品的竞争力逐渐增强，且各产品之间的比较优势差距逐年增加。

从产品整体结构来看，2005 年和 2016 年排名前 10 的产品种类变化较大，已碾磨天然磷酸钙；其他硅锰钢的条、杆等产品始终具有较大的比较优势，相对于 2005

年，2016年冻狭鳕鱼；其他喷气发动机（涡轮喷气发动机除外）；其他石棉；红花子；鲸、海豚及鼠海豚（鲸目哺乳动物）、海牛及儒艮（海牛目哺乳动物）；无烟煤；非合金生铁，按重量计含磷量在0.5%及以下；直接从铁矿还原的铁制品（铁团、铁粒及类似形状）等产品的比较优势逐渐凸显，而异丁烯－异戊二烯橡胶；异戊二烯橡胶；磷酸二氢铵；供拆卸的船舶及其他浮动结构体；其他脱粒机；含有硝酸盐及磷酸盐的肥料；252400；其他针叶木原木等产品的比较优势逐渐消失。

从排名前10的具体产品来看，产品比较优势指数变动幅度较大。2005年排名前3的比较优势产品：已碾磨天然磷酸钙；异丁烯－异戊二烯橡胶；异戊二烯橡胶，分别下降到2016年的第7位、第19位、第11位，比较优势指数从28.4097、24.9740、23.9620变化到28.3726、25.3900、20.0586，已碾磨天然磷酸钙的比较优势略有下降，异丁烯－异戊二烯橡胶出现上升态势，但异戊二烯橡胶的下降趋势较为明显。

（二）俄罗斯出口主导产业分析

1. 出口主导产业测度

出口主导产业是由产业出口额占国家总出口额的比例来衡量的，所占比例越大，表明其在出口中所占地位越重，同时表明，此国生产相应产品的能力越强或拥有相应丰富的资源。表RU–3及表RU–4分别表示2005年与2016年俄罗斯出口额排名前100主导产品。

表RU–3　2005年俄罗斯出口额排名前100产品

单位：万美元、%

排名	产品名称	出口值	占比	排名	产品名称	出口值	占比
1	石油原油	7958393.06	32.96	51	异丁烯－异戊二烯橡胶	27143.06	0.11
2	气态天然气	3040589.34	12.59	52	其他钻探石油及天然气用的套管及导管（铸铁的除外）	26645.72	0.11
3	石油油和油脂	2790559.11	11.56	53	4.75mm>厚度≥3mm的大强度卷材（宽≥600mm）	26313.62	0.11
4	未按种类指定的商品	2035254.74	8.43	54	漂白针叶木碱木浆或硫酸盐木浆（包括半漂白的，溶解级的除外）	25623.22	0.11
5	车用汽油及航空汽油（铅含量每升超过0.013克）	592976.54	2.46	55	油轮	25212.29	0.10

续表

排名	产品名称	出口值	占比	排名	产品名称	出口值	占比
6	未锻轧非合金铝	332910.95	1.38	56	甲醇	24882.58	0.10
7	烟煤	332569.99	1.38	57	液化丙烷	24873.52	0.10
8	未锻轧非合金镍	328198.46	1.36	58	未锻轧镍合金	23681.33	0.10
9	其他矩形截面钢坯［含碳量小于 0.25%（正方形截面除外）］	246877.59	1.02	59	厚度 >10mm 的其他热轧非卷材（宽≥600mm，未包、镀，涂层）	23459.90	0.10
10	其他针叶木原木	218797.16	0.91	60	10mm ≥厚度≥ 4.75mm 的热轧非卷材（除热轧外未进一步加工，宽≥ 600mm，未包、镀，涂层）	23382.32	0.10
11	厚度 <3mm 的其他热轧卷材（除热轧外未进一步加工宽≥ 600mm，未包、镀、涂层）	187239.77	0.78	61	其他铝合金制条、杆	23105.16	0.10
12	针叶木厚板材（经纵锯、纵切、刨切或旋切的，厚度超过 6mm）	183642.61	0.76	62	其他贵金属化合物，贵金属汞齐	23018.32	0.10
13	其他以钢铁为主的废五金材料	180970.60	0.75	63	漂白非针叶木碱木浆或硫酸盐木浆	21723.89	0.09
14	非工业用钻石（未加工或经简单锯开，劈开或粗磨，未镶嵌）	166072.80	0.69	64	其他客或货车用新充气橡胶轮胎	21437.75	0.09
15	非合金生铁，按重量计含磷量在 0.5% 及以下	134473.83	0.56	65	3mm> 厚 >1mm 冷轧卷材（宽≥ 600mm）	21272.93	0.09
16	未锻轧铝合金	124283.74	0.51	66	含碳量低于 0.25% 的冷轧板材（宽 <600mm，未包，镀，涂层）	20807.20	0.09
17	最大截面尺寸 >6mm 的精炼铜丝	119285.04	0.49	67	其他冷加工或冷成形的条、杆	20761.20	0.09
18	氯化钾	117524.85	0.49	68	100300	20266.59	0.08
19	含碳量不小于 0.25% 的钢坯	114093.19	0.47	69	其他初级形状羧基丁苯橡胶等（胶乳除外）	19848.41	0.08
20	小麦或马尾松种子免耕小麦	112718.16	0.47	70	其他铬铁	19461.15	0.08
21	精炼铜的阴极型材（未锻轧的）	103033.73	0.43	71	丁二烯橡胶	19403.25	0.08

续表

排名	产品名称	出口值	占比	排名	产品名称	出口值	占比
22	宽度小于厚度两倍的矩形截面钢坯（含碳量小于0.25%）	102007.25	0.42	72	其他硅电钢宽板（宽≥600mm）	19258.52	0.08
23	1mm≥厚度≥0.5mm冷轧卷材（宽≥600mm）	88210.09	0.37	73	10mm≥厚≥4.75mm的其他热轧卷材（除热轧外未进一步加工，宽≥600mm，未包、镀、涂层）	19166.06	0.08
24	尿素	79486.97	0.33	74	其他零件和附件	19061.47	0.08
25	未辐照燃料元件	72336.76	0.30	75	其他合金钢半成品	18530.35	0.08
26	氨	62890.27	0.26	76	雷达设备	18270.53	0.08
27	成卷或成张的新闻纸（成条宽>36cm，或一边>36cm，一边>15cm成张矩形）	60606.67	0.25	77	其他合金钢冷成形或冷加工条、杆（除冷成形或冷加工外未进一步加工）	18200.22	0.08
28	已烧结铁矿砂及其精矿	58884.44	0.24	78	异戊二烯橡胶	17550.61	0.07
29	其他未列名原木（用油漆，着色剂，杂酚油或其他防腐剂处理的除外）	58654.34	0.24	79	最大截面尺寸>7mm的非合金铝丝	17435.58	0.07
30	电力	54990.29	0.23	80	已碾磨天然磷酸钙	17270.37	0.07
31	取向性硅电钢宽板（宽≥600mm）	49367.10	0.20	81	铬铁，按重量计含碳量在4%以上	17110.13	0.07
32	焦炭或半焦炭、甑炭	48414.84	0.20	82	直接从铁矿还原的铁制品（铁团、铁粒及类似形状）	17048.84	0.07
33	化学肥料或矿物肥料（含氮、磷、钾三种肥效元素）	48292.00	0.20	83	初榨的葵花油和红花油	16839.64	0.07
34	1.5升<排量≤3升装点燃往复式活塞内燃发动机的其他载人车辆	47829.45	0.20	84	合金铝制铝塑复合矩形板、片及带（包括正方形）厚度厚>0.2mm	16745.34	0.07
35	飞机和其他飞机的空载重量超过15000kg	47636.84	0.20	85	精炼铜条、杆、型材及异型材	16218.95	0.07
36	441214	47215.76	0.20	86	硅铁，含硅量在55%以上	16145.75	0.07
37	硝酸铵	36601.58	0.15	87	碳	15484.92	0.06
38	涡轮喷气发动机（推力超过25千牛顿）	35849.30	0.15	88	其他热加工条、杆	15357.27	0.06

续表

排名	产品名称	出口值	占比	排名	产品名称	出口值	占比
39	其他钛及其制品	35758.25	0.15	89	铁道用非机动厢高 >60cm 敞篷货车（包括电车道用）	15324.80	0.06
40	6- 己内酰胺	34486.43	0.14	90	空载重量 >2 吨的直升机	15027.16	0.06
41	磷酸二氢铵	34220.54	0.14	91	未漂白针叶木碱木浆或硫酸盐木浆（溶解级的除外）	14958.79	0.06
42	无烟煤	33554.80	0.14	92	总重量≤ 5 吨的其他货车（汽油型，装有点燃式活塞内燃发动机）	14808.83	0.06
43	苯乙烯	31418.22	0.13	93	其他钢铁结构体及部件（包括结构体用的已加工钢板、型材、管子及类似品）	14560.98	0.06
44	圆截面直径 <14mm 的其他热轧盘条（不带有轧制过程中产生的变形）	30031.43	0.12	94	其他书籍，小册子及类似的印刷品（非单张的）	14538.77	0.06
45	钛铁及硅钛铁	29615.55	0.12	95	其他阀门（用于管道、锅炉、罐、桶或类似品的）	14493.59	0.06
46	其他钒铁	29420.59	0.12	96	其他硅锰钢的条、杆	14266.37	0.06
47	不锈钢废碎料	29032.82	0.12	98	其他无环醚及其卤化等衍生物	14260.65	0.06
48	磷酸氢二铵	28664.60	0.12	97	其他货物和其他船只运输货物和货物的船舶	14114.04	0.06
49	未烧结的铁矿石和精矿（焙烧黄铁矿除外）	28098.15	0.12	99	截面高度 >80mm 工字钢	13816.87	0.06
50	其他冷轧的铁制无缝圆形截面管	27633.13	0.11	100	其他编号未列名的食品	13571.70	0.06

数据来源：由联合国商品贸易数据计算整理所得

根据表 RU-3、RU-4 可知，2005 年，俄罗斯出口主导产品为石油原油；气态天然气；石油油和油脂；未按种类指定的商品；271011；未锻轧非合金铝；烟煤；未锻轧非合金镍；其他矩形截面钢坯 [含碳量小于 0.25%（正方形截面除外）]；其他针叶木原木。2016 年俄罗斯出口主导产品为石油原油；未按种类指定的商品；石油油和油脂；轻油及制品，不含生物柴油；烟煤；非工业用钻石（未加工或经简单锯开，劈开或粗磨，未镶嵌）；其他小麦及混合麦；针叶木厚板材（经纵锯、纵切、刨切或旋切的，厚度超过 6mm）；未锻轧非合金铝；液化天然气。对比 2005 年和 2016 年，俄罗斯排名前 10 的主导产品种类有部分发生变动，表明俄罗斯主要出口产品结构较为稳定。

表 RU-4　2016 年俄罗斯出口额排名前 100 产品

单位：万美元、%

排名	产品名称	出口值	占比	排名	产品名称	出口值	占比
1	石油原油	7367626.18	25.81	51	成卷或成张的新闻纸（成条宽 >36cm，或一边 >36cm，一边 >15cm 成张矩形）	42791.65	0.15
2	未按种类指定的商品	4526188.19	15.85	52	铅矿砂及其精矿	42594.70	0.15
3	石油油和油脂	3519253.21	12.33	53	其他大麦	42328.41	0.15
4	轻油及制品，不含生物柴油	1075913.57	3.77	54	其他钛及其制品	41871.18	0.15
5	烟煤	805409.18	2.82	55	冻蟹	41683.16	0.15
6	非工业用钻石（未加工或经简单锯开，劈开或粗磨，未镶嵌）	426642.84	1.49	56	磷酸氢二铵	41088.64	0.14
7	其他小麦及混合麦	417086.35	1.46	57	硅铁，含硅量在 55% 以上	39787.43	0.14
8	针叶木厚板材（经纵锯、纵切、刨切或旋切的，厚度超过 6mm）	295073.18	1.03	58	已碾磨天然磷酸钙	38221.97	0.13
9	未锻轧非合金铝	294180.85	1.03	59	直接从铁矿还原的铁制品（铁团、铁粒及类似形状）	37722.39	0.13
10	液化天然气	289979.75	1.02	60	未烧结的铁矿石和精矿（焙烧黄铁矿除外）	36551.76	0.13
11	其他矩形截面钢坯 [含碳量小于 0.25%（正方形截面除外）]	253411.82	0.89	61	其他未列名原木（用油漆，着色剂，杂酚油或其他防腐剂处理的除外）	36446.91	0.13
12	精炼铜的阴极型材（未锻轧的）	235730.78	0.83	62	异戊二烯橡胶	35465.10	0.12
13	未锻轧铝合金	204633.75	0.72	63	4.75mm> 厚度≥ 3mm 的大强度卷材（宽≥ 600mm）	33363.90	0.12
14	氯化钾	183178.28	0.64	64	其他铬铁	33280.18	0.12
15	未锻造或粉末状钯	178580.49	0.63	65	天然沥青等为基本成分的沥青混合物	33156.05	0.12
16	未锻轧非合金镍	160659.09	0.56	66	初级形状的聚丙烯	32310.98	0.11

续表

排名	产品名称	出口值	占比	排名	产品名称	出口值	占比
17	厚度 <3mm 的其他热轧卷材（除热轧外未进一步加工宽≥ 600mm，未包、镀、涂层）	130391.67	0.46	67	其他已配定剂量的药品	31918.21	0.11
18	未辐照燃料元件	122072.86	0.43	68	其他巧克力及含可可的食品	31817.62	0.11
19	涡轮喷气发动机（推力超过 25 千牛顿）	121088.47	0.42	69	圆截面直径 <14mm 的其他热轧盘条（不带有轧制过程中产生的变形）	30758.90	0.11
20	化学肥料或矿物肥料（含氮、磷、钾三种肥效元素）	116468.67	0.41	70	初榨的豆油	30416.85	0.11
21	尿素	113720.16	0.40	71	其他钢铁结构体及部件（包括结构体用的已加工钢板、型材、管子及类似品）	29468.06	0.10
22	宽度小于厚度两倍的矩形截面钢坯（含碳量小于 0.25%）	112988.43	0.40	72	碳	29426.50	0.10
23	非合金生铁，按重量计含磷量在 0.5% 及以下	111572.92	0.39	73	冻鳕鱼（大西洋鳕鱼、太平洋鳕鱼、格陵兰鳕鱼）	28413.71	0.10
24	初榨的葵花油和红花油	100632.83	0.35	74	铁或非合金钢的热加工条、杆（带有轧制过程中产生变形，热加工指热轧、热拉拔或热挤压）	27711.33	0.10
25	其他针叶木原木	95335.88	0.33	75	拖轮及顶推船	27608.97	0.10
26	其他以钢铁为主的废五金材料	93664.58	0.33	76	丁二烯橡胶	27375.77	0.10
27	至少有一表层是非针叶胶合板（每层厚度≤ 6mm，竹制除外）	91079.94	0.32	77	最大截面尺寸 >7mm 的非合金铝丝	26774.83	0.09
28	非货币用未锻造金	90736.89	0.32	78	其他未加工或半制成品的银粉	26771.27	0.09
29	其他玉米	85420.14	0.30	79	其他客或货车用新充气橡胶轮胎	26585.98	0.09
30	无烟煤	83917.52	0.29	80	焦炭或半焦炭、甑炭	26210.11	0.09
31	氨	82817.29	0.29	81	其他液化石油气、烃类气	25915.47	0.09
32	冻狭鳕鱼	81962.49	0.29	82	尿素及硝酸铵混合物的水溶液	25785.76	0.09
33	含碳量不小于 0.25% 的钢坯	79512.72	0.28	83	取向性硅电钢宽板（宽≥ 600mm）	25388.66	0.09

续表

排名	产品名称	出口值	占比	排名	产品名称	出口值	占比
34	最大截面尺寸 >6mm 的精炼铜丝	78464.12	0.27	84	其他卤代丁基橡胶	25370.01	0.09
35	1.5 升 < 排量 ≤ 3 升装点燃往复式活塞内燃发动机的其他载人车辆	74876.35	0.26	85	6- 己内酰胺	25322.21	0.09
36	机动小客车用新的充气轮胎	71478.87	0.25	86	纵向埋弧焊接石油、天然气粗钢管（粗钢管指外径超过 406.4mm）	25194.97	0.09
37	液化丙烷	70806.33	0.25	87	甲醇	25121.27	0.09
38	饱和无环烃	69558.05	0.24	88	其他颜色的电视接收机	24987.46	0.09
39	雷达设备	69111.94	0.24	89	1mm ≥厚度≥ 0.5mm 冷轧卷材（宽≥ 600mm）	24690.66	0.09
40	磷酸二氢铵	68033.18	0.24	90	合金铝制铝塑复合矩形板、片及带（包括正方形）厚度厚 >0.2mm	24088.10	0.08
41	漂白针叶木碱木浆或硫酸盐木浆（包括半漂白的，溶解级的除外）	67028.77	0.23	91	镍锍	23824.29	0.08
42	电力	66002.53	0.23	92	葵花子油渣饼及固体残渣	23467.41	0.08
43	硝酸铵	58949.76	0.21	93	干衣量≤ 10kg 的全自动洗衣机	23306.22	0.08
44	未锻造或粉末状铂	53040.25	0.19	94	其他芳烃混合物	22903.44	0.08
45	非工业用其他钻石（未镶嵌）	48233.77	0.17	95	其他合金钢半成品	22657.21	0.08
46	其他贵金属矿砂及其精矿	48024.48	0.17	96	其他火器及类似装置（指靠爆炸药发射的）	22394.21	0.08
47	烟草制的卷烟	45103.53	0.16	98	其他冻大麻哈鱼〔细磷大麻哈鱼、大麻哈鱼（种）、大鳞大麻哈鱼、银大麻哈鱼、马苏大麻哈鱼、玫瑰大麻哈鱼〕	21982.96	0.08
48	已烧结铁矿砂及其精矿	43650.89	0.15	97	其他电视接收机零件	21968.24	0.08
49	精制的葵花油和红花油及其分离品	43381.09	0.15	99	其他钢铁制品	21676.30	0.08
50	其他特殊用途的机动车辆	42802.29	0.15	100	金属丝布或格栅状的铂催化剂	21670.77	0.08

数据来源：由联合国商品贸易数据计算整理所得

从出口主导产品的集中度来看，2005 年，排名前 5 的主导产品出口额度为 1641.78 亿美元，占比为 68%；排名前 10 的出口主导产品出口总额为 1787.71 亿美元，占比为 74.05%。2016 年，排名前 5 的主导产品出口额度为 1729.44 亿美元，占比为 60.58%；排名前 10 的出口主导产品出口总额为 1901.74 亿美元，占比为 66.61%。相比于 2005 年，2016 年俄罗斯前 5、前 10 主导产品的出口额度都有所提升，但总体产品集中度却呈现下降趋势。其中，排名第一的石油原油出口额从 2005 年的 795.84 亿美元增减少 2016 年的 736.76 亿美元，减少了 7.42%，出口额度占比却从 2005 年的 32.96% 下降到 2016 年的 25.81%，下降了 7.15%。排名第二的气态天然气出口额从 2005 年的 304.06 亿美元迅速下降到 2016 年的 28.99 亿美元，降幅为 90.46%，出口额度占比从 2005 年的 12.59% 下降到 2016 年的 1.02%，下降幅度为 11.57%。排名第三的石油油和油脂出口额从 279.06 亿美元增加到 2016 年的 351.93 亿美元，增幅达到 26.11%，出口额度占比从 2005 年的 11.56% 上升至 2016 年的 12.33%，增长幅度为 0.77%。虽然天然气的出口市场份额大幅下降，但仍然是俄罗斯最主要的出口产品，占据着主导地位。

从出口主导产品分类来看，2005 年与 2016 年，俄罗斯出口主导产业变动幅度较小，具有一致性。主要出口石油原油；石油油和油脂；天然气；清油；煤；钻石；植物产品等。而从俄罗斯自身的资源禀赋来看，能源矿产类资源十分丰富，由此可以看出，俄罗斯主要出口资源型产品。

2. 出口主导产业与比较优势产业的一致性分析

表 RU-5 为 2016 年俄罗斯排名前 10 的比较优势产品及出口主导产品。表中显示，俄罗斯比较优势指数排名前列的产品主要为冻狭鳕鱼；其他喷气发动机；石棉；红花子等。对比 2016 年俄罗斯排名前 10 的比较优势产品及出口主导产品发现，比较优势排名前 10 的产品，如冻狭鳕鱼在出口主导产业中排名 32 位；其他喷气发动机（涡轮喷气发动机除外）；其他石棉；红花子等并未出现在出口主导产业的前 100 名列表中；而出口主导产业排名，如排名第 1、第 3 位的石油原油；石油油和油脂在比较优势产业中仅排第 94、第 98 位。因此，可以得出俄罗斯的比较优势产业与出口主导产业不具有一致性。

表 RU-5　2016 年俄罗斯排名前 10 比较优势产品及出口主导产品

单位：%

排名	比较优势产业名称	RCA	排名	出口主导产业名称	占比
1	冻狭鳕鱼	44.4734	1	石油原油	25.81

续表

排名	比较优势产业名称	RCA	排名	出口主导产业名称	占比
2	其他喷气发动机（涡轮喷气发动机除外）	35.1309	2	未按种类指定的商品	15.85
3	其他石棉	32.2749	3	石油油和油脂	12.33
4	红花子	31.3471	4	轻油及制品，不含生物柴油	3.77
5	鲸、海豚及鼠海豚（鲸目哺乳动物）、海牛及儒艮（海牛目哺乳动物）	30.3355	5	烟煤	2.82
6	无烟煤	29.0029	6	非工业用钻石（未加工或经简单锯开，劈开或粗磨，未镶嵌）	1.49
7	已碾磨天然磷酸钙	28.3726	7	其他小麦及混合麦	1.46
8	非合金生铁，按重量计含磷量在 0.5% 及以下	28.0552	8	针叶木厚板材（经纵锯、纵切、刨切或旋切的，厚度超过 6mm）	1.03
9	直接从铁矿还原的铁制品（铁团、铁粒及类似形状）	26.8262	9	未锻轧非合金铝	1.03
10	其他硅锰钢的条、杆	25.8304	10	液化天然气	1.02

（三）俄罗斯出口比较优势变化分析

1. 描述性分析

依据表 RU-1 及表 RU-2，对比分析 2005 年及 2016 年俄罗斯比较优势指数排名前 100 产业，我们可以得出以下信息：

第一，俄罗斯整体的比较优势有增强趋势。2005 年俄罗斯排名前 100 产业平均比较优势指数为 9.7309，2016 年为 13.7030。

第二，俄罗斯具有比较优势的产品数量呈现增加态势。2005 年，比较优势指数大于 1 的产品共有 399 类，大于 2.5 的产品共有 196 类；而 2016 年，比较优势指数大于 1 的产业有 487 类，大于 2.5 的产品共有 258 类。表明俄罗斯在国际上具比较优势的产品的竞争力逐渐增强。

第三，比较优势指数排名前 10 产品的结构相对稳定，主要包括冻狭鳕鱼；其他喷气发动机（涡轮喷气发动机除外）；其他石棉；红花子；鲸、海豚及鼠海豚（鲸目哺乳动物）、海牛及儒艮（海牛目哺乳动物）；无烟煤；已碾磨天然磷酸钙；非合金生铁，按重量计含磷量在 0.5% 及以下；直接从铁矿还原的铁制品（铁团、铁粒及类似形状）；其他硅锰钢的条、杆。而从比较优势指数排名前 10 的具体产品来分析，

2005 年至 2016 年，产品比较优势指数变动幅度较大。2005 年排名前 3 的比较优势产品是已碾磨天然磷酸钙、异丁烯 – 异戊二烯橡胶、异戊二烯橡胶，这三类产品均未出现在比较优势指数排名前 10 的具体产品。

2. 回归分析

将 2016 年俄罗斯产业比较优势指数作为被解释变量，把 2005 年俄罗斯产业比较优势指数作为自变量，对其进行回归分析。若回归系数 >1，则表明俄罗斯更加强化了具有比较优势的产业，弱化了不具有比较优势的产业；若 0< 回归系数 <1，则表明具有比较优势的产业弱化了；若回归系数 <0，则表明俄罗斯比较优势的产业发生了质变。使用最小二乘法对其进行回归，得出结果如表 RU–6 所示。

表 RU–6　回归结果

变量	Coef.	Std. Err.	t	P>|t|
2005 比较优势指数	1.474303	0.015992	92.19004	0.0000
常数项	–0.643292	0.175374	–3.668112	0.0004
R^2 = 0.988601		F–statistics =8499.003		

从表中可以看出，回归系数为 1.474303，其数值大于 1，因此说明相对于 2005 年，2016 年俄罗斯具有比较优势的产业强化了。

（四）俄罗斯进口需求及其变化分析

表 RU–7 表示 2005 年俄罗斯进口额排名前 100 产品。从表中可以看出，排名前 10 的进口产品有未按种类指定的商品；1.5 升 < 排量≤ 3 升装点燃往复式活塞内燃发动机的其他载人车辆；其他已配定剂量的药品；电视卫星地面站；排气量 >4 升带点燃往复式活塞内燃发动机其他车；氧化铝，但人造刚玉除外；1 升 < 排量≤ 1.5 升带点燃往复式活塞内燃发动机其他车；冻藏的去骨牛肉；计算机用终端（输入或输出部件，不论是否在同一机壳内有存储部件）；170111 等。其中，未按种类指定的商品进口额度最高，为 61.25 亿美元，占比达到 6.21%；其次是 1.5 升 < 排量≤ 3 升装点燃往复式活塞内燃发动机的其他载人车辆、其他已配定剂量的药品，进口额度分别为 46.55 亿美元、26.13 亿美元，占比分别为 4.72%、2.65%。

从俄罗斯进口前 100 名产品的结构来看，进口产品排名前 5 的额度占比为 17.34%，排名前 10 的额度占俄罗斯进口总额的 22.04%。因此可以看出俄罗斯进口产品具有相对较为分散。

表 RU-7　2005 年俄罗斯进口额排名前 100 产品

单位：万美元、%

排名	产品名称	进口值	占比	排名	产品名称	进口值	占比
1	未按种类指定的商品	612510.52	6.21	51	冷藏 – 冷冻组合机（各自装有单独外门的）	26346.11	0.27
2	1.5 升 < 排量≤ 3 升装点燃往复式活塞内燃发动机的其他载人车辆	465487.59	4.72	52	其他零件和附件	26115.79	0.26
3	其他已配定剂量的药品	261312.81	2.65	53	其他美容品或化妆品	25984.68	0.26
4	电视卫星地面站	243345.02	2.47	54	其他钢铁制品	25950.59	0.26
5	排气量 >4 升带点燃往复式活塞内燃发动机其他车	127218.64	1.29	55	蒸馏葡萄酒制得的烈性酒	25762.90	0.26
6	氧化铝，但人造刚玉除外	121351.33	1.23	56	镀锌的其他形铁或非合金钢宽板材（电镀锌的除外，宽≥ 600mm）	25360.25	0.26
7	1 升 < 排量≤ 1.5 升带点燃往复式活塞内燃发动机其他车	113504.43	1.15	57	咖啡浓缩精汁	25359.03	0.26
8	冻藏的去骨牛肉	80213.03	0.81	58	品目 8471 所列其他机器零附件	25326.46	0.26
9	计算机用终端（输入或输出部件，不论是否在同一机壳内有存储部件）	75002.94	0.76	59	石油油和油脂	24838.85	0.25
10	170111	74457.83	0.75	60	851750	24211.53	0.25
11	冻的鸡块和杂碎	69232.76	0.70	61	其他报纸，杂志及期刊（不论有无插图或广告材料）	22710.27	0.23
12	干衣量≤ 10kg 的全自动洗衣机	60286.48	0.61	62	其他编号未列名的化工产品	22639.22	0.23
13	其他乳酪	57128.48	0.58	63	其他货运挂车及半挂车	22612.38	0.23
14	851730	55153.09	0.56	64	已配剂量含有其他抗菌素的药品	22234.98	0.23
15	皮革或再生皮革制的其他手套（包括连指或露指的）	54928.47	0.56	65	已配剂量含胰岛素的药品	21633.28	0.22
16	半挂车用的公路牵引车	52114.61	0.53	66	化学木浆，溶解级	21617.01	0.22
17	部分或全部去梗的烟草	49403.71	0.50	67	排量 >2.5 升装有压燃往复式活塞内燃发动机	21367.34	0.22

续表

排名	产品名称	进口值	占比	排名	产品名称	进口值	占比
18	已烧结铁矿砂及其精矿	46948.84	0.48	68	其他升降、搬运、装卸机械	21272.92	0.22
19	碳	45195.64	0.46	69	30350	21101.24	0.21
20	石油原油	44558.60	0.45	70	含糖或其他甜物质的可可粉	21057.46	0.21
21	浮动或潜水式钻探或生产平台	44299.77	0.45	71	柴油型的其他货车（装有压燃式活塞内燃发动机，超重型指车辆总重量>20 吨）	20630.29	0.21
22	小包装的鲜葡萄酿造的酒	41668.79	0.42	72	其他煤	20588.64	0.21
23	初级形状的聚对苯二甲酸乙二酯	41579.66	0.42	73	非瓦楞纸或纸板制可折叠箱，盒，匣	20321.65	0.21
24	其他钢铁结构体及部件（包括结构体用的已加工钢板、型材、管子及类似品）	41124.53	0.42	74	漂白的其他涂，浸，盖厚纸及纸板（厚纸指每平方米重量超过 150g，成卷或成张，包括以纸或纸板为底制成的铺地制品）	20150.42	0.20
25	852812	40718.98	0.41	75	其他塑料制品	20119.92	0.20
26	其他机械和机械设备	38584.75	0.39	76	皮革或再生皮革制专供运动用手套（包括连指或露指的，野生动物皮革制作的除外）	20022.15	0.20
27	其他阀门（用于管道、锅炉、罐、桶或类似品的）	34253.70	0.35	77	铁道用非机动油罐货车及类似车（包括电车道用，但不包括容积 $50m^3$ 液化气铁路槽车）	19565.35	0.20
28	彩色阴极射线电视显像管（包括视频监视器用阴极射线管）	34083.93	0.35	78	过滤或净化水的装置	19525.50	0.20
29	已配剂量含有其他生物碱等的药品	33920.83	0.34	79	航空器的发射装置及其零件等（包括甲板停机装置或类似装置及其零件）	19519.65	0.20
30	飞机和其他飞机的空载重量超过 15000kg	33816.93	0.34	80	氯乙烯聚合物制单丝、条、杆及型材	19229.41	0.19
31	新的邮票（包括支票、股票，债券及类似的所有权凭证）	33373.87	0.34	81	其他已配剂量含激素或品目 2937 产品的药品	19096.95	0.19

续表

排名	产品名称	进口值	占比	排名	产品名称	进口值	占比
32	其他空气泵、气体压缩机及通风罩	32655.86	0.33	82	抗血清、其他血液成分和免疫产物	19089.02	0.19
33	其他电力控制或分配的装置（电压不超过 1000 伏的线路）	30897.93	0.31	83	香水及花露水	19058.46	0.19
34	其他医疗、外科或兽医用仪器器具	30888.57	0.31	84	其他巧克力及含可可的食品	18999.40	0.19
35	其他电视接收机零件	30302.44	0.31	85	硅锰铁	18970.66	0.19
36	机动小客车用新的充气轮胎	30176.76	0.31	86	蒸馏或精馏设备	18967.07	0.19
37	其他棕榈油及其分离品	30020.53	0.30	87	天然铀及其化合物，含天然铀或天然铀化合物的合金、分散体（包括金属陶瓷）、陶瓷产品及混合物	18950.02	0.19
38	瓦楞纸及纸板（成卷或成张的，不论是否穿孔）	29495.49	0.30	88	饮料及液体食品灌装设备	18220.76	0.18
39	其他身体部分和附件（包括驾驶室）	29453.67	0.30	89	钢管或无缝钢管，用于石油或天然气管道	18197.51	0.18
40	其他离心泵	29003.14	0.29	90	其他涂无机物的多层纸及纸板（成卷或成张的）	17892.26	0.18
41	宽≥ 600mm 热轧其他合金钢材（除热轧外未经进一步加工）	28966.42	0.29	91	其他橡胶、塑料短筒靴（过踝）（橡胶或塑料制外底及鞋面，防水及运动鞋靴除外，包括其他装金属护鞋头的橡胶、塑料鞋靴）	17867.14	0.18
42	热交换装置	28883.74	0.29	92	未烧结的铁矿石和精矿（焙烧黄铁矿除外）	17802.87	0.18
43	其他利用温度变化处理材料的机器	28639.78	0.29	93	砂纸（不论是否裁切，缝合或用其他方法加工成型）	17622.27	0.18
44	纵向埋弧焊接石油、天然气粗钢管（粗钢管指外径超过 406.4mm）	28308.27	0.29	94	其他塑料板，片，膜，箔，扁条	17538.98	0.18
45	挖掘机（上部结构可转 360 度的）	28108.73	0.28	95	联合收割机	17199.59	0.17
46	1.5 升 < 排量≤ 2.5 升装有压燃往复式活塞内燃发动机	27257.13	0.28	96	道路车轮及其零件和附件	17068.50	0.17

续表

排名	产品名称	进口值	占比	排名	产品名称	进口值	占比
47	其他视频信号录制或重放设备（不论是否装有高频调谐放大器）	27163.63	0.28	97	其他包装或打包机器（包括热缩包装机器）	16987.53	0.17
48	未梳的棉花	26878.62	0.27	98	由外电力驱动铁道用机动客，货车（包括电车道用的，但品目8604的货品除外）	16970.69	0.17
49	851790	26731.42	0.27	99	其他用于制造或热加工玻璃或玻璃器皿的机器	16802.60	0.17
50	其他编号未列名的食品	26626.86	0.27	100	柴油型其他小型货车（装有压燃式活塞内燃发动机，小型指车辆总重量≤5吨）	16771.58	0.17

数据来源：由联合国商品贸易数据计算整理所得

表 RU-8 表示 2016 年俄罗斯进口额排名前 100 产品。从表中可以看出，排名前 10 的进口产品有未按种类指定的商品；其他已配定剂量的药品；液化空气或其他气体用的机器；蜂窝网络或其他无线网络的电话机；1.5 升 < 排量≤ 3 升装点燃往复式活塞内燃发动机的其他载人车辆；排量 >2.5 升装有压燃往复式活塞内燃发动机；便携式自动数据处理设备（重量≤ 10kg，至少由一个中央处理器、键盘和显示器组成）；排气量 >4 升带点燃往复式活塞内燃发动机其他车；氧化铝，但人造刚玉除外；其他阀门（用于管道、锅炉、罐、桶或类似品的）等。其中，未按种类指定的商品进口额度最高，为 66.03 亿美元，占比达到 3.62%；其次是其他已配定剂量的药品、液化空气或其他气体用的机器，进口额度分别为 51.61 亿美元、47.85 亿美元，占比分别为 2.83%、2.63%。从 2016 年俄罗斯进口前 100 名产品种类来看，主要为药品、食品、机械设备、医用仪器等用品。

从俄罗斯进口前 100 名产品的结构来看，进口产品排名前 5 的额度占比为 12.53%，排名前 10 的额度占俄罗斯进口总额的 16.49%。因此，俄罗斯进口需求依然集中在生活类产品上，但进口产品表现相对较为分散。

表 RU-8　2016 年俄罗斯进口额排名前 100 产品

单位：万美元、%

排名	产品名称	进口值	占比	排名	产品名称	进口值	占比
1	未按种类指定的商品	660288.77	3.62	51	小包装的鲜葡萄酿造的酒	51234.07	0.28

续表

排名	产品名称	进口值	占比	排名	产品名称	进口值	占比
2	其他已配定剂量的药品	516112.72	2.83	52	化学木浆，溶解级	49058.19	0.27
3	液化空气或其他气体用的机器	478487.64	2.63	53	纺织材料制鞋面胶底的其他鞋靴（橡胶或塑料制外底，运动用鞋靴除外）	47350.84	0.26
4	蜂窝网络或其他无线网络的电话机	406873.24	2.23	54	其他编号未列名的食品	46142.54	0.25
5	1.5 升 < 排量≤ 3 升装点燃往复式活塞内燃发动机的其他载人车辆	223044.48	1.22	55	机动小客车用新的充气轮胎	46123.77	0.25
6	排量 >2.5 升装有压燃往复式活塞内燃发动机	175159.33	0.96	56	1.5 升 < 排量≤ 2.5 升装有压燃往复式活塞内燃发动机	45828.91	0.25
7	便携式自动数据处理设备（重量≤ 10kg，至少由一个中央处理器、键盘和显示器组成）	163433.38	0.90	57	天然铀及其化合物，含天然铀或天然铀化合物的合金、分散体（包括金属陶瓷）、陶瓷产品及混合物	45734.47	0.25
8	排气量 >4 升带点燃往复式活塞内燃发动机其他车	134201.30	0.74	58	拖轮及顶推船	45362.71	0.25
9	氧化铝，但人造刚玉除外	126671.90	0.70	59	已配剂量含有其他抗菌素的药品	44534.70	0.24
10	其他阀门（用于管道、锅炉、罐、桶或类似品的）	120671.73	0.66	60	古斯古斯面食	44477.69	0.24
11	交换机和路由器	113551.65	0.62	61	香水及花露水	43536.57	0.24
12	其他电视接收机零件	107981.89	0.59	62	用作处理器及控制器的集成电路	42433.40	0.23
13	其他身体部分和附件（包括驾驶室）	107788.74	0.59	63	其他发电机组（风力驱动除外）	41478.94	0.23
14	小型载人机动车辆车身（含驾驶室）（品目 8703 所列车辆用）	103950.10	0.57	64	其他塑料板，片，膜，箔，扁条	41468.91	0.23
15	三轮车、踏板车、踏板汽车和类似的带轮玩具；玩偶车	100172.49	0.55	65	其他皮革制面的短筒靴（过踝）	41281.67	0.23
16	其他未列名的航空器、航天器零件	99919.02	0.55	66	非公路用货运自卸车	41077.36	0.23
17	其他大豆	97589.78	0.54	67	半挂车用的公路牵引车	40439.55	0.22
18	抗血清、其他血液成分和免疫产物	90162.34	0.49	68	咖啡浓缩精汁	39219.76	0.22

续表

排名	产品名称	进口值	占比	排名	产品名称	进口值	占比
19	铁路或电车道机车齿轮箱及其零件	85641.22	0.47	69	其他客或货车用新充气橡胶轮胎	38707.79	0.21
20	其他医疗、外科或兽医用仪器器具	85379.23	0.47	70	涂漆或涂塑的铁或非合金钢宽板材（宽度≥600mm）	38699.90	0.21
21	其他电力控制或分配的装置（电压不超过1000伏的线路）	82698.99	0.45	71	压缩点火内燃活塞发动机（柴油或半柴油机）	38673.29	0.21
22	排气量≥1000cc往复式活塞发动机	81979.41	0.45	72	其他涡轮喷气机、涡轮螺旋桨和燃气轮机	38456.11	0.21
23	其他钢铁制品	79808.18	0.44	73	其他已配剂量含激素或品目2937产品的药品	38082.63	0.21
24	其他机械和机械设备	78887.43	0.43	74	瓦楞纸及纸板（成卷或成张的，不论是否穿孔）	37042.98	0.20
25	计算机的存储部件	77119.14	0.42	75	含锌量≥99.995%的未锻轧锌	36712.56	0.20
26	冻藏的去骨牛肉	76441.64	0.42	76	柴油型的其他货车（装有压燃式活塞内燃发动机，超重型指车辆总重量>20吨）	36220.10	0.20
27	其他零件和附件	76255.63	0.42	77	其他电热炉（包括电热板、加热环、烧烤炉及烘烤器）	36173.48	0.20
28	部分或全部去梗的烟草	76086.86	0.42	78	其他配制的动物饲料	36169.14	0.20
29	其他利用温度变化处理材料的机器	75495.12	0.41	79	电视摄像机、数码相机和摄像机录像机	35432.84	0.19
30	移动通信基地站	74447.94	0.41	80	其他货物和其他船只运输货物和货物的船舶	35168.24	0.19
31	自动数据处理设备及其部件（不论是否在同一机壳内有一或两个存储，输入或输出部件）	72272.22	0.40	81	其他涂无机物的多层纸及纸板（成卷或成张的）	35078.73	0.19
32	其他塑料制品	67411.15	0.37	82	其他皮革或和成本皮革制面的其他鞋靴	34976.14	0.19
33	油轮	66796.48	0.37	83	零售包装抗萌剂及植物生长调节剂	34328.65	0.19
34	石油油和油脂	66057.64	0.36	84	其他铁路或电车道机车转向轮、转向柱和转向箱	33708.24	0.18

续表

排名	产品名称	进口值	占比	排名	产品名称	进口值	占比
35	静态转换器	64828.01	0.36	85	其他未列名的具有独立功能的电气设备及装置	33406.42	0.18
36	其他棕榈油及其分离品	64690.23	0.35	86	初级形状比重 <0.94 的聚乙烯	32962.97	0.18
37	悬挂系统及其部件（包括减震器）	63630.29	0.35	87	已配剂量含有其他生物碱等的药品	32788.24	0.18
38	其他离心泵	62608.04	0.34	88	其他钢铁结构体及部件（包括结构体用的已加工钢板、型材、管子及类似品）	32762.25	0.18
39	其他通信设备零件	62294.79	0.34	89	其他塑料及橡胶制鞋面的其他鞋靴	32203.95	0.18
40	砂纸（不论是否裁切，缝合或用其他方法加工成型）	59921.24	0.33	90	其他监视器	31840.84	0.17
41	其他皮革制面的其他鞋靴（橡胶、塑料、再生皮革制外底，运动用鞋靴除外）	58885.04	0.32	91	其他印刷（打印）机、复印机及传真机的零件和附件	31677.73	0.17
42	其他鞋靴零件	58619.76	0.32	92	镀锌的其他形铁或非合金钢宽板材（电镀锌的除外，宽≥ 600mm）	31406.84	0.17
43	机动车辆用制动器（包括助力制动器）的零件	58574.36	0.32	93	棉制针织或钩编 T 恤衫、汗衫等	30863.15	0.17
44	其他冻藏猪肉	57619.72	0.32	94	牙科及类似用途的椅及其零件、理发用椅及其零件	30727.40	0.17
45	其他空气泵、气体压缩机及通风罩	55834.20	0.31	95	其他集成电路	30723.09	0.17
46	其他美容品或化妆品	55650.90	0.31	96	其他初级形状的丙烯酸聚合物	30343.03	0.17
47	道路车轮及其零件和附件	55592.40	0.31	97	其他发动机的专用零件（指品目 8407 或 8408 所列的其他发动机）	30023.18	0.16
48	卫生巾（护垫）及止血塞	54798.34	0.30	98	棉制女式长、马、短裤	29203.64	0.16
49	品目 8471 所列其他机器零附件	53314.27	0.29	99	品目 8426、8429、8430 的其他零件	29119.90	0.16
50	其他编号未列名的化工产品	51779.99	0.28	100	棉质男式短裤	28889.64	0.16

数据来源：由联合国商品贸易数据计算整理所得

对比 2005 年及 2016 年俄罗斯排名前 10 的进口产品发现，种类变动幅度较大。相对于 2005 年，2016 年俄罗斯增加了对液化空气或其他气体用的机器；蜂窝网络或其他无线网络的电话机；排量 >2.5 升装有压燃往复式活塞内燃发动机；便携式自动数据处理设备（重量≤ 10 千克，至少由一个中央处理器；键盘和显示器组成）；其他阀门（用于管道、锅炉、罐、桶或类似品的）等的进口需求。

从进口产品的集中度来看，2005 年进口产品排名前 5 的额度占比为 17.34%，排名前 10 的额度占俄罗斯进口总额的 22.04%；2016 年进口产品排名前 5 的额度占比为 12.53%，排名前 10 的额度占俄罗斯进口总额的 16.49%。相比于 2005 年，2016 年俄罗斯前 5、前 10 进口产品的总体集中度呈现下降趋势。但也存在个体差异，其中，未按种类指定的商品进口额度占比从 2005 年的 6.21% 下降至 2016 年的 3.62%；其他已配定剂量的药品占比从 2005 年的 2.65% 上升至 2016 年的 2.83%；1.5 升 < 排量≤ 3 升装点燃往复式活塞内燃发动机的其他载人车辆占比从 2005 年的 4.72% 下降至 2016 年的 1.22%。尽管俄罗斯进口产品总体变动幅度较大，但是未按种类指定的商品；其他已配定剂量的药品；1.5 升 < 排量≤ 3 升装点燃往复式活塞内燃发动机的其他载人车辆这三类产品始终都是俄罗斯主要的进口产品。

从俄罗斯进口前 100 名产品分类来看，2005 年与 2016 年，俄罗斯进口产业变动幅度较小，具有一致性。主要进口的大类产品包括车辆及其零件、附件（但铁道及电车道车辆除外）、电机、电气设备及其零件；录音机及放声机、电视图像、声音的录制和重放设备及其零件、附件、塑料及其制品、乳品；蛋品；天然蜂蜜；其他食用动物产品、食用水果及坚果；柑橘属水果或甜瓜的果皮、蔬菜、水果、坚果或植物其他部分的制品等。

二、蒙古国出口比较优势分析与进口需求研究

（一）蒙古国出口比较优势分析

表 MN-1、表 MN-2 显示了 2005 年至 2016 年蒙古国比较优势指数排名前 100 的产品，即此 100 类产品相对于其余产品更具有出口竞争力，且在国际贸易中具比较优势。2005 年至 2016 年蒙古国比较优势指数排名前列的产品主要有未梳喀什米尔山羊的细毛；已梳喀什米尔山羊的细毛；按重量计氟化钙含量≤ 97% 的萤石；未梳的其他动物细毛；山羊或小山羊湿革（经鞣制不带毛）；钨矿砂及其精矿；骡、鲜、冷或冻的马、驴、骡肉；铜矿砂及其精矿及其他钼矿砂及其精矿。从比较优势指数排名前 10 的产品种类来看，排名前列的产品种类相对比较稳定，2016 年相比于 2005 年来说，增加了绵羊或羔羊湿革及未梳的其他脱脂羊毛（未碳化），减少了鲜、冷或冻的马、驴、骡肉以及其他钼矿砂及其精矿。

2016 年，蒙古国比较优势指数排名前 100 产品的比较优势指数都大于 1，相较于 2005 年（有 96 类产品比较优势指数大于 1）具有比较优势的产品种类有所增加。从比较优势指数排名前 10 产品的构成来看，蒙古国出口比较优势指数排名前列产品变化小。从排名前 3 产品分析，产品种类及排名都未有变化，但指数都有不同程度的减小。其中，比较优势指数排名前 3 的依次为未梳喀什米尔山羊的细毛；已梳喀什米尔山羊的细毛；按重量计氟化钙含量≤ 97% 的萤石，比较优势指数为 2781.0462、2018.3078、878.0975，相比于 2005 年，比较优势指数下降，下降幅度依次为 17.56%、5.98%、18.00%，2005 年，相应产品出口比较优势指数分别为 3373.5230、2146.7197、1070.8664。整体分析，蒙古国具出口比较优势的产品的竞争力虽稍有减弱，但其具有比较优势产品的种类却不断在增加。

表 MN-1 2005 年蒙古国比较优势指数排名前 100 产品

排名	产品名称	RCA	排名	产品名称	RCA
1	未梳喀什米尔山羊的细毛	3373.5230	51	履带式推土机	5.7344
2	已梳喀什米尔山羊的细毛	2146.7197	52	按重量计氟化钙含量 >97% 的萤石	5.4794
3	按重量计氟化钙含量≤ 97% 的萤石	1070.8664	53	精炼铜的阴极型材（未锻轧的）	5.4149
4	山羊或小山羊湿革（经鞣制不带毛）	642.4589	54	其他已梳动物细毛	5.1632
5	骡	384.8767	55	毛制毯子及旅行毯（羊毛或动物细毛制）	5.0631
6	钨矿砂及其精矿	226.0844	56	电池废碎料及废电池 [指原电池（组）和蓄电池的废碎料，废原电池（组）及废蓄电池]	4.9977
7	绵羊或羔羊湿革	216.3940	57	前铲装载机	4.3124
8	铜矿砂及其精矿	194.7354	58	毛制针织或钩编短袜及其他袜类	4.2213
9	未梳的其他动物细毛	178.3492	59	筑路机及平地机	4.0095
10	未梳的其他脱脂羊毛（未碳化）	80.2937	60	捣固机械及压路机	3.9976
11	其他动物湿革（经鞣制不带毛）	71.1782	61	不锈钢制钻管（钻探石油及天然气用）	3.8651
12	鲜、冷或冻的马、驴、骡肉	70.8243	62	其他自推进捣固或压实机机械	3.6031
13	其他油菜籽	69.3071	63	胶黄耆树胶	3.4654
14	其他钼矿砂及其精矿	68.7192	64	履带式拖拉机	3.2607
15	未梳的脱脂剪羊毛（未碳化）	66.2893	65	羊毛条及其他精梳羊毛	3.2100
16	猛禽	52.7828	66	胆汁，配药用腺体及其他动物产品（不论是否干制；鲜，冷，冻或用其他方法暂时保藏的）	3.0482
17	粗梳羊毛	51.5687	67	毛制针织或钩编女式上衣	3.0006
18	锌矿砂及其精矿	49.8940	68	毛制针织或钩编男裤（包括马裤、短裤及其他长裤）	2.7722
19	其他纺织材料制针织或钩编女衬衫	41.4237	69	石油原油	2.3341
20	其他豆油和分离油	40.1372	70	鲜或冷藏的带骨牛肉	2.2313
21	已焙烧钼矿砂及其精矿	34.5679	71	烟丝萃取物	2.0626
22	烟煤	33.3035	72	其他推土机	2.0569
23	毛制针织或钩编女式大衣等（包括短大衣、斗篷、短斗篷及类似品）	28.7172	73	褐煤	2.0074
24	其他机织物（精梳羊毛或动物细毛 <85%）	28.6988	74	冻藏的羊、马、驴、骡食用杂碎	1.9499

续表

排名	产品名称	RCA	排名	产品名称	RCA
25	其他动物细毛废料（包括废纱线，不包括回收纤维）	23.2194	75	羊毛或动物细毛制的结织栽绒地毯（包括羊毛或动物细毛制的其他结织栽绒铺地制品）	1.9201
26	制成的羊毛起绒地毯及铺地制品（包括动物细毛制，未簇绒或未植绒）	21.3404	76	冻的其他犀鳕科、多丝真鳕科、鳕科、长尾鳕科、黑鳕科、无须鳕科、深海鳕科及南极鳕科鱼	1.8552
27	毛制针织或钩编女裤	19.9479	77	非公路用货运自卸车	1.8232
28	银矿砂及其精矿	17.0534	78	其他塑料的废碎料及下脚料	1.7940
29	未烧结的铁矿石和精矿（焙烧黄铁矿除外）	16.4693	79	钼的氧化物及氢氧化物	1.7152
30	非货币用半制成金（包括镀铂的金）	15.2129	80	其他装有或可装计量装置的泵	1.6848
31	针织或钩编的床罩	14.5765	81	未梳的其他动物粗毛	1.6681
32	小麦糠、麸及其他残渣	13.9654	82	点火磁电机，永磁直流发电机	1.6017
33	荞麦	13.9315	83	其他动物粗毛废料（包括废纱线，不包括回收纤维）	1.5525
34	每平方米重 >300g 其他动物细毛机织物（按重量计其他粗梳动物细毛含量≥ 85%）	13.6645	84	播种机、种植机及移植机	1.5204
35	毛制针织或钩编连衣裙	12.3614	85	其他鲜或冷犀鳕科、多丝真鳕科、鳕科、长尾鳕科、黑鳕科、无须鳕科、深海鳕科及南极鳕科鱼	1.4607
36	喀什米尔山羊细毛套头衫（针织或钩编，包括开襟衫、外穿背心及类似品）	11.7798	86	其他材料的其他鞋类配件	1.4147
37	披巾、头巾、围巾、披纱、面纱及类似品（针织或钩编）	11.0897	87	铜锌合金（黄铜）管	1.4093
38	全粒面未剖层或粒面剖层湿牛皮（包括蓝湿牛皮，经鞣制不带毛）	10.9917	88	航空器的发射装置及其零件等（包括甲板停机装置或类似装置及其零件）	1.3827
39	其他动物精液（牛的精液除外）	9.6268	89	未列名制作或保藏的水果、坚果	1.3508
40	其他纺材制针织或钩编男衬衫	9.4739	90	木制餐具及厨房用具	1.1662
41	毛制其他针织或钩编手套	9.1802	91	挖掘机（上部结构可转 360 度的）	1.1514
42	其他煤	8.3658	92	航空器发动机用零件（指专用于或主要用于品目 8407 或 8408 所列航空器发动机的零件）	1.1501

续表

排名	产品名称	RCA	排名	产品名称	RCA
43	其他动物角粉末和废料	8.3069	93	鲜或冷藏、冻藏的山羊肉	1.1022
44	毛制针织或钩编裙子及裙裤	8.3046	94	破碎或磨粉用机器（用于泥土、石料、矿石或其他固体物质的）	1.0607
45	其他乳糖及乳糖浆	7.5101	95	空载重量 >2 吨的直升机	1.0591
46	整个或切块的其他动物肠、膀胱和胃（包括鲜、冷、冻、干、熏、盐腌或盐渍的，鱼除外）	7.3246	96	其他纺织材料制男大衣、斗篷、防风衣等	1.0287
47	规定重量整张生马皮或生牛皮（指每张，简单干燥≤ 8kg，干盐渍≤ 10kg，鲜或湿盐≤ 16kg）	7.1199	97	其他材料制油苫布、天篷及遮阳篷	0.9921
48	零售用羊毛纱线（按重量计羊毛含量≥ 85%）	6.9807	98	其他发动机和马达	0.9891
49	其他染色或加工的植物枝、叶或其他部分	6.0917	99	公共工程用的机器	0.9027
50	铅废碎料	5.7654	100	带锁的扣环及扣环框架	0.8954

数据来源：由联合国商品贸易统计数据库计算整理所得

表 MN-2　2016 年蒙古国比较优势指数排名前 100 产品

排名	产品名称	RCA	排名	产品名称	RCA
1	未梳喀什米尔山羊的细毛	2781.0462	51	毛制针织或钩编裙子及裙裤	7.3682
2	已梳喀什米尔山羊的细毛	2018.3078	52	锰矿砂及其精矿	7.1702
3	按重量计氟化钙含量≤ 97% 的萤石	878.0975	53	针织或钩编的床罩	7.1564
4	未梳的其他动物细毛	282.1375	54	其他牛、羊脂肪	7.0142
5	山羊或小山羊湿革（经鞣制不带毛）	267.5077	55	其他纺材制针织或钩编男衬衫	6.9085
6	钨矿砂及其精矿	254.6733	56	其他媒体（磁性、光学或半导体媒体除外）	5.9190
7	骡	229.0688	57	精炼铜的阴极型材（未锻轧的）	5.8906
8	鲜、冷或冻的马、驴、骡肉	120.7837	58	其他铁路或电车道机车离合器及其零件	5.4883
9	铜矿砂及其精矿	108.7114	59	毛制针织或钩编女式上衣	5.4483

续表

排名	产品名称	RCA	排名	产品名称	RCA
10	其他钼矿砂及其精矿	98.1112	60	皮革或再生皮革制的衣服（野生动物皮革制作的除外）	5.3700
11	猛禽	91.9830	61	已焙烧钼矿砂及其精矿	5.2339
12	未梳的脱脂剪羊毛（未碳化）	83.9316	62	整个或切块的其他动物肠、膀胱和胃（包括鲜、冷、冻、干、熏、盐腌或盐渍的，鱼除外）	5.1080
13	鲜或干的碧根果	74.1346	63	锡矿砂及其精矿	4.9917
14	锌矿砂及其精矿	62.2472	64	其他动物肉或食用杂碎的均化食品	4.9264
15	未梳的其他脱脂羊毛（未碳化）	57.0945	65	其他动物精液（牛的精液除外）	4.9188
16	银矿砂及其精矿	51.6056	66	未梳的其他动物粗毛	4.6269
17	其他纺织材料制针织或钩编女衬衫	48.2259	67	其他炊事器具及加热板，包括使用固体燃料的	4.2664
18	烟煤	47.4141	68	零售用其他动物细毛纱线（按重量计其他动物细毛含量≥ 85%）	4.1555
19	其他油菜籽	45.5187	69	其他发动机和马达	3.9651
20	机动大客车或货运车用翻新轮胎	44.0636	70	其他煤	3.8938
21	非货币用半制成金（包括镀铂的金）	42.1411	71	其他羊毛针织或钩编套头衫（针织或钩编，包括开襟衫、背心及类似品）	3.7874
22	规定重量整张生马皮或生牛皮（指每张，简单干燥≤ 8kg，干盐渍≤ 10kg，鲜或湿盐≤ 16kg）	40.0060	72	毛制毯子及旅行毯（羊毛或动物细毛制）	3.5733
23	按重量计氟化钙含量 >97% 的萤石	39.5863	73	其他机织物（精梳羊毛或动物细毛 <85%）	3.4067
24	粗梳羊毛	34.3037	74	羊毛制披巾、头巾、围巾及类似品（包括披纱、面纱等）	3.2365
25	绵羊或羔羊湿革	34.0752	75	其他骨粉及骨废料（（指未经加工或经脱脂等加工的）	3.2227
26	毛制针织或钩编女式大衣等（包括短大衣、斗篷、短斗篷及类似品）	31.8716	76	品目 8426、8429、8430 的其他零件	3.1726
27	其他染色或加工的植物枝、叶或其他部分	30.1316	77	适合加工皮货用的其他未鞣头、尾（包括爪及其他块、片）	3.1606
28	其他动物角粉末和废料	29.7486	78	重量 >200g/m^2 其他毛制机织物（精梳羊毛或动物细毛含量≥ 85%）	3.1551

续表

排名	产品名称	RCA	排名	产品名称	RCA
29	每平方米重 >300 克其他动物细毛机织物（按重量计其他粗梳动物细毛含量≥ 85%）	21.6978	79	冻藏的带骨牛肉	3.1198
30	毛制针织或钩编短袜及其他袜类	21.2078	80	灭火器（不论是否装药）	3.0986
31	其他乳糖及乳糖浆	19.3810	81	其他已梳动物粗毛	2.8865
32	制成的羊毛起绒地毯及铺地制品（包括动物细毛制，未簇绒或未植绒）	18.5765	82	胶黄耆树胶	2.5864
33	毛制针织或钩编女裤	18.1763	83	机车用贱金属附件及架座	2.2679
34	其他动物细毛废料（包括废纱线，不包括回收纤维）	16.8060	84	筑路机及平地机	2.2161
35	其他餐桌厨房等家用铜制器具及其零件	16.3917	85	非供零售用粗梳其他动物细毛纱线	2.1628
36	零售用羊毛纱线（按重量计羊毛含量≥ 85%）	16.1798	86	羊毛或动物细毛制的结织栽绒地毯（包括羊毛或动物细毛制的其他结织栽绒铺地制品）	2.1334
37	其他割草机（包括牵引装置用的刀具杆）	14.3569	87	以钢纸或纸板作面的衣箱等（包括提箱，小手袋，公文箱，公文包，书包及类似容器）	2.0496
38	铅矿砂及其精矿	13.9377	88	其他生皮	2.0074
39	未烧结的铁矿石和精矿（焙烧黄铁矿除外）	13.4302	89	褐煤	2.0004
40	全粒面未剖层或粒面剖层湿牛皮（包括蓝湿牛皮，经鞣制不带毛）	13.3220	90	石油原油	1.8799
41	无烟煤	13.1844	91	鲜或干的植物种子或果实（作香料、药料、杀虫、杀菌等类似用途）	1.8596
42	荞麦	12.2281	92	加工金属的非数控弯曲、折叠或矫平机床	1.8285
43	喀什米尔山羊细毛套头衫（针织或钩编，包括开襟衫、外穿背心及类似品）	12.0703	93	其他制作或保藏的牛肉，杂碎，血	1.7964
44	毛制其他针织或钩编手套	11.3848	94	其他钻管（钻探石油及天然气用铸铁的除外）	1.5435

续表

排名	产品名称	RCA	排名	产品名称	RCA
45	小麦糠、麸及其他残渣	11.2158	95	毛制针织或钩编男裤（包括马裤、短裤及其他长裤）	1.4789
46	毛制针织或钩编连衣裙	9.0341	96	鲜或冷藏、冻藏的山羊肉	1.4688
47	披巾、头巾、围巾、披纱、面纱及类似品（针织或钩编）	8.8693	97	输出功率 >375kVA 柴油发电机组（包括半柴油发电机组）	1.4516
48	胆汁，配药用腺体及其他动物产品（不论是否干制；鲜，冷，冻或用其他方法暂时保藏的）	8.7504	98	其他塑料的废碎料及下脚料	1.4115
49	冻鲤科鱼（西鲤、黑鲫、草鱼、鲢属、鲮属、青鱼）	8.1620	99	其他材料的其他鞋类配件	1.3467
50	其他已梳动物细毛	8.1206	100	其他纺织材料制男大衣、斗篷、防风衣等	1.3052

数据来源：由联合国商品贸易统计数据库计算整理所得

（二）蒙古国出口主导产业分析

1. 出口主导产业分析

出口主导产业是由产业出口额占国家总出口额的比例来衡量的，所占比例越大，表明其在出口中所占地位越重，同时表明，此国生产相应产品的能力越强或拥有相应丰富的资源。表 MN-3 及表 MN-4 为 2005 年至 2016 年蒙古国出口额排名前 100 产品种类详情表。

表中显示，蒙古国出口主导产业对应的产品依次为铜矿砂及其精矿；烟煤；非货币用半制成金（包括镀铂的金）；石油原油；未烧结的铁矿石和精矿（焙烧黄铁矿除外）；未梳喀什米尔山羊的细毛；锌矿砂及其精矿；精炼铜的阴极型材（未锻轧的）；按重量计氟化钙含量≤ 97% 的萤石；银矿砂及其精矿。同时，对比 2005 年及 2016 年，蒙古国排名前 10 的产品种类变化很少，说明蒙古国主要的出口产品结构相当稳定。

从排名前列的产品构成来看，蒙古国对铜矿砂及其精矿、烟煤、非货币用半制成金（包括镀铂的金）的总出口份额为 67.56%，其余产品的出口份额都处于 10% 以下，其中铜矿砂及其精矿和烟煤的出口约占蒙古国总出口的半壁江山。2005 年，蒙古国对铜矿砂及其精矿出口 228013.53 万美元，份额为 48.83%，2016 年出口额为

160775.43 万美元，份额为 32.70%，份额下降了 16.13%。2005 年，蒙古国出口烟煤 53458.87 万美元，占总出口额的比例为 11.45%，2016 年，出口额为 95508.85 万美元，占比为 19.43%，份额上升了 7.98%；2005 年，非货币用半制成金（包括镀铂的金）出口额为 41970.82 万美元，占比为 8.99%；2016 年，出口额为 75837.40 亿美元，占比为 15.43%，占比上升了 6.44 个百分点。可见，虽然蒙古国对铜矿砂及其精矿、烟煤以及非货币用半制成金（包括镀铂的金）等产品的出口份额都有不同程度的变化，但其在蒙古国出口中所占的主导地位却依然未变。

结合 2005 年及 2016 年蒙古国主要出口产品种类来分析，蒙古国出口主导产业仍是以铜矿砂及其精矿为主的矿石类产品，其次是以未梳喀什米尔山羊的细毛为代表的农副产品。同时，蒙古国排名前 3 的出口主导产业具有一致性，但从出口占比变化来看，铜矿砂及其精矿出口主导作用有一定程度的减弱，而烟煤、非货币用半制成金（包括镀铂的金）等产业的出口主导作用有所增强。

表 MN-3　2005 年蒙古国出口额排名前 100 产品

单位：万美元、%

排名	产品名称	出口值	占比	排名	产品名称	出口值	占比
1	铜矿砂及其精矿	228013.53	48.83	51	制成的羊毛起绒地毯及铺地制品（包括动物细毛制，未簇绒或未植绒）	145.44	0.03
2	烟煤	53458.87	11.45	52	其他铝制品	144.84	0.03
3	非货币用半制成金（包括镀铂的金）	41970.82	8.99	53	低芥籽酸油菜籽	136.41	0.03
4	石油原油	38721.73	8.29	54	每平方米重 >300g 其他动物细毛机织物（按重量计其他粗梳动物细毛含量≥ 85%）	133.57	0.03
5	未烧结的铁矿石和精矿（焙烧黄铁矿除外）	22719.97	4.87	55	其他机织物（精梳羊毛或动物细毛 <85%）	130.89	0.03
6	未梳喀什米尔山羊的细毛	21111.85	4.52	56	其他活动房屋	129.60	0.03
7	锌矿砂及其精矿	10165.85	2.18	57	无壳榛子	126.00	0.03
8	精炼铜的阴极型材（未锻轧的）	6667.46	1.43	58	羊毛条及其他精梳羊毛	118.11	0.03
9	按重量计氟化钙含量≤ 97% 的萤石	6511.39	1.39	59	破碎或磨粉用机器（用于泥土、石料、矿石或其他固体物质的）	109.75	0.02

续表

排名	产品名称	出口值	占比	排名	产品名称	出口值	占比
10	已梳喀什米尔山羊的细毛	4072.77	0.87	60	其他机械零件	108.70	0.02
11	其他煤	2026.91	0.43	61	履带式拖拉机	107.18	0.02
12	其他油菜籽	1770.74	0.38	62	其他不含可可的糖食	103.65	0.02
13	其他钼矿砂及其精矿	1495.25	0.32	63	未列名制作或保藏的水果、坚果	101.88	0.02
14	其他新鲜或干的可食用坚果	1456.37	0.31	64	电池废碎料及废电池［指原电池（组）和蓄电池的废碎料，废原电池（组）及废蓄电池］	97.38	0.02
15	已焙烧钼矿砂及其精矿	1452.14	0.31	65	其他零件和附件	94.16	0.02
16	钨矿砂及其精矿	1354.61	0.29	66	褐煤	90.01	0.02
17	未梳的脱脂剪羊毛（未碳化）	1235.10	0.26	67	其他自推进捣固或压实机机械	87.74	0.02
18	绵羊或羔羊湿革	1227.43	0.26	68	钢铁制脚手架模板坑凳用支柱及类似设备	86.65	0.02
19	前铲装载机	1096.33	0.23	69	非货币用未锻造金	85.94	0.02
20	山羊或小山羊湿革（经鞣制不带毛）	998.88	0.21	70	毛制针织或钩编连衣裙	83.39	0.02
21	银矿砂及其精矿	962.14	0.21	71	公共工程用的机器	80.86	0.02
22	整个或切块的其他动物肠、膀胱和胃（包括鲜、冷、冻、干、熏、盐腌或盐渍的，鱼除外）	886.32	0.19	72	其他压缩点火内燃活塞发动机（柴油或半柴油机）	78.59	0.02
23	全粒面未剖层或粒面剖层湿牛皮（包括蓝湿牛皮，经鞣制不带毛）	828.41	0.18	73	其他未加工或半制成品的银粉	72.93	0.02
24	其他纺织材料制针织或钩编女衬衫	783.91	0.17	74	针织或钩编的床罩	72.49	0.02
25	鲜、冷或冻的马、驴、骡肉	731.85	0.16	75	电力	71.47	0.02
26	石油油和油脂	587.68	0.13	76	机用起落架及其零件（指品目 8802 所列货品用的）	70.88	0.02
27	披巾、头巾、围巾、披纱、面纱及类似品（针织或钩编）	571.40	0.12	77	铅废碎料	70.00	0.01

续表

排名	产品名称	出口值	占比	排名	产品名称	出口值	占比
28	挖掘机（上部结构可转 360 度的）	555.20	0.12	78	直线作用的液压动力装置（液压缸）	69.83	0.01
29	其他编号未列名的食品	532.74	0.11	79	其他特殊用途的机动车辆	69.63	0.01
30	履带式推土机	515.31	0.11	80	小麦或混合麦的细粉	69.20	0.01
31	喀什米尔山羊细毛套头衫（针织或钩编，包括开襟衫、外穿背心及类似品）	507.98	0.11	81	粗梳羊毛	65.36	0.01
32	品目 8426、8429、8430 的其他零件	494.49	0.11	82	驱动桥及其零件（装有差速器的，不论是否装有其他传动件）	63.92	0.01
33	小麦糠、麸及其他残渣	385.20	0.08	83	其他硅酸盐水泥	63.83	0.01
34	其他动物精液（牛的精液除外）	301.25	0.06	84	其他凿井机用零件（子目 843041，843049 所列机械的）	63.75	0.01
35	非公路用货运自卸车	294.53	0.06	85	零售用羊毛纱线（按重量计羊毛含量≥ 85%）	62.21	0.01
36	柴油型的其他货车（装有压燃式活塞内燃发动机，超重型指车辆总重量 >20 吨）	294.40	0.06	86	其他非自动上弦贵金属机械手表	61.89	0.01
37	鲜或冷藏的带骨牛肉	262.88	0.06	87	鲜或干的植物种子或果实（作香料、药料、杀虫、杀菌等类似用途）	60.59	0.01
38	骡	254.94	0.05	88	其他自推进的凿井机械	60.37	0.01
39	捣固机械及压路机	249.93	0.05	89	其他钢铁制品	60.31	0.01
40	光敏半导体器件、发光二极管	247.45	0.05	90	功率≤ 5000kW 的其他燃气轮机	60.29	0.01
41	飞机及直升机用其他零件	237.27	0.05	91	其他自动调节或控制仪器及装置	60.25	0.01
42	空载重量 >2 吨的直升机	207.00	0.04	92	非自推进的其他钻探或凿井机械	58.34	0.01
43	毛制针织或钩编女式大衣等（包括短大衣、斗篷、短斗篷及类似品）	203.53	0.04	93	猛禽	58.09	0.01
44	其他纺材制针织或钩编男衬衫	192.53	0.04	94	其他材料的其他鞋类配件	57.39	0.01

续表

排名	产品名称	出口值	占比	排名	产品名称	出口值	占比
45	烟草制的卷烟	183.71	0.04	95	半挂车用的公路牵引车	54.36	0.01
46	规定重量整张生马皮或生牛皮（指每张，简单干燥≤ 8kg，干盐渍≤ 10kg，鲜或湿盐≤ 16kg）	179.94	0.04	96	其他机动叉车及有升降装置工作车	54.27	0.01
47	未梳的其他动物细毛	179.87	0.04	98	针织帽类及用其他纺织物制成帽类	54.10	0.01
48	筑路机及平地机	175.05	0.04	97	其他染色或加工的植物枝、叶或其他部分	54.10	0.01
49	其他塑料的废碎料及下脚料	172.77	0.04	99	其他制作或保藏的牛肉，杂碎，血	52.87	0.01
50	未梳的其他脱脂羊毛（未碳化）	157.45	0.03	100	播种机、种植机及移植机	52.16	0.01

数据来源：由联合国商品贸易统计数据库计算整理所得

表 MN-4　2016 年蒙古国出口额排名前 100 产品

单位：万美元、%

排名	产品名称	出口值	占比	排名	产品名称	出口值	占比
1	铜矿砂及其精矿	160775.43	32.70	51	前铲装载机	217.17	0.04
2	烟煤	95508.85	19.43	52	每平方米重 >300g 其他动物细毛机织物（按重量计其他粗梳动物细毛含量≥ 85%）	213.65	0.04
3	非货币用半制成金（包括镀铂的金）	75837.40	15.43	53	已焙烧钼矿砂及其精矿	213.31	0.04
4	石油原油	33718.06	6.86	54	其他铝制品	212.02	0.04
5	未烧结的铁矿石和精矿（焙烧黄铁矿除外）	24989.05	5.08	55	输出功率 >375kVA 柴油发电机组（包括半柴油发电机组）	209.68	0.04
6	未梳喀什米尔山羊的细毛	20909.17	4.25	56	镶嵌钻石的银首饰及其零件（不论是否包、镀其他贵金属）	208.29	0.04
7	锌矿砂及其精矿	14541.27	2.96	57	其他动物精液（牛的精液除外）	170.36	0.03
8	精炼铜的阴极型材（未锻轧的）	7418.85	1.51	58	其他纺材制针织或钩编男衬衫	166.03	0.03

续表

排名	产品名称	出口值	占比	排名	产品名称	出口值	占比
9	按重量计氟化钙含量≤ 97%的萤石	5673.74	1.15	59	绵羊或羔羊湿革	164.42	0.03
10	银矿砂及其精矿	3831.98	0.78	60	直线作用的液压动力装置（液压缸）	160.79	0.03
11	其他新鲜或干的可食用坚果	3338.13	0.68	61	其他活动房屋	153.23	0.03
12	飞机和其他飞机的空载重量超过 15000kg	3335.25	0.68	62	鲜或干的植物种子或果实（作香料、药料、杀虫、杀菌等类似用途）	147.95	0.03
13	已梳喀什米尔山羊的细毛	3318.91	0.68	63	点燃式活塞内燃发动机用零件	147.83	0.03
14	其他钼矿砂及其精矿	2431.37	0.49	64	重 >16kg 整张生马皮或生牛皮	145.19	0.03
15	铅矿砂及其精矿	2407.45	0.49	65	零售用羊毛纱线（按重量计羊毛含量≥ 85%）	142.67	0.03
16	品目 8426、8429、8430 的其他零件	1943.96	0.40	66	冻藏的带骨牛肉	138.75	0.03
17	其他铁路或电车道机车离合器及其零件	1798.58	0.37	67	制成的羊毛起绒地毯及铺地制品（包括动物细毛制，未簇绒或未植绒）	137.66	0.03
18	未梳的脱脂剪羊毛（未碳化）	1530.45	0.31	68	骡	135.66	0.03
19	鲜、冷或冻的马、驴、骡肉	1439.26	0.29	69	其他机械和机械设备	134.29	0.03
20	其他油菜籽	1371.50	0.28	70	驱动桥及其零件（装有差速器的，不论是否装有其他传动件）	133.76	0.03
21	钨矿砂及其精矿	1051.46	0.21	71	其他塑料的废碎料及下脚料	132.70	0.03
22	其他煤	1009.86	0.21	72	半挂车用的公路牵引车	132.50	0.03
23	全粒面未剖层或粒面剖层湿牛皮（包括蓝湿牛皮，经鞣制不带毛）	995.36	0.20	73	褐煤	131.41	0.03
24	其他纺织材料制针织或钩编女衬衫	879.16	0.18	74	其他制作或保藏的牛肉，杂碎，血	130.86	0.03
25	压缩点火内燃活塞发动机（柴油或半柴油机）	823.43	0.17	75	其他机械零件	128.70	0.03

续表

排名	产品名称	出口值	占比	排名	产品名称	出口值	占比
26	规定重量整张生马皮或生牛皮（指每张，简单干燥≤ 8kg，干盐渍≤ 10kg，鲜或湿盐≤ 16kg）	710.29	0.14	76	灭火器（不论是否装药）	127.23	0.03
27	整个或切块的其他动物肠、膀胱和胃（包括鲜、冷、冻、干、熏、盐腌或盐渍的，鱼除外）	664.52	0.14	77	毛制针织或钩编短袜及其他袜类	122.73	0.02
28	无烟煤	656.93	0.13	78	悬挂系统及其部件（包括减震器）	120.20	0.02
29	石油油和油脂	591.14	0.12	79	麦芽酿造的啤酒	118.30	0.02
30	锰矿砂及其精矿	562.44	0.11	80	其他动物角粉末和废料	111.17	0.02
31	喀什米尔山羊细毛套头衫（针织或钩编，包括开襟衫、外穿背心及类似品）	537.29	0.11	81	挖掘机（上部结构可转 360 度的）	108.11	0.02
32	皮革或再生皮革制的衣服（野生动物皮革制作的除外）	520.22	0.11	82	未梳的其他脱脂羊毛（未碳化）	99.83	0.02
33	披巾、头巾、围巾、披纱、面纱及类似品（针织或钩编）	499.93	0.10	83	羊毛制披巾、头巾、围巾及类似品（包括披纱、面纱等）	99.57	0.02
34	其他割草机（包括牵引装置用的刀具杆）	481.76	0.10	84	筑路机及平地机	99.51	0.02
35	其他身体部分和附件（包括驾驶室）	480.29	0.10	85	其他发动机和马达	97.87	0.02
36	机动大客车或货运车用翻新轮胎	471.01	0.10	86	其他螺钉及螺栓（不论是否带有螺母或垫圈）	96.22	0.02
37	其他凿井机用零件（子目 843041，843049 所列机械的）	408.50	0.08	87	其他炊事器具及加热板，包括使用固体燃料的	94.30	0.02
38	机车用贱金属附件及架座	390.27	0.08	88	其他已梳动物细毛	89.35	0.02
39	山羊或小山羊湿革（经鞣制不带毛）	389.74	0.08	89	其他未加工或半制成品的银粉	82.90	0.02
40	其他媒体（磁性、光学或半导体媒体除外）	338.55	0.07	90	三轮车、踏板车、踏板汽车和类似的带轮玩具；玩偶车	77.65	0.02

续表

排名	产品名称	出口值	占比	排名	产品名称	出口值	占比
41	其他染色或加工的植物枝、叶或其他部分	309.74	0.06	91	其他未列名的航空器、航天器零件	76.18	0.02
42	其他零件和附件	290.50	0.06	92	其他编号未列名蛋白质及其衍生物	76.17	0.02
43	其他压缩点火内燃活塞发动机（柴油或半柴油机）	274.67	0.06	93	猛禽	75.58	0.02
44	未梳的其他动物细毛	271.57	0.06	94	毛制针织或钩编连衣裙	71.71	0.01
45	烟草制的卷烟	264.52	0.05	95	其他照明或视觉信号装置	66.93	0.01
46	低芥籽酸油菜籽	263.25	0.05	96	其他不含可可的糖食	66.79	0.01
47	飞机及直升机用其他零件	252.25	0.05	97	其他阀门（用于管道、锅炉、罐、桶或类似品的）	66.40	0.01
48	小麦糠、麸及其他残渣	247.59	0.05	98	其他餐桌厨房等家用铜制器具及其零件	65.75	0.01
49	毛制针织或钩编女式大衣等（包括短大衣、斗篷、短斗篷及类似品）	238.99	0.05	99	针织帽类及用其他纺织物制成帽类	62.91	0.01
50	按重量计氟化钙含量 >97% 的萤石	223.24	0.05	100	加工金属的非数控弯曲、折叠或矫平机床	62.63	0.01

数据来源：由联合国商品贸易统计数据库计算整理所得

2. 出口主导产业与比较优势产业的一致性分析

表 MN-5 为 2016 年蒙古国排名前 10 的比较优势产品及出口主导产品。表中显示，蒙古国比较优势指数排名前列的产品主要是以未梳喀什米尔山羊的细毛为主的农副产品，而出口主导产业中主要是以铜矿砂及其精矿为代表的矿石类产品。

对比 2016 年蒙古国排名前 10 的比较优势产品及出口主导产品，其中，比较优势指数及出口占比同时名列前 10 的产业仅有未梳喀什米尔山羊的细毛产业、按重量计氟化钙含量≤ 97% 以及铜矿砂及其精矿。未梳喀什米尔山羊的细毛的 RCA 排名第 1，而其出口占比仅排名第 6；按重量计氟化钙含量≤ 97% 的 RCA 排名第 3，而其出口占比排名第 9；铜矿砂及其精矿的出口占比排名第 1，而其 RCA 排名第 9；除此之外的排名前 10 的比较优势产业与出口主导产业并不具有一致性。综上所述，蒙古国比较优势产业与出口主导产业具较弱一致性。

表 MN-5　2016 年蒙古国排名前 10 比较优势产品及出口主导产品

单位：%

排名	比较优势产业名称	RCA	排名	出口主导产业名称	占比
1	未梳喀什米尔山羊的细毛	2781.0462	1	铜矿砂及其精矿	32.7
2	已梳喀什米尔山羊的细毛	2018.3078	2	烟煤	19.43
3	按重量计氟化钙含量≤ 97% 的萤石	878.0975	3	非货币用半制成金（包括镀铂的金）	15.43
4	未梳的其他动物细毛	282.1375	4	石油原油	6.86
5	山羊或小山羊湿革（经鞣制不带毛）	267.5077	5	未烧结的铁矿石和精矿（焙烧黄铁矿除外）	5.08
6	钨矿砂及其精矿	254.6733	6	未梳喀什米尔山羊的细毛	4.25
7	骡	229.0688	7	锌矿砂及其精矿	2.96
8	鲜、冷或冻的马、驴、骡肉	120.7837	8	精炼铜的阴极型材（未锻轧的）	1.51
9	铜矿砂及其精矿	108.7114	9	按重量计氟化钙含量≤ 97% 的萤石	1.15
10	其他钼矿砂及其精矿	98.1112	10	银矿砂及其精矿	0.78

（三）蒙古国出口比较优势变化分析

1. 描述性分析

依据表 MN-1 及表 MN-2，对比分析 2005 年及 2016 年蒙古国比较优势指数排名前 100 产业，我们可以得出以下信息：

第一，蒙古国整体的比较优势有减弱趋势。2005 年蒙古国排名前 100 产业平均比较优势指数为 96.5428，2016 年为 84.1345。

第二，蒙古国具比较优势的产品数量有增加态势。2005 年，比较优势指数大于 1 的产品共有 96 类，而 2016 年，比较优势指数大于 1 的产业有 118 类。

第三，比较优势指数排名前列的产品种类构成变化不大，且在国际贸易中的比较优势地位趋于稳定。从比较优势指数排名前 10 的产品来分析，2005 年至 2016 年间，比较优势指数排名前 3 的产品种类保持不变，分别是未梳喀什米尔山羊的细毛、已梳喀什米尔山羊的细毛、按重量计氟化钙含量≤ 97% 的萤石，相应的比较优势指数虽有所减小，但都远远大于 1。剩余产品的比较优势指数大小稍有变化，且基本上是趋于减小的趋势，但从比较优势指数绝对值来看，其在国际贸易中仍然具有不可替代的比较优势。

2. 回归分析

把 2016 年蒙古国产业比较优势指数作为被解释变量，把 2005 年蒙古国产业比较优势指数作为自变量，对其作简单的回归分析。若回归系数 >1，则在 2005 年至 2016 年间，蒙古国具比较优势的产业强化了，而其他产业弱化了；若 0< 回归系数 <1，则产业比较优势减弱；若回归系数 <0，则蒙古国比较优势产业发生了相反的质变，即蒙古国的比较优势产业种类发生了变化。

按照上述规则，我们进行回归分析，得下表 MN-6：

表 MN-6　回归结果

变量	Coef.	Std. Err.	t	P>|t|
常数项	0.2073			
2005 比较优势指数	0.8430	0.0028	302.87	0.00
	R^2=0.9841		F-statistics =91728.45	

表中可得，回归系数为 0.8430，其拟合优度为 98.41%，概率为 0，说明回归系数在 1% 的水平上显著。可知，蒙古国在国际贸易中原先具有比较优势产业的比较优势有所减弱，这与上述描述分析结果一致。

（四）蒙古国进口需求及其变化分析

用国家商品进口额占国家总进口额的比例来表示国家对此种商品的需求强烈程度，比例越高，说明国家对商品的需求越大，比例越低，需求越小。表 MN-7 及表 MN-8 为 2005 年至 2016 年进蒙古国需求排名前 100 产品。

表 MN-7 为 2005 年蒙古国进口雪球排名前 100 产品详情表。从表中可以看出，排名前 10 的进口产品有石油油和油脂；轻油及制品，不含生物柴油；小麦或混合麦的细粉；挖掘机（上部结构可转 360 度的）；1.5 升 < 排量≤ 3 升装点燃往复式活塞内燃发动机的其他载人车辆；小麦和混合小麦；品目 8474 所列机器的零件；排气量 >4 升带点燃往复式活塞内燃发动机其他车；排量 >2.5 升装有压燃往复式活塞内燃发动机；钢铁制研磨机用研磨球及类似品（经锻造或冲压后，未经进一步加工）等。其中，石油油和油脂、轻油及制品的进口额相对较高，分别为 17919.43 万美元、12289.71 万美元，占比为 22.19%、15.22%；其次是小麦或混合麦的细粉，进口额为 2002.39 万美元，占比为 2.48%。

表 MN-7　2005 年蒙古国进口额排名前 100 产品

单位：万美元、%

排名	产品名称	进口额	占比	排名	产品名称	进口额	占比
1	石油油和油脂	17919.43	22.19	51	钢轨	374.84	0.46
2	轻油及制品，不含生物柴油	12289.71	15.22	52	250 毫升 < 排量≤ 500 毫升装往复式活塞内燃发动机摩托车及脚踏两用车	373.82	0.46
3	小麦或混合麦的细粉	2002.39	2.48	53	1 升 < 排量≤ 1.5 升带点燃往复式活塞内燃发动机其他车	372.21	0.46
4	挖掘机（上部结构可转 360 度的）	1904.44	2.36	54	其他漂白与其他化纤混纺棉布（每平方米重≤ 200 克，含棉 85% 以下）	367.39	0.46
5	1.5 升 < 排量≤ 3 升装点燃往复式活塞内燃发动机的其他载人车辆	1859.92	2.30	55	电话或电报交换设备	364.63	0.45
6	小麦和混合小麦	1545.68	1.91	56	精米	362.87	0.45
7	品目 8474 所列机器的零件	1453.88	1.80	57	人造黄油	359.77	0.45
8	排气量 >4 升带点燃往复式活塞内燃发动机其他车	1389.97	1.72	58	新鲜苹果	350.96	0.43
9	排量 >2.5 升装有压燃往复式活塞内燃发动机	1348.39	1.67	59	旧衣物	345.46	0.43
10	钢铁制研磨机用研磨球及类似品（经锻造或冲压后，未经进一步加工）	1234.72	1.53	60	其他零件和附件	339.93	0.42
11	品目 8426、8429、8430 的其他零件	1101.54	1.36	61	甜饼干	338.50	0.42
12	无线电广播、电视发送设备等包含接收装置或声音录制的传送设备	1089.81	1.35	62	其他编号未列名的食品	330.45	0.41
13	新的邮票（包括支票、股票，债券及类似的所有权凭证）	1064.50	1.32	63	其他离心泵	323.97	0.40
14	染色其他全棉机织物（每平方米重量不超过 200g，含棉 85% 及以上）	975.52	1.21	64	其他玻璃器皿	316.33	0.39
15	柴油型其他小型货车（装有压燃式活塞内燃发动机，小型指车辆总重量≤ 5 吨）	973.33	1.21	65	彩色卫星电视接收机	312.08	0.39

续表

排名	产品名称	进口额	占比	排名	产品名称	进口额	占比
16	其他不含可可的糖食	907.03	1.12	66	卫生纸和卫生棉条、婴儿纸尿裤、尿布衬里等	310.24	0.38
17	烟草代用品制的卷烟、雪茄烟	857.92	1.06	67	新鲜或冷藏马铃薯	307.28	0.38
18	铁道及电车道机车用其他零件	809.29	1.00	68	零售包装有机表面活性剂制品	303.52	0.38
19	其他硅酸盐水泥	752.82	0.93	69	染色的其他全棉机织物（指每平方米重超过 200g，含棉 85% 及以上）	299.26	0.37
20	精制的豆油及其分离品	743.88	0.92	70	泵用零件	291.18	0.36
21	棉制其他染色针织或钩编织物	735.87	0.91	71	烟丝萃取物	281.08	0.35
22	其他精制糖	713.28	0.88	72	零售用羊毛纱线（按重量计羊毛含量≥ 85%）	261.19	0.32
23	压燃式活塞内燃发动机的客车	690.70	0.86	73	其他美容品或化妆品	259.80	0.32
24	履带式推土机	689.60	0.85	74	机动小客车用新的充气轮胎	257.97	0.32
25	染色的与棉混纺其他合成纤维布（混纺合纤布指按重量计其他合成纤维长丝含量在 85% 以下）	593.72	0.74	75	铁道及电车道机车用其他轴、轮（包括其他零件，含铁道及电车道其他车辆用的）	257.91	0.32
26	其他巧克力及含可可的食品	589.10	0.73	76	其他发动机的专用零件（指品目 8407 或 8408 所列的其他发动机）	256.37	0.32
27	电力	556.48	0.69	77	地下连续运货或材料升降、输送机	252.31	0.31
28	其他电话线路或线路电报用电气设备	555.00	0.69	78	高强力纱纺制机织物（由尼龙或其他聚酰胺高强力纱纺制的）	248.43	0.31
29	非公路用货运自卸车	553.82	0.69	79	其他 X 射线应用设备	245.51	0.30
30	衣服零件（针织或钩编）	548.33	0.68	80	上釉的大陶瓷砖，瓦，块及类似品	245.48	0.30
31	石油沥青	532.48	0.66	81	其他铁道电车道铺轨用钢铁材料	237.70	0.29
32	柴油型的其他货车（装有压燃式活塞内燃发动机，超重型指车辆总重量 >20 吨）	497.52	0.62	82	其他木家具	234.26	0.29
33	其他电力控制或分配的装置（电压不超过 1000 伏的线路）	490.08	0.61	83	柴油型其他货车（装有压燃式活塞内燃发动机，重型指 5 吨≤车辆总重≤ 20 吨）	225.93	0.28

续表

排名	产品名称	进口额	占比	排名	产品名称	进口额	占比
34	其他已配定剂量的药品	456.61	0.57	84	其他冷轧的铁制无缝圆形截面管	224.64	0.28
35	其他热轧盘条（不带有轧制过程中产生的变形）	456.49	0.57	85	装在拖车底盘上的空气压缩机	219.56	0.27
36	麦芽酿造的啤酒	447.01	0.55	86	其他调味品	217.86	0.27
37	未列名无缝钢铁管及空心异型材（铸铁除外）	445.39	0.55	87	其他有机表面活性产品及制品	217.25	0.27
38	光线路终端装置	441.52	0.55	88	洗发剂	215.43	0.27
39	前铲装载机	439.51	0.54	89	锰铁，按重量计含碳量在 2% 以上	214.19	0.27
40	其他钢铁结构体及部件（包括结构体用的已加工钢板、型材、管子及类似品）	437.12	0.54	90	其他饱和一元醇	213.33	0.26
41	其他客或货车用新充气橡胶轮胎	434.36	0.54	91	过滤、净化装置用零件	208.87	0.26
42	其他发送或接收声音、图像或其他数据用的设备	430.21	0.53	92	未列名钢铁制其他管子附件（不锈钢除外）	207.96	0.26
43	无连接器的绝缘导体，80 伏 ≤电压≤ 1000 伏	422.60	0.52	93	品目 8471 所列其他机器零附件	207.49	0.26
44	其他凿井机用零件（子目 843041，843049 所列机械的）	416.57	0.52	94	华夫饼干及圣餐饼	207.37	0.26
45	分类、筛选、分离或洗涤机器（用于泥土、石料、矿石或其他固体物质的）	411.82	0.51	95	盥洗用皂及有机表面活性产品	206.24	0.26
46	计算机用终端（输入或输出部件，不论是否在同一机壳内有存储部件）	407.24	0.50	96	容积 >300 升钢铁制盛物容器（容积 >300 升的囤、柜、桶、罐、听及类似容器）	205.89	0.26
47	以系统形式报验的其他自动数据处理机	397.83	0.49	97	品目 8606 所列其他未列名非机动车	204.02	0.25
48	破碎或磨粉用机器（用于泥土、石料、矿石或其他固体物质的）	385.83	0.48	98	电动卷扬机及绞盘	201.75	0.25
49	其他染色的与化纤混纺织布（每平方米重≤ 200g，含棉 85% 以下）	380.76	0.47	99	其他气体过滤、净化机器及装置	201.61	0.25
50	其他电视接收机零件	379.60	0.47	100	非自推进的其他钻探或凿井机械	198.72	0.25

数据来源：由联合国商品贸易统计数据库计算整理所得

表 MN-8 表示 2016 年蒙古国进口排名前 100 产品。表中可以看出排名前 10 的进口产品有石油油和油脂；轻油及制品不含生物柴油；电力；其他型载人车辆；排气量 >4 升带点燃往复式活塞内燃发动机其他车；其他已配定剂量的药品；其他货运挂车及半挂车；烟草制的卷烟；其他编号未列名的食品；蜂窝网络或其他无线网络的电话机等。其中，石油油和油脂的进口额最高，为 31666.13 万美元，占比为 15.12%；其次是轻油及制品、电力，进口额分别为 19439.06 万美元、12535.51 万美元，占比依次为 9.28%、5.99%。

表 MN-8　2016 年蒙古国进口额排名前 100 产品

单位：万美元、%

排名	产品名称	进口值	占比	排名	产品名称	进口值	占比
1	石油油和油脂	31666.13	15.12	51	其他美容品或化妆品	1055.15	0.50
2	轻油及制品，不含生物柴油	19439.06	9.28	52	电梯和箕斗提升机	1004.77	0.48
3	电力	12535.51	5.99	53	消防车	945.94	0.45
4	其他型载人车辆	10049.00	4.80	54	其他芳烃混合物	915.98	0.44
5	排气量 >4 升带点燃往复式活塞内燃发动机其他车	5649.09	2.70	55	泵用零件	912.41	0.44
6	其他已配定剂量的药品	5350.67	2.56	56	初级形状的聚对苯二甲酸乙二酯	905.98	0.43
7	其他货运挂车及半挂车	5152.81	2.46	57	静态转换器	899.15	0.43
8	烟草制的卷烟	4999.88	2.39	58	其他人字形胎面新充气橡胶轮胎（建筑业，工业用，辋圈 >61cm）	886.20	0.42
9	其他编号未列名的食品	3286.79	1.57	59	其他通信设备	873.18	0.42
10	蜂窝网络或其他无线网络的电话机	3225.47	1.54	60	其他电热炉（包括电热板、加热环、烧烤炉及烘烤器）	868.87	0.41
11	移动通信基地站	3192.12	1.52	61	卧室用木家具	863.28	0.41
12	其他小麦及混合麦	3115.61	1.49	62	其他木家具	861.07	0.41
13	品目 8474 所列机器的零件	3021.59	1.44	63	上釉的大陶瓷砖，瓦，块及类似品	854.06	0.41
14	排量 >2.5 升装有压燃往复式活塞内燃发动机	3011.28	1.44	64	液化丁烷	851.85	0.41
15	交换机和路由器	2698.22	1.29	65	冷藏－冷冻组合机（各自装有单独外门的）	838.68	0.40

续表

排名	产品名称	进口值	占比	排名	产品名称	进口值	占比
16	其他玻璃器皿	2686.06	1.28	66	其他合金钢热加工条、杆（除热轧，热拉拔或热挤压外未经进一步加工的）	835.46	0.40
17	其他精制糖	2634.00	1.26	67	其他活动房屋	832.17	0.40
18	1.5 升＜排量≤ 3 升装点燃往复式活塞内燃发动机的其他载人车辆	2447.36	1.17	68	小麦或混合麦的细粉	820.37	0.39
19	可锻性铸铁及铸钢研磨机的研磨球（包括其类似品）	2432.91	1.16	69	其他面包，糕点，饼干及烘焙糕饼	794.94	0.38
20	其他巧克力及含可可的食品	2388.07	1.14	70	其他调味品	786.86	0.38
21	飞机和其他飞机的空载重量超过 15000 公斤	2218.60	1.06	71	已配剂量含有其他抗菌素的药品	773.55	0.37
22	其他不含可可的糖食	2006.49	0.96	72	其他办公室用机器（包括硬币分类、计数、包装机和削笔机等）	765.04	0.37
23	非公路用货运自卸车	1992.70	0.95	73	经简单切削或锯开的花岗岩及制品（具有一个平面）	749.02	0.36
24	其他媒体（磁性、光学或半导体媒体除外）	1990.11	0.95	74	自动数据处理设备及其部件（不论是否在同一机壳内有一或两个存储，输入或输出部件）	746.79	0.36
25	其他钢铁结构体及部件（包括结构体用的已加工钢板、型材、管子及类似品）	1967.83	0.94	75	其他夹心块状或条状的含可可食品	743.21	0.35
26	硝酸铵	1729.55	0.83	76	矩形或正方形截面的其他焊缝管	737.73	0.35
27	其他特殊用途的机动车辆	1719.55	0.82	77	木制定向刨花板（OSB）（不论是否用树脂或其他有机黏合剂黏合）	734.71	0.35
28	其他电力控制或分配的装置（电压不超过 1000 伏的线路）	1682.49	0.80	78	其他编号未列名的化工产品	731.91	0.35
29	品目 8426、8429、8430 的其他零件	1669.69	0.80	79	其他不夹心块状或条状含可可食品	708.57	0.34
30	其他颜色的电视接收机	1602.05	0.77	80	光敏半导体器件、发光二极管	703.43	0.34

续表

排名	产品名称	进口值	占比	排名	产品名称	进口值	占比
31	钢铁制研磨机用研磨球及类似品（经锻造或冲压后，未经进一步加工）	1593.04	0.76	81	其他阀门（用于管道、锅炉、罐、桶或类似品的）	700.65	0.33
32	柴油型其他小型货车（装有压燃式活塞内燃发动机，小型指车辆总重量≤ 5 吨）	1572.34	0.75	82	生石灰	698.01	0.33
33	卫生巾（护垫）及止血塞	1550.02	0.74	83	便携式自动数据处理设备（重量≤ 10 千克，至少由一个中央处理器、键盘和显示器组成）	691.29	0.33
34	挖掘机（上部结构可转 360 度的）	1549.92	0.74	84	麦芽酿造的啤酒	686.19	0.33
35	石油沥青	1544.96	0.74	85	华夫饼干及圣餐饼	673.85	0.32
36	铁或非合金钢的热加工条、杆（带有轧制过程中产生变形，热加工指热轧、热拉拔或热挤压）	1495.28	0.71	86	前铲装载机	666.41	0.32
37	其他无酒精饮料	1484.88	0.71	87	鲜苹果	644.02	0.31
38	其他硅酸盐水泥	1402.15	0.67	88	脂肪量 >1.5% 未加糖固状乳及奶油（指粉状、粒状或其他固体状态，浓缩，未加糖或其他甜物质）	641.61	0.31
39	零售包装有机表面活性剂制品	1352.86	0.65	89	塑料制塞子，盖子及类似品	627.23	0.30
40	精米	1342.64	0.64	90	未焙制麦芽	613.52	0.29
41	甜饼干	1333.96	0.64	91	抗血清、其他血液成分和免疫产物	608.01	0.29
42	其他电压不超过 1000 伏的电导体	1289.42	0.62	92	其他电力控制或分配的装置（电压超过 1000 伏的线路）	607.93	0.29
43	其他客或货车用新充气橡胶轮胎	1286.33	0.61	93	诊断或实验用配制试剂	606.96	0.29
44	冻的鸡块和杂碎	1253.02	0.60	94	1 升 < 排量≤ 1.5 升带点燃往复式活塞内燃发动机其他车	606.50	0.29
45	压燃式活塞内燃发动机的客车	1191.30	0.57	95	其他割草机（包括牵引装置用的刀具杆）	601.38	0.29

续表

排名	产品名称	进口值	占比	排名	产品名称	进口值	占比
46	其他面食	1185.58	0.57	96	航空器内燃引擎（指点燃往复式或旋转式）	600.86	0.29
47	其他钢铁或其他管、管和空心型材	1126.52	0.54	97	初级形状的可发性聚苯乙烯	593.95	0.28
48	排量≤250ml 装往复式活塞内燃发动机摩托车及脚踏两用车	1080.29	0.52	98	装软垫的木框架的坐具	591.31	0.28
49	以系统形式报验的其他自动数据处理机	1066.65	0.51	99	半挂车用的公路牵引车	587.30	0.28
50	精制的葵花油和红花油及其分离品	1058.73	0.51	100	旧的充气橡胶轮胎	579.70	0.28

数据来源：由联合国商品贸易统计数据库计算整理所得

我们从以下两方面来对比分析 2005 年及 2016 年蒙古国进口需求变化：

首先，从进口需求排名前列产品构成变化来看，蒙古国进口排名前 10 的产品种类变化大。2005 年及 2016 年蒙古国进口需求同时排名前 10 的产品仅有两类，分别是石油油和油脂、轻油及制品、排气量 >4 升带点燃往复式活塞内燃发动机其他车。从排名前 3 的种类变化来看，排名前两位的产品种类未变，第三名的产品由小麦或混合麦的细粉变化成电力产品。其中，虽然石油油和油脂、轻油及制品的需求份额分别从 2005 年的 22.19%、15.22% 下降至 2016 年的 15.12%、9.28%，下降了 7.07%、5.94%，但其进口需求强烈程度一直领先于其他产品。

其次，从产品进口需求排名前列的产品集中度来分析，蒙古国进口需求产品集中度有下降趋势。2005 年蒙古国进口需求排名前 5 产品进口额度占比为 44.55%，排名前 10 产品进口额度占比为 53.18 %；2016 年进口需求排名前 5 产品进口额度占比和为 37.89 %，排名前 10 产品进口额度占比为 48.41%。对比 2005 及 2016 年，进口需求排名前 5、前 10 产品额度占比分别下降了 6.66%、4.77%。

三、阿塞拜疆出口比较优势分析与进口需求研究

（一）阿塞拜疆出口比较优势分析

表 AZ-1 显示了 2005 年阿塞拜疆出口比较优势指数（RCA）排名前 100 的产品。从 2005 年阿塞拜疆出口产品前 100 的产品来看，有 73 种产品比较优势指数大于 2.5，这说明这些产品在国际出口贸易中极具竞争优势；其他产品的比较优势指数都大于 1.25，即这些产品相对于其他产品在国家贸易中比较具竞争优势。2005 年排名前 10 的产品包括：初榨的棉籽油；冷加工的角材、型材及异型材（除冷加工外未经进一步加工）；浮动或潜水式钻探或生产平台；甘草根；黑醋栗；火龙果；铁路和索道绝缘或冷藏货车和货车，非自走式、汽车槽车；鲜冷冻或干的甜菜；环烷酸钾；鱼子酱和鱼子酱代用品，其比较优势指数分别为 451.85、241.51、183.25、142.03、137.56、113.89、109.09、108.57、79.26、44.07。其中，初榨的棉籽油和冷加工的角材以及型材及异型材（除冷加工外未经进一步加工）的比较优势指数达到了 451.85 和 241.51，在国际出口贸易中，具有一定的垄断地位。从产品整体的类别来看，阿塞拜疆在农作物及其制品、大型机械器材、钢材及其制品等产品上具有明显的比较优势。

表 AZ-1　2005 年阿塞拜疆比较优势指数排名前 100 产品

排名	产品	RCA	排名	产品	RCA
1	初榨的棉籽油	451.85	51	带钢芯的铝制绞股线、缆、编带	5.12
2	冷加工的角材、型材及异型材	241.51	52	蒸馏葡萄酒制得的烈性酒	4.89
3	浮动或潜水式钻探或生产平台	183.25	53	棉制的其他絮胎及絮胎制品	4.49
4	甘草根	142.03	54	棉花种子	4.27
5	黑醋栗	137.56	55	办公室用片取进料式胶印机	4.15

续表

排名	产品	RCA	排名	产品	RCA
6	火龙果	113.89	56	未锻轧的铜锌合金	4.10
7	铁路和索道绝缘或冷藏货车和货车，非自走式，汽车槽车	109.09	57	有机复合溶剂及稀释剂，除漆剂	3.74
8	鲜、冷、冻或干的甜菜	108.57	58	氮	3.72
9	环烷酸钾	79.26	59	石油沥青	3.32
10	鱼子酱和鱼子酱代用品	44.07	60	棉短绒	3.24
11	未锻轧的其他铜合金	35.38	61	其他精炼铜板、片、带	3.18
12	正丙醇、异丙醇	34.19	62	动物饲料配制机	3.15
13	精制的玉米油及其分离品	32.37	63	烟草制的卷烟	2.97
14	其他记录磁带，宽度 >65mm，用于教育用途	30.69	64	聚乙烯或聚丙烯制包扎用绳（可编织或编结，可用橡胶或塑料浸渍、涂布，包覆，套裹）	2.95
15	其他固定植物油、脂及其分离品	30.69	65	功率 >1100kW 涡轮螺桨引擎	2.93
16	包装中的乌龙茶	29.64	66	瓦楞纸及纸板	2.82
17	氢化、酯化或反油酸化植物油、脂	28.00	67	含烟草或不含烟草代用品的烟草	2.80
18	氧化铝，但人造刚玉除外	27.73	68	非供零售用丝纱线	2.73
19	棉籽油渣饼及固体残渣	27.27	69	棉的回收纤维	2.71
20	其他混合制成的植物质、动物质油脂或制品	23.85	70	车用汽油、航空汽油	2.64
21	截面高度≥ 80mm 槽钢	21.23	71	其他非自推进截煤机凿岩机（包括非自推隧道掘进机）	2.56
22	小麦糠、麸及其他残渣	19.36	72	飞机用推进器、水平旋翼及零件	2.53
23	其他角材、型材及异型材	19.01	73	生石膏，硬石膏	2.51
24	蔬菜和水果或坚果	16.76	74	化学纤维制的其他絮胎及絮胎制品	2.49
25	聚乙烯或聚丙烯制其他货物包装袋	16.32	75	柑橘叶	2.47
26	新鲜或冷藏的其他马铃薯	15.41	76	初级形状的其他聚醚	2.35
27	固体氢氧化钠	15.35	77	含碳量不小于 0.25% 的钢坯	2.29
28	水果及坚果的细粉、粗粉及粉末	13.39	78	其他石灰岩的石碑或建筑石，简单地切割或锯成扁平或均匀的表面	2.25
29	新鲜苹果	13.34	79	品目 8437 所列机械的零件	2.19
30	其他合成纤维扁条及类似品机织	12.64	80	其他铜合金丝	2.18
31	未梳的棉花	11.96	81	铁道用非机动自卸货车	2.10

续表

排名	产品	RCA	排名	产品	RCA
32	石油油和油脂	11.01	82	非用醋制作的绞碎番茄	2.07
33	石油原油	9.24	83	混凝土泵	2.04
34	液体提升机	8.83	84	其他非自推进未列名机械	2.03
35	其他丝绸废料	8.54	85	电力	1.93
36	不饱和 1，3- 丁二烯和异戊二烯	8.33	86	规定重量整张生马皮或生牛皮	1.93
37	浸酸退鞣不带毛绵羊或羔羊生皮	8.26	87	其他未混合的白利糖浓度≤ 20 的柑橘属果汁	1.84
38	未锻轧铝合金	8.15	88	其他卷烟纸	1.83
39	油鞣回收脂	8.15	89	液体提升机用零件	1.82
40	甲基环氧乙烷	8.13	90	其他丝机织物	1.80
41	新鲜或冷藏西红柿	7.55	91	用于石油或天然气管道的其他管线管	1.65
42	新鲜樱桃	7.28	92	小麦或混合麦的细粉	1.60
43	其他初级形状的多硫化物、聚砜等	7.04	93	其他制作或保藏的牛肉，杂碎，血	1.59
44	制作或保藏的坚果及其他子仁	6.93	94	带毛的绵羊或羔羊生皮	1.56
45	壳菱形	6.77	95	蛋、新鲜植物	1.56
46	精制的葵花油和红花油及其分离品	6.69	96	带其他工作部件的凿岩工具	1.54
47	膨润土，不论是否煅烧	6.55	97	其他化学纤维制货物包装袋	1.48
48	非零售精梳中支纯棉单纱	6.39	98	其他不饱和无环烃	1.41
49	未去梗的烟草	6.03	99	塑料制坛，瓶及类似品	1.40
50	初级形状比重 <0.94 的聚乙烯	5.84	100	不锈钢锭及其他初级形状产品	1.37

数据来源：由联合国商品贸易数据计算整理所得。

2016 年，阿塞拜疆比较优势指数排名前 100 产品中有 65 种产品其比较优势指数都大于 2.5，这表明这些产品在国家贸易中极具竞争优势；另外 35 种产品，除了最后一种产品，其他比较优势指数均大于 1.25，这说明这些产品在国际出口贸易中比较具有竞争力。其中排名前 10 的产品包括新鲜榴莲；其他方法焊接其他粗钢铁管（粗钢铁管指外径超过 406.4mm）、黑醋栗、浸酸退鞣不带毛绵羊或羔羊生皮、气态天然气、温柏树、含碳量不小于 0.25% 的钢坯、精制的棉籽油及其分离品、初榨的棉籽油、石油原油，其比较优势指数分别为 251.20、138.90、91.50、53.87、29.33、28.85、28.47、26.92、22.25、19.66。其中新鲜榴莲的比较优势指数为 251.20，在国际出口贸易中具有一定的垄断地位。

表 AZ-2　2016 年阿塞拜疆比较优势指数排名前 100 产品

排名	产品	RCA	排名	产品	RCA
1	新鲜榴莲	251.20	51	其他未混合的水果汁、蔬菜汁	3.87
2	其他方法焊接其他粗钢铁管	138.90	52	人造黄油	3.86
3	黑醋栗	91.50	53	其他合成纤维长丝变形纱线	3.81
4	浸酸退鞣不带毛绵羊或羔羊生皮	53.87	54	聚乙烯或聚丙烯制其他货物包装袋	3.75
5	气态天然气	29.33	55	蒸馏葡萄酒制得的烈性酒	3.70
6	温柏树	28.85	56	其他以石墨或其他碳为基料的制品	3.66
7	含碳量不小于 0.25% 的钢坯	28.47	57	其他纵向焊接石油、天然气粗钢管	3.53
8	精制的棉籽油及其分离品	26.92	58	未锻轧非合金铝	3.39
9	初榨的棉籽油	22.25	59	矩形截面的不锈钢半制成品	3.17
10	石油原油	19.66	60	钢轨	3.13
11	新鲜或冷藏西红柿	18.60	61	不锈钢制管道管	3.11
12	新鲜樱桃	17.23	62	矿物与沥青的混合机器	3.08
13	甘草液汁及浸膏	17.01	63	新鲜桃子、石榴，葡萄，油桃	2.77
14	甲醇	13.80	64	最大截面尺寸≤ 7mm 的非合金铝丝	2.74
15	非零售粗梳中支纯棉多股纱	13.02	65	丙烯	2.55
16	非合金铝制铝塑复合矩形板、片及带	12.07	66	非零售粗梳粗支纯棉单纱	2.44
17	蒸馏煤焦油所得的其他产品	11.37	67	蛋、新鲜植物	2.44
18	未锻轧的铜锌合金	11.36	68	石油油和油脂	2.42
19	含有硝酸盐及磷酸盐的肥料	11.32	69	重 >16kg 整张生马皮或生牛皮	2.18
20	小麦糠、麸及其他残渣	10.79	70	额定容量 >500kVA 的其他变压器	2.12
21	棉籽油渣饼及固体残渣	10.77	71	壳菱形	2.12
22	荔枝	10.54	72	电力	2.10
23	不锈钢锭及其他初级形状产品	10.40	73	其他未锻轧的精炼铜	2.07
24	膨润土，不论是否煅烧	10.39	74	其他自推进的凿井机械	2.06
25	液化的乙烯、丙烯、丁烯及丁二烯	10.05	75	机动混凝土搅拌车	2.06
26	新鲜或冷藏黄瓜和黄瓜	9.94	76	其他材料制男式其他内衣	2.04
27	碘	9.47	77	合金铝制铝塑复合矩形板、片及带（包括正方形）厚度厚 >0.2mm	2.01
28	非零售粗梳细支纯棉单纱（细支指单纱细度在 192.31–232.56 分特之间，含棉量≥ 85%）	9.14	78	铜制其他螺钉螺栓螺母	1.90

续表

排名	产品	RCA	排名	产品	RCA
29	浮动或潜水式钻探或生产平台	8.98	79	精制的玉米油及其分离品	1.85
30	新鲜或冷藏的其他马铃薯	8.74	80	鲜笋或冷藏笋	1.84
31	正丙醇、异丙醇	8.65	81	其他热加工条、杆	1.76
32	未锻轧的其他铜合金（铜母合金除外，包括未锻轧的白铜或德银）	8.41	82	非用醋制作的未冷冻豌豆	1.69
33	其他精制糖	7.93	83	绵羊或羔羊湿革	1.66
34	其他感应或介质损耗的加热设备	7.73	84	其他钻探石油及天然气用的套管及导管（铸铁的除外）	1.65
35	非零售粗梳中支纯棉单纱（中支指单纱细度为 232.56–714.29 分特之间，含棉量≥ 85%）	7.58	85	其他丝机织物	1.62
36	规定重量整张生马皮或生牛皮（指每张，简单干燥≤ 8kg，干盐渍≤ 10kg，鲜或湿盐≤ 16kg）	7.54	86	氢化、酯化或反油酸化植物油、脂	1.62
37	其他湿牛马皮（包括蓝湿牛皮，经鞣制不带毛）	7.54	87	未精炼铜、电解精炼用铜阳极	1.54
38	未锻轧的其他铅合金	7.23	88	未去梗的烟草	1.51
39	六氟铝酸钠（人造冰晶石）	7.23	89	水泥构件的木模板	1.50
40	未煅烧石油焦	7.15	90	氢化、酯化或反油酸化动物油、脂	1.43
41	水泥熟料	6.85	91	家禽孵卵器及育雏器	1.38
42	生石膏，硬石膏	6.25	92	铜锌合金（黄铜）条、杆、型材及异型材	1.38
43	初级形状比重 <0.94 的聚乙烯	6.10	93	其他发动机和马达	1.38
44	苹果	5.66	94	全粒面未剖层或粒面剖层湿牛皮（包括蓝湿牛皮，经鞣制不带毛）	1.38
45	其他棉子	5.65	95	强韧箱纸板（再生挂面纸板）（成卷或成张的及未经涂布，每平方米重≤ 150g）	1.33
46	化纤制的散装货物周转软袋（针织或钩编的）	5.29	96	鲜或干的植物种子或果实（作香料、药料、杀虫、杀菌等类似用途）	1.31
47	李子和树干	5.11	97	带其他工作部件的凿岩工具（包括钻探工具）	1.29
48	其他初级形状的多硫化物、聚砜等	4.81	98	部分或全部去梗的烟草	1.29
49	精制的葵花油和红花油及其分离品	4.39	99	其他天然或合成再制的苷及其盐等	1.27
50	包装中的乌龙茶	4.23	100	毛制女式西服套装（羊毛或动物细毛制）	1.24

数据来源：由联合国商品贸易数据计算整理所得

2005 年 -2016 年，阿塞拜疆出口比较优势有所变化。从比较优势指数来分析，相对于 2005 年，2016 年阿塞拜疆前 100 名产品的比较优势指数总体有所下降，比较优势均值从 23.6 下降到 11.68，降幅为 50.85%；比较优势指数最大值从 451.85，下降到 251.20，降幅为 44.41%；最小值从 1.37 下降至 1.24，降幅为 9.49%；各产品组间差距也逐渐缩小。这表明阿塞拜疆在国际上具有比较优势的产品的竞争力逐渐减弱，且各产品之间的比较优势差距逐年减少。从 2005 年与 2016 年排名前 10 的具体产品来看，产品比较优势指数变动幅度同样较大。2005 年排名前 3 的比较优势产品：初榨的棉籽油、冷加工的角材、型材及异型材（除冷加工外未经进一步加工）、浮动或潜水式钻探或生产平台都未进入 2016 年的前 10；2005 年比较优势排名前 10 的产品只有排名第五的无壳黑醋栗的排名有所提高，进入了前 3。但是在 2016 年比较优势指数普遍下降的情况下，无壳黑醋栗的比较优势指数也从 2005 年的 137.56 下降到 2016 年的 91.50。总的来看，虽然部分商品的比较优势指数相对于 2005 年其排名有所上升，但是指数仍低于 2005 年的水平。

（二）阿塞拜疆出口主导产业分析

出口主导产业是由产业出口额占国家总出口额的比例来衡量的，所占比例越大，表明其在出口中所占地位越重，同时表明，此国生产相应产品的能力越强或拥有相应丰富的资源。如表 AZ-3，反映的是 2005 年阿塞拜疆出口额排名前 100 的产品。整体上，2005 年阿塞拜疆出口的产品主要集中在能源及其制品上，排名前 10 的产品分别是石油原油、石油油和油脂、浮动或潜水式钻探或生产平台、车用汽油和航空汽油、氧化铝，但人造刚玉除、黑醋栗、未锻轧铝合金、初级形状比重 <0.94 的聚乙烯、未梳的棉花、荔枝等，其中以石油及其制品为代表的能源产品具有显著的的主导地位。

1. 出口主导产业测度

表 AZ-3　2005 年阿塞拜疆出口额排名前 100 产品

单位：万美元、%

排名	产品名称	出口值	占比	排名	产品名称	出口值	占比
1	石油原油	221881.20	51.04	51	有机复合溶剂及稀释剂，除漆剂	197.28	0.05
2	石油油和油脂	93240.45	21.45	52	未按种类指定的商品	191.81	0.04

续表

排名	产品名称	出口值	占比	排名	产品名称	出口值	占比
3	浮动或潜水式钻探或生产平台	26484.00	6.09	53	含烟草或不含烟草代用品的烟草	190.61	0.04
4	车用汽油、航空汽油	15735.27	3.62	54	固体氢氧化钠	189.95	0.04
5	氧化铝，但人造刚玉除外	9872.13	2.27	55	新鲜樱桃	174.76	0.04
6	黑醋栗	8421.43	1.94	56	飞机及直升机用其他零件	162.92	0.04
7	未锻轧铝合金	5169.65	1.19	57	小麦或混合麦的细粉	162.29	0.04
8	初级形状比重 <0.94 的聚乙烯	4069.32	0.94	58	纸或纸板印制的各种标签	156.11	0.04
9	未梳的棉花	4033.83	0.93	59	无连接器的绝缘导体，80 伏≤电压≤ 1000 伏	155.78	0.04
10	荔枝	3612.36	0.83	60	功率 >1100kW 涡轮螺桨引擎	153.00	0.04
11	氢化、酯化或反油酸化植物油、脂	3189.70	0.73	61	其他未列名的建筑用塑料制品	139.36	0.03
12	电力	2075.69	0.48	62	飞机用推进器、水平旋翼及零件	136.00	0.03
13	苹果	1960.69	0.45	63	宽度小于厚度两倍的矩形截面钢坯（含碳量小于 0.25%）	133.15	0.03
14	烟草制的卷烟	1851.28	0.43	64	钢管或无缝钢管，用于石油或天然气管道	117.43	0.03
15	其他混合制成的植物质、动物质油脂或制品	1618.12	0.37	65	初榨的棉籽油	116.22	0.03
16	其他初级形状的多硫化物、聚砜等	1599.02	0.37	66	带其他工作部件的凿岩工具（包括钻探工具）	114.97	0.03
17	西红柿	1496.45	0.34	67	非用醋制作的绞碎番茄	114.39	0.03
18	包装中的乌龙茶	1409.67	0.32	68	其他家具及其零件	114.10	0.03
19	正丙醇、异丙醇	1271.92	0.29	69	甘草根	112.06	0.03
20	冷加工的角材、型材及异型材（除冷加工外未经进一步加工）	1059.18	0.24	70	其他塑料板，片，膜，箔，扁条	109.86	0.03
21	截面高度≥ 80mm 槽钢	1014.23	0.23	71	环烷酸钾	108.91	0.03
22	其他固定植物油、脂及其分离品	965.79	0.22	72	其他制作或保藏的牛肉，杂碎，血	107.80	0.02
23	其他单一果汁，未发酵，不含添加剂的果汁	962.82	0.22	73	其他热加工条、杆	102.27	0.02

续表

排名	产品名称	出口值	占比	排名	产品名称	出口值	占比
24	其他角材、型材及异型材	956.36	0.22	74	膨润土，不论是否煅烧	99.99	0.02
25	新鲜的或冷冻的土豆	936.39	0.22	75	其他管道，用于石油或天然气管道	93.56	0.02
26	蒸馏葡萄酒制得的烈性酒	866.40	0.20	76	柴油型的其他货车（装有压燃式活塞内燃发动机，超重型指车辆总重量 >20 吨）	93.36	0.02
27	鲟鱼子酱及鲟鱼子酱代用品	665.62	0.15	77	有衬背铝箔（厚度≤ 0.2mm）	93.16	0.02
28	初级形状的其他聚醚	634.42	0.15	78	其他非泡沫乙烯聚合物板，片，膜，箔及扁条	91.56	0.02
29	聚乙烯或聚丙烯制其他货物包装袋（针织或钩编的，用扁条及类似材料制成）	633.08	0.15	79	水果及坚果的细粉、粗粉及粉末	90.99	0.02
30	精制的玉米油及其分离品	604.73	0.14	80	非零售粗梳中支纯棉单纱（中支指单纱细度为 232.56–714.29 分特之间，含棉量≥ 85%）	84.57	0.02
31	不饱和 1，3- 丁二烯和异戊二烯	541.18	0.12	81	其他精炼铜板、片、带（厚度 >0.15mm）	84.18	0.02
32	甲基环氧乙烷（氧化丙烯）	537.08	0.12	82	涡轮喷气发动机（推力不超过 25kN）	81.00	0.02
33	未去梗的烟草	530.69	0.12	83	瓦楞纸及纸板（成卷或成张的，不论是否穿孔）	80.97	0.02
34	其他凿井机用零件	480.03	0.11	84	其他特殊用途的机动车辆	79.75	0.02
35	含碳量不小于 0.25% 的钢坯	447.51	0.10	85	新鲜或冷冻的黄瓜和小黄瓜	78.44	0.02
36	制作或保藏的坚果及其他子仁	427.74	0.10	86	其他非自推进未列名机械	77.17	0.02
37	石油沥青	368.75	0.08	87	其他测量仪器及装置	71.35	0.02
38	其他合成纤维扁条及类似品机织	351.70	0.08	88	其他不饱和无环烃	69.95	0.02
39	未锻轧的其他铜合金（铜母合金除外，包括未锻轧的白铜或德银）	325.26	0.07	89	竹笋；冬笋；竹笋罐头	68.04	0.02
40	液化丁烷	324.51	0.07	90	大地测量仪及装置的零、附件	66.68	0.02

续表

排名	产品名称	出口值	占比	排名	产品名称	出口值	占比
41	精制的葵花油和红花油及其分离品	319.48	0.07	91	规定重量整张生马皮或生牛皮（指每张，简单干燥≤8kg，干盐渍≤10kg，鲜或湿盐≤16kg）	66.62	0.02
42	其他记录磁带，宽度>65mm，用于教育用途	315.12	0.07	92	棉制的其他絮胎及絮胎制品	66.04	0.02
43	塑料制坛，瓶及类似品	293.40	0.07	93	其他非自推进截煤机凿岩机（包括非自推隧道掘进机）	65.89	0.02
44	非零售精梳中支纯棉单纱（中支指单纱细度为232.56–714.29分特之间，含棉量≥85%）	273.80	0.06	94	未锻轧的铜锌合金（黄铜）	64.85	0.01
45	柑橘叶	261.37	0.06	95	零售包装有机表面活性剂制品	63.20	0.01
46	其他钻探石油及天然气用的套管及导管（铸铁的除外）	255.53	0.06	96	初级形状的聚丙烯	62.85	0.01
47	其他阀门（用于管道、锅炉、罐、桶或类似品的）	227.74	0.05	97	白利糖浓度超过20的苹果汁	61.57	0.01
48	品目8426、8429、8430的其他零件	224.68	0.05	98	未煅烧石油焦	60.32	0.01
49	小麦糠、麸及其他残渣	223.96	0.05	99	新鲜桃子、石榴，葡萄，油桃	59.57	0.01
50	鲜、冷、冻或干的甜菜	213.71	0.05	100	浸酸退鞣不带毛绵羊或羔羊生皮	57.77	0.01

数据来源：由联合国商品贸易数据计算整理所得

如表AZ–4，2016年阿塞拜疆出口占比前100位的产品依旧主要分布在能源及其制品上，其中排名前10的产品包括，石油原油、气态天然气、石油油和油脂、无壳黑醋栗、新鲜或冷藏西红柿、初级形状比重<0.94的聚乙烯、81070、其他精制糖、浮动或潜水式钻探或生产平台、未锻轧非合金铝，其中石油原油出口近65亿美元，占比超过七成，在阿塞拜疆的出口贸易中具有明显的主导地位。

表 AZ-4 2016 年阿塞拜疆出口额排名前 100 产品

单位：万美元、%

排名	产品名称	出口值	占比	排名	产品名称	出口值	占比
1	石油原油	650451.73	71.74	51	其他凿井机用零件（子目 843041，843049 所列机械的）	377.37	0.04
2	气态天然气	97067.59	10.71	52	聚乙烯或聚丙烯制其他货物包装袋（针织或钩编的，用扁条及类似材料制成）	365.13	0.04
3	石油油和油脂	40681.54	4.49	53	桃子，油桃	349.66	0.04
4	无壳黑醋栗	10485.21	1.16	54	未锻轧的铜锌合金（黄铜）	339.56	0.04
5	新鲜或冷藏西红柿	9417.91	1.04	55	未精炼铜、电解精炼用铜阳极	338.61	0.04
6	初级形状比重 <0.94 的聚乙烯	8127.00	0.90	56	小包装的鲜葡萄酿造的酒	336.63	0.04
7	81070	6866.14	0.76	57	氢化、酯化或反油酸化植物油、脂	335.47	0.04
8	其他精制糖	6201.71	0.68	58	其他湿牛马皮（包括蓝湿牛皮，经鞣制不带毛）	332.65	0.04
9	浮动或潜水式钻探或生产平台	4402.19	0.49	59	钢轨	319.39	0.04
10	未锻轧非合金铝	3842.07	0.42	60	其他特殊用途的机动车辆	304.51	0.03
11	其他方法焊接其他粗钢铁管（粗钢铁管指外径超过 406.4mm）	3590.31	0.40	61	人造黄油	293.80	0.03
12	含碳量不小于 0.25% 的钢坯	3444.65	0.38	62	轻油及制品，不含生物柴油	291.81	0.03
13	甲醇	2896.04	0.32	63	排气量 >4 升带点燃往复式活塞内燃发动机其他车	281.18	0.03
14	电力	2834.45	0.31	64	其他自推进的凿井机械	278.85	0.03
15	合金铝制铝塑复合矩形板、片及带（包括正方形）厚度厚 >0.2mm	2606.28	0.29	65	新鲜葡萄	273.60	0.03
16	新鲜苹果	2370.98	0.26	66	挖掘机（上部结构可转 360 度的）	271.78	0.03
17	新鲜樱桃	2293.55	0.25	67	其他感应或介质损耗的加热设备	265.97	0.03

续表

排名	产品名称	出口值	占比	排名	产品名称	出口值	占比
18	非合金铝制铝塑复合矩形板、片及带（包括正方形）厚度厚 >0.2mm	2143.86	0.24	68	其他大麦	257.09	0.03
19	蒸馏煤焦油所得的其他产品	2133.05	0.24	69	液化丁烷	253.60	0.03
20	新鲜或冷藏的其他马铃薯	1578.91	0.17	70	鲜笋或冷藏笋	252.34	0.03
21	铜矿砂及其精矿	1474.33	0.16	71	1.5 升 < 排量≤ 3 升装点燃往复式活塞内燃发动机的其他载人车辆	250.98	0.03
22	蒸馏葡萄酒制得的烈性酒	1390.26	0.15	72	规定重量整张生马皮或生牛皮（指每张，简单干燥≤ 8kg，干盐渍≤ 10kg，鲜或湿盐≤ 16kg）	246.94	0.03
23	新鲜或冷藏黄瓜和黄瓜	1364.85	0.15	73	非零售粗梳中支纯棉多股纱（中支指单纱细度为 232.56–714.29 分特之间，含棉量≥ 85%）	245.23	0.03
24	其他初级形状的多硫化物、聚砜等	1275.13	0.14	74	新鲜的李子	234.59	0.03
25	荔枝	1181.45	0.13	75	浸酸退鞣不带毛绵羊或羔羊生皮	233.02	0.03
26	未锻轧铝合金	1139.85	0.13	76	其他热加工条、杆	215.27	0.02
27	非零售粗梳中支纯棉单纱（中支指单纱细度为 232.56–714.29 分特之间，含棉量≥ 85%）	1102.46	0.12	77	鲜或干的植物种子或果实（作香料、药料、杀虫、杀菌等类似用途）	192.91	0.02
28	未煅烧石油焦	1035.97	0.11	78	全粒面未剖层或粒面剖层湿牛皮（包括蓝湿牛皮，经鞣制不带毛）	189.74	0.02
29	液化的乙烯、丙烯、丁烯及丁二烯	828.62	0.09	79	额定容量 >500kVA 的其他变压器	189.23	0.02
30	精制的葵花油和红花油及其分离品	780.34	0.09	80	其他编号未列名的化工产品	189.06	0.02
31	水泥熟料	780.11	0.09	81	生石膏，硬石膏	176.37	0.02
32	丙烯	745.77	0.08	82	测量、检验液体流量或液位的仪器	171.40	0.02
33	部分或全部去梗的烟草	641.07	0.07	83	其他烹煮的果酱、果冻	170.31	0.02

续表

排名	产品名称	出口值	占比	排名	产品名称	出口值	占比
34	精炼铜的阴极型材（未锻轧的）	605.40	0.07	84	其他瓦楞原纸（成卷或成张的及未经涂布）	169.60	0.02
35	未梳的棉花	603.96	0.07	85	提炼豆油所得的油饼和其他固体残渣	166.62	0.02
36	未锻轧的其他铅合金	574.97	0.06	86	含有硝酸盐及磷酸盐的肥料	165.32	0.02
37	化纤制的散装货物周转软袋（针织或钩编的	549.38	0.06	87	强韧箱纸板（再生挂面纸板）（成卷或成张的及未经涂布，每平方米重≤ 150g）	162.99	0.02
38	其他未混合的水果汁、蔬菜汁	528.17	0.06	88	铜锌合金（黄铜）条、杆、型材及异型材	160.91	0.02
39	柴油型其他货车（装有压燃式活塞内燃发动机，重型指5吨≤车辆总重≤ 20吨）	503.16	0.06	89	未锻轧的其他铜合金（铜母合金除外，包括未锻轧的白铜或德银）	159.63	0.02
40	正丙醇、异丙醇	494.66	0.05	90	钢铁制脚手架模板坑凳用支柱及类似设备	159.44	0.02
41	其他巧克力及含可可的食品	485.67	0.05	91	未去梗的烟草	157.20	0.02
42	重 >16kg 整张生马皮或生牛皮	460.28	0.05	92	其他机动叉车及有升降装置工作车	155.85	0.02
43	未按种类指定的商品	459.21	0.05	93	品目 8426、8429、8430 的其他零件	154.41	0.02
44	小麦糠、麸及其他残渣	439.36	0.05	94	包装中的乌龙茶 >3kg	149.57	0.02
45	包装中的乌龙茶	423.64	0.05	95	棉籽油渣饼及固体残渣	147.94	0.02
46	碘	412.59	0.05	96	其他未锻轧的精炼铜	143.40	0.02
47	其他钻探石油及天然气用的套管及导管（铸铁的除外）	411.12	0.05	97	其他天然或合成再制的苷及其盐等	141.11	0.02
48	膨润土，不论是否煅烧	410.95	0.05	98	甘草液汁及浸膏	140.52	0.02
49	非零售粗梳细支纯棉单纱（细支指单纱细度在 192.31–232.56 分特之间，含棉量≥ 85%）	393.34	0.04	99	带其他工作部件的凿岩工具（包括钻探工具）	136.92	0.02
50	其他钢铁结构体及部件（包括结构体用的已加工钢板、型材、管子及类似品）	379.40	0.04	100	精制的棉籽油及其分离品	132.90	0.01

数据来源：由联合国商品贸易数据计算整理所得

对比分析阿塞拜疆 2005 年与 2016 的 100 种主要出口产品，从出口主导产品的集中度来看，2005年，排名前5的主导产品出口额度为36.72亿美元，占比为84.47%；排名前10的出口主导产品出口总额为39.25亿美元，占比为90.29%。2016年，排名前5的主导产品出口额为80.81亿美元，占比为89.13%；前10出口主导产品出口总额达到83.75亿美元，占比为92.38%。相比于2005年，2016年阿塞拜疆前5、前10主导产品的出口额度都大幅增长，且总体产品集中度呈现上升趋势。整体来说，阿塞拜疆的出口贸易十分集中，特别是在对石油及其制品的出口中，表现出了很强的依赖性。在具体产品中，排名第一的石油原油出口额从2005年的22.19亿美元增加到2016年的65.05亿美元，占比从2005年的51.04%增加到2016年的71.74%，在各出口商品中仍然排在第一位，这表示2005年到2016年，阿塞拜疆对石油出口的依赖性不断增强。事实上，从出口主导产品分类来看，2005年与2016年，阿塞拜疆出口主导产业变动幅度较小，具有一致性，主要是石油资源及其制品，由此可以看出，阿塞拜疆主要出口资源型产品。

2. 出口主导产业与比较优势产业的一致性分析

事实上，对比了2016年阿塞拜疆排名前10的比较优势产品和出口主导产品（如表AZ-5），我们发现阿塞拜疆比较优势产业与出口主导产业一致程度并不高。阿塞拜疆的榴莲；其他方法焊接其他粗钢铁管（粗钢铁管指外径超过406.4mm）；无壳黑醋栗等产品具有极高的比较优势，但是在出口商品中却表现出对能源产品的依赖，特别是石油及其制品，我们推测这可能受近年来国际贸易需求的影响，一方面阿塞拜疆本身有着不错的石油资源禀赋，另一方便近年来国际贸易中石油的需求份额十分大。在具体产品上，比较优势排名前10和出口主导前10的产品中，无壳黑醋栗、石油原油、气态天然气都榜上有名，但排名不对应。

表AZ-5 2016年阿塞拜疆排名前10比较优势产品及出口主导产品

单位：%

排名	比较优势产业名称	RCA	排名	出口主导产业名称	占比
1	榴莲	251.20	1	石油原油	71.74
2	其他方法焊接其他粗钢铁管（粗钢铁管指外径超过406.4mm）	138.90	2	气态天然气	10.71
3	无壳黑醋栗	91.50	3	石油油和油脂	4.49
4	浸酸退鞣不带毛绵羊或羔羊生皮	53.87	4	无壳黑醋栗	1.16
5	气态天然气	29.33	5	新鲜或冷藏西红柿	1.04
6	香梨	28.85	6	初级形状比重 <0.94 的聚乙烯	0.90

续表

排名	比较优势产业名称	RCA	排名	出口主导产业名称	占比
7	含碳量不小于 0.25% 的钢坯	28.47	7	榴莲	0.76
8	精制的棉籽油及其分离品	26.92	8	其他精制糖	0.68
9	初榨的棉籽油	22.25	9	浮动或潜水式钻探或生产平台	0.49
10	石油原油	19.66	10	未锻轧非合金铝	0.42

数据来源：由联合国商品贸易数据计算整理所得

（三）阿塞拜疆出口比较优势变化分析

1. 描述性分析

依据表 AZ-1 及表 AZ-2，对比分析 2005 年及 2016 年阿塞拜疆比较优势指数排名前 100 产业，我们可以得出以下信息：

第一，从比较优势指数来分析，相对于 2005 年，2016 年阿塞拜疆前 100 名产品的比较优势指数总体有所下降，比较优势均值从 23.6 下降到 11.68，降幅为 50.85%；比较优势指数最大值从 451.85，下降到 251.20，降幅为 44.41%；

第二，阿塞拜疆具比较优势的产品数量呈现缩减态势。2005 年，比较优势指数大于 1 的产品共有 120 类，大于 2.5 的产品共有 73 类；而 2016 年，比较优势指数大于 1 的产业有 111 类，大于 2.5 的产品共有 65 类。表明阿塞拜疆在国际上具有比较优势产品的竞争力逐渐减弱。

第三，从 2005 年与 2016 年排名前 10 的具体产品来看，产品比较优势指数变动幅度同样较大。2005 年排名前 3 的比较优势产品：初榨的棉籽油；冷加工的角材、型材及异型材（除冷加工外未经进一步加工）；浮动或潜水式钻探或生产平台都未进入 2016 年的前 10；2005 年比较优势排名前 10 的产品只有排名第五的无壳黑醋栗的排名有所提高，进入了前 3。但是在 2016 年比较优势指数普遍下降的情况下，无壳黑醋栗的比较优势指数也从 2005 年的 137.56 下降到 2016 年的 91.50。总的来看，虽然部分商品的比较优势指数相对于 2005 年其排名有所上升，但是指数仍低于 2005 年的水平。

2. 回归分析

将 2016 年阿塞拜疆产业比较优势指数作为被解释变量，把 2005 年阿塞拜疆产业比较优势指数作为解释变量，对其进行回归分析。若回归系数 >1，则表明阿塞拜疆更加强化了具有比较优势的产业，弱化了不具有比较优势的产业；若 0< 回归系数 <1，则表明具有比较优势的产业弱化了；若回归系数 <0，则表明阿塞拜疆比较优势的产业发生了质变。使用最小二乘法对其进行回归，得出结果如表 AZ–6 所示。从表中可以看出，回归系数为 0.494501，介于 0 和 1 之间，因此说明相对于 2005 年，2016 年阿塞拜疆具有比较优势的产业弱化了。

表 AZ–6 回归结果

变量	Coef.	Std. Err.	t	P>|t|
2005 比较优势指数	0.494501	0.013007	38.01876	0.0000
常数项	0.013659	0.815950	0.016740	0.9867
R^2 = 0.936509		F–statistics =1445.426		

（四）阿塞拜疆进口需求及其变化分析

表 AZ–7 表示 2005 年阿塞拜疆进口额排名前 100 产品。从表中可以看出，排名前 10 的进口产品有其他凿井机用零件、气态天然气、石油油和油、1.5 升 < 排量≤ 3 升装点燃往复式活塞内燃发动机的其他载人车辆、其他活动房屋、小麦或马尾松种子免耕小麦、烟草制的卷烟、铝矿砂及其精矿、空载重量 >2 吨的直升机、电力等。其中其他凿井机用零件进口额度最高，达到了 4.80 亿美元，占比 11.40%；其次是气态天然气，进口额度为 2.77 亿美元，占比 6.58%。从阿塞拜疆进口前 100 名产品种类来看，主要为机器机械器具及其零件、能源及其制品、交通工具、电机电气设备及其零件等。从阿塞拜疆进口前 100 名产品的结构来看，进口产品排名前 5 的额度为 11.55 亿美元，占比 27.43%，排名前 10 的额度为 15.38 亿美元，占阿塞拜疆进口总额的 36.53%，因此可以看出阿塞拜疆进口产品具有相对集中性。

表 AZ–7 2005 年阿塞拜疆进口额排名前 100 产品

单位：万美元、%

排名	产品名称	进口值	占比	排名	产品名称	进口值	占比
1	其他凿井机用零件	48023.27	11.40	51	其他热加工条、杆	1096.48	0.26
2	气态天然气	27717.78	6.58	52	初级形状的聚对苯二甲酸乙二酯	1091.20	0.26

续表

排名	产品名称	进口值	占比	排名	产品名称	进口值	占比
3	石油油和油脂	14351.18	3.41	53	压燃式活塞内燃发动机的客车	1079.32	0.26
4	1.5 升 < 排量≤ 3 升装点燃往复式活塞内燃发动机的其他载人车辆	13337.18	3.17	54	其他特殊用途的机动车辆	1075.33	0.26
5	其他活动房屋	12103.23	2.87	55	电话或电报交换设备	1057.81	0.25
6	小麦或马尾松种子免耕小麦	11893.57	2.82	56	煤气、乙炔及类似水解气体发生器（不论有无净化器）	1045.76	0.25
7	烟草制的卷烟	7662.03	1.82	57	其他医疗、外科或兽医用仪器器具	1026.78	0.24
8	铝矿砂及其精矿	6777.19	1.61	58	其他拖拉机	996.84	0.24
9	空载重量 >2 吨的直升机	6259.47	1.49	59	计算机用终端（输入或输出部件，不论是否在同一机壳内有存储部件）	970.59	0.23
10	电力	5713.61	1.36	60	其他玻璃器皿	959.33	0.23
11	广播电视、无线电话、无线电电报传输设备	5364.79	1.27	61	排气量 >4 升带点燃往复式活塞内燃发动机其他车	956.15	0.23
12	其他阀门（用于管道、锅炉、罐、桶或类似品的）	4675.03	1.11	62	石油或石油钻探用无缝钢管或钢制钻杆	939.58	0.22
13	其他钻探石油及天然气用的套管及导管（铸铁的除外）	4588.65	1.09	63	滑车、绞盘、千斤顶等机械用零件（品目 8425 所列机械用的）	937.37	0.22
14	功率 >5000kW 的其他燃气轮机	4481.24	1.06	64	总重量≤ 5 吨的其他货车（汽油型，装有点燃式活塞内燃发动机）	917.99	0.22
15	厚度 >10mm 的其他热轧非卷材（宽≥ 600mm，未包、镀，涂层）	4409.86	1.05	65	无线电广播、电视发送设备等包含接收装置或声音录制的传送设备	914.75	0.22
16	其他发送或接收声音、图像或其他数据用的设备	4106.68	0.98	66	其他机械和机械设备	908.39	0.22
17	其他钢铁结构体及部件（包括结构体用的已加工钢板、型材、管子及类似品）	4095.48	0.97	67	初级形状的纯聚氯乙烯	903.06	0.21
18	钢管或无缝钢管，用于石油或天然气管道	3376.89	0.80	68	其他客或货车用新充气橡胶轮胎	890.38	0.21

续表

排名	产品名称	进口值	占比	排名	产品名称	进口值	占比
19	水泥熟料	3158.03	0.75	69	其他涡轮喷气机、涡轮螺旋桨和燃气轮机	889.25	0.21
20	针叶木厚板材（经纵锯、纵切、刨切或旋切的，厚度超过6mm）	2563.16	0.61	70	其他液体的过滤、净化机器及装置	880.90	0.21
21	柴油型其他货车（装有压燃式活塞内燃发动机，重型指5吨≤车辆总重≤20吨）	2484.14	0.59	71	汽轮机用的零件	879.91	0.21
22	其他精制糖	2431.87	0.58	72	其他≤1000伏电路开关等电气装置	875.74	0.21
23	其他电力控制或分配的装置（电压不超过1000伏的线路）	2273.14	0.54	73	中型飞机及其他航空器（中型指2吨<空载重量≤15吨）	850.29	0.20
24	其他硅酸盐水泥	2174.43	0.52	74	其他纵向焊接石油、天然气粗钢管（粗钢管指外径超过406.4mm）	848.05	0.20
25	其他已配定剂量的药品	2151.05	0.51	75	其他用于制造或热加工玻璃或玻璃器皿的机器	827.62	0.20
26	纵向埋弧焊接石油、天然气粗钢管（粗钢管指外径超过406.4mm）	2132.42	0.51	76	纵向焊接的其他粗钢铁管（粗钢铁管指外径超过406.4mm）	820.00	0.19
27	其他空气泵、气体压缩机及通风罩	2061.43	0.49	77	安全阀或溢流阀（用于管道、锅炉、罐、桶或类似品的）	788.50	0.19
28	无连接器的绝缘导体，80伏≤电压≤1000伏	2046.76	0.49	78	氢氧化钠水溶液，液体烧碱	786.12	0.19
29	未列名钢铁制其他管子附件（不锈钢除外）	2032.16	0.48	79	起重车	785.52	0.19
30	其他发动机的专用零件（指品目8407或8408所列的其他发动机）	2015.78	0.48	80	混合蔬菜汁、水果与蔬菜的混合汁	780.61	0.19
31	柴油型其他小型货车（装有压燃式活塞内燃发动机，小型指车辆总重量≤5吨）	1952.51	0.46	81	截面高度<80mm角钢	776.67	0.18
32	车用汽油、航空汽油	1831.78	0.43	82	黄油	768.59	0.18

续表

排名	产品名称	进口值	占比	排名	产品名称	进口值	占比
33	品目 8426、8429、8430 的其他零件	1766.15	0.42	83	未列名无缝钢铁管及空心异型材（铸铁除外）	750.44	0.18
34	压缩机进、排气阀片零件	1752.36	0.42	84	其他数据处理设备（同一机壳内至少有一个 CPU 和一个输入输出部件；包括组合式）	748.13	0.18
35	油轮	1736.23	0.41	85	其他自推进的凿井机械	740.79	0.18
36	飞机及直升机用其他零件	1696.77	0.40	86	其他手工工具（包括玻璃刀）	738.56	0.18
37	初榨的豆油	1651.29	0.39	87	其他印刷品	720.55	0.17
38	其他钢铁制品	1557.01	0.37	88	铁道及电车道机车用其他轴、轮（包括其他零件，含铁道及电车道其他车辆用的）	694.19	0.16
39	其他泵；液体电梯	1541.80	0.37	89	初级形状的聚丙烯	688.86	0.16
40	航空器内燃引擎（指点燃往复式或旋转式）	1451.75	0.34	90	其他机械铲、挖掘机及机铲装载机	682.33	0.16
41	其他巧克力及含可可的食品	1408.18	0.33	91	其他编号未列名的化工产品	681.76	0.16
42	包装中的乌龙茶 >3kg	1364.72	0.32	92	未按种类指定的商品	677.23	0.16
43	2，2’－氧联二乙醇（二甘醇）	1322.70	0.31	93	水果、坚果或蔬菜加工机器	668.83	0.16
44	石棉水泥、纤维素纤维水泥等波纹板	1312.73	0.31	94	其他书籍，小册子及类似的印刷品（非单张的）	666.06	0.16
45	上釉的大陶瓷砖，瓦，块及类似品	1264.12	0.30	95	品目 8535、8536、8537 装置的零件（专用于或主要用于）	662.14	0.16
46	其他木家具	1259.94	0.30	96	硝酸铵	658.94	0.16
47	冻的鸡块和杂碎	1202.76	0.29	97	非绝缘的钢铁绞股线、绳、缆	653.50	0.16
48	非公路用货运自卸车	1148.27	0.27	98	电梯和箕斗提升机	653.28	0.16
49	泵用零件	1145.28	0.27	99	圆筒直径 >165mm 的圆形针织机	617.40	0.15
50	非零售包装有机表面活性剂制品	1131.12	0.27	100	其他钢铁或其他管、管和空心型材	613.68	0.15

数据来源：由联合国商品贸易数据计算整理所得

表 AZ-8 表示 2016 年阿塞拜疆进口额排名前 100 产品。从表中可以看出，排名前 10 的进口产品有其他小麦及混合麦；其他阀门（用于管道、锅炉、罐、桶或类似品的）；其他石油天然气粗钢管（粗钢管指外径超过 406.4mm）；浮动或潜水式钻探或生产平台；其他已配定剂量的药品；烟草制的卷烟；石油油和油脂；未加香料或着色剂其他甘蔗原糖；其他凿井机用零件；巡航船、游览船及各式渡船等。其中，其他小麦及混合额度最高，为 2.18 亿美元，占比为 2.56%；其次是其他阀门（用于管道、锅炉、罐、桶或类似品的）和其他石油、天然气粗钢管（粗钢管指外径超过 406.4mm）进口额度分别为 2.16 亿美元、1.71 亿美元，占比分别为 2.53%、2.00%。从 2016 年阿塞拜疆进口前 100 名产品种类来看，主要为农作物及其制品、矿物开采器具及其零件、电机电气设备及其零件、交通工具等。从阿塞拜疆进口前 100 名产品的结构来看，进口产品排名前 5 的额度为 9.17 亿美元，占比为 10.77%，排名前 10 的额度为 16.05 亿美元，占阿塞拜疆进口总额的 18.85%，由此可以看出 2016 年阿塞拜疆进口产品额度集中度并不高，各个产品进口份额组间距开始变小，分布相对比较均匀。

表 AZ-8　2016 年阿塞拜疆进口额排名前 100 产品

单位：万美元、%

排名	产品名称	进口值	占比	排名	产品名称	进出口值	占比
1	其他小麦及混合麦	21797.10	2.56	51	其他收割机及脱粒机	2787.39	0.33
2	其他阀门（用于管道、锅炉、罐、桶或类似品的）	21560.25	2.53	52	上釉的大陶瓷砖，瓦，块及类似品	2750.66	0.32
3	其他石油、天然气粗钢管（粗钢管指外径超过 406.4mm）	17059.55	2.00	53	其他不含可可的糖食	2740.48	0.32
4	浮动或潜水式钻探或生产平台	16562.45	1.94	54	其他颜色的电视接收机	2702.02	0.32
5	其他已配定剂量的药品	14748.85	1.73	55	其他编号未列名的食品	2607.62	0.31
6	烟草制的卷烟	14680.70	1.72	56	其他巧克力及含可可的食品	2573.23	0.30
7	石油油和油脂	14370.16	1.69	57	铁道及电车道用其他维修车辆（包括服务车，不论是否机动）	2550.79	0.30
8	未加香料或着色剂其他甘蔗原糖	13805.95	1.62	58	其他基于合成聚合物为基本成分的溶于非水介质的油漆	2498.45	0.29

续表

排名	产品名称	进口值	占比	排名	产品名称	进出口值	占比
9	其他凿井机用零件	13439.52	1.58	59	涂漆或涂塑的铁或非合金钢宽板材（宽度≥ 600mm）	2465.08	0.29
10	巡航船、游览船及各式渡船	12516.42	1.47	60	厚度 >10mm 的其他热轧卷材	2447.34	0.29
11	其他机械和机械设备	10002.92	1.17	61	其他液体的过滤、净化机器及装置	2429.89	0.29
12	其他石油或天然气钢铁管道	9070.97	1.07	62	铁道用非机动油罐货车及类似车（包括电车道用，但不包括容积 50 立方米液化气铁路槽车）	2406.69	0.28
13	其他钢铁结构体及部件（包括结构体用的已加工钢板、型材、管子及类似品）	8841.77	1.04	63	精米	2360.70	0.28
14	其他钻探石油及天然气用的套管及导管（铸铁的除外）	8332.91	0.98	64	热交换装置	2333.58	0.27
15	其他硬粒小麦	7359.12	0.86	65	其他塑料制品	2305.43	0.27
16	针叶木厚板材（经纵锯、纵切、刨切或旋切的，厚度超过 6mm）	7147.28	0.84	66	初榨的玉米油	2258.66	0.27
17	其他钢铁制品	6491.40	0.76	67	其他不以航行为主要功能的船舶（包括灯船、消防船、起重船）	2240.30	0.26
18	油轮	6124.02	0.72	68	其他面包，糕点，饼干及烘焙糕饼	2219.04	0.26
19	1.5 升 < 排量≤ 3 升装点燃往复式活塞内燃发动机的其他载人车辆	5789.43	0.68	69	至少有一表层是非针叶胶合板（每层厚度≤ 6mm，竹制除外）	2111.52	0.25
20	其他机械零件	5651.47	0.66	70	其他热轧铁或非合金钢宽平板轧材（除热轧外经进一步加工，宽≥ 600mm，未经包，渡，涂层）	2020.31	0.24
21	阀门用零件（用于管道、锅炉、罐、桶或类似品的）	5101.36	0.60	71	其他利用温度变化处理材料的机器	2013.37	0.24
22	钢轨	5066.51	0.59	72	机动小客车用新的充气轮胎	1989.43	0.23

续表

排名	产品名称	进口值	占比	排名	产品名称	进出口值	占比
23	其他电力控制或分配的装置（电压不超过1000伏的线路）	5058.62	0.59	73	其他零件和附件	1978.33	0.23
24	光缆	4989.90	0.59	74	独立窗式或壁式空气调节器	1970.38	0.23
25	其他活动房屋	4845.65	0.57	75	枝形吊灯（包括天花板或墙壁上的照明装置，但露天或街道上的除外）	1969.57	0.23
26	初榨的棕榈油	4740.64	0.56	76	其他玻璃器皿	1962.68	0.23
27	零售包装有机表面活性剂制品	4590.39	0.54	77	木制碎料板（不论是否用树脂或其他有机黏合剂黏合）	1937.81	0.23
28	轻油及制品，不含生物柴油	4544.64	0.53	78	测量、检验液体流量或液位的仪器	1914.27	0.22
29	排气量 >4 升带点燃往复式活塞内燃发动机其他车	4323.34	0.51	79	其他从乳中提取的脂和油	1899.12	0.22
30	蜂窝网络或其他无线网络的电话机	4167.84	0.49	80	未按种类指定的商品	1863.34	0.22
31	初榨的葵花油和红花油	3859.87	0.45	81	其他客或货车用新充气橡胶轮胎	1855.89	0.22
32	气态天然气	3825.74	0.45	82	其他钻探石油、天然气用粗套管（粗套管指外径超过406.4mm）	1821.79	0.21
33	卫生巾（护垫）及止血塞	3807.32	0.45	83	其他混合制成的植物质、动物质油脂或制品	1796.97	0.21
34	交换机和路由器	3791.17	0.45	84	电梯和箕斗提升机	1785.93	0.21
35	包装中的乌龙茶 >3kg	3782.35	0.44	85	新鲜或干燥海枣	1762.59	0.21
36	镀锌的其他形铁或非合金钢宽板材（电镀锌的除外，宽≥600mm）	3724.81	0.44	86	其他电灯和照明配件	1751.55	0.21
37	石油原油	3690.49	0.43	87	冷藏–冷冻组合机（各自装有单独外门的）	1749.49	0.21
38	其他拖拉机	3662.35	0.43	88	溴化钠及溴化钾	1741.45	0.20
39	品目8426、8429、8430的其他零件	3580.11	0.42	89	冻的鸡块和杂碎	1711.15	0.20
40	加味、加糖或其他甜物质的水	3487.03	0.41	90	供婴幼儿食用的零售包装配方奶粉	1706.98	0.20

续表

排名	产品名称	进口值	占比	排名	产品名称	进出口值	占比
41	铁道用非机动厢高 >60cm 敞篷货车（包括电车道用）	3484.23	0.41	91	铜锌合金（黄铜）条、杆、型材及异型材	1701.63	0.20
42	其他编号未列名的化工产品	3422.31	0.40	92	其他铝制结构体及其部件（包括结构体用的已加工铝板、型材、管子及类似品）	1697.89	0.20
43	初级形状比重≥ 0.94 的聚乙烯	3240.70	0.38	93	其他塑料及橡胶制鞋面的其他鞋靴	1689.60	0.20
44	提炼豆油所得的油饼和其他固体残渣	3233.60	0.38	94	初级形状的聚丙烯	1670.89	0.20
45	品目 8606 所列其他未列名非机动车	3195.28	0.38	95	香水及花露水	1663.02	0.20
46	新鲜或冷藏的其他马铃薯	3181.98	0.37	96	其他铁或非合金钢圆形截面焊缝管	1634.98	0.19
47	其他电压不超过 1000 伏的电导体	3176.95	0.37	97	铁或非合金钢的热加工条、杆（带有轧制过程中产生变形，热加工指热轧、热拉拔或热挤压）	1630.00	0.19
48	其他木家具	3153.85	0.37	98	厚度 >10mm 的其他热轧非卷材（宽≥ 600mm，未包、镀，涂层）	1621.60	0.19
49	黄油	2837.79	0.33	99	未列名钢铁制其他管子附件（不锈钢除外）	1619.67	0.19
50	安全阀或溢流阀（用于管道、锅炉、罐、桶或类似品的）	2794.74	0.33	100	用塑料涂面或盖面的壁纸及类似品（包括起纹，压花，着色，印制图案或经其他装饰）	1608.85	0.19

数据来源：由联合国商品贸易数据计算整理所得

对比分析 2005 年与 2016 年阿塞拜疆主要进口的 100 种产品，从进口产品的集中度看，2005 年进口产品排名前 5 的额度为 11.55 亿美元，占比 27.43%，排名前 10 的额度为 15.38 亿美元，占阿塞拜疆进口总额的 36.53%，因此可以看出阿塞拜疆进口产品具有相对集中性。但是 2016 年，阿塞拜疆进口产品排名前 5 的额度为 9.17 亿美元，占比为 10.77%，排名前 10 的额度为 16.05 亿美元，占阿塞拜疆进口总额的 18.85%，由此可以看出 2016 年阿塞拜疆进口产品额度集中度并不高。相比于 2005

年，2016年阿塞拜疆前5、前10进口产品的总体集中度呈现下降趋势。对比2005年及2016年阿塞拜疆排名前10的进口产品发现，种类变动幅度较大。相对于2005年，2016年阿塞拜疆增加了对其他小麦及混合麦、其他阀门（用于管道、锅炉、罐、桶或类似品的）、其他石油、天然气粗钢管（粗钢管指外径超过406.4mm）、浮动或潜水式钻探或生产平台、其他已配定剂量的药品的进口需求，降低了对气态天然气、石油油和油脂等的进口需求。从阿塞拜疆进口前100名产品分类来看，2005年与2016年，阿塞拜疆进口产业变动幅度较小，具有一致性。主要进口的大类产品包括矿物开采器具及其零件、电机电气设备及其零件、交通工具、农作物及其制品、药物等。

四、白俄罗斯出口比较优势分析与进口需求研究

（一）白俄罗斯出口比较优势分析

表 BY-1 显示了 2005 年白俄罗斯出口比较优势指数（RCA）排名前 100 的产品。整体上，2005 年白俄罗斯出口产品比较优势排名前 100 位的指数都大于 2.5，这说明这 100 种产品相对于其他产品在出口贸易中具有显著的竞争优势。2005 年比较优势排名前 10 的产品包括：冻藏的整头及半头牛肉、细度≥ 67 分特其他纤单丝及其扁条（单丝截面尺寸≤ 1mm，扁条及其类似品宽度≤ 5mm）、氯化钾、其他壁纸及类似品，窗用透明纸、非电热铸铁制集中供暖用散热器（包括零件）、其他建筑业和工业用新的充气橡胶非子午线轮胎（辋圈 >61cm）、其他平方米重≤ 250g 玻璃纤维梭织织物（宽度超过 30cm，单根纱线细度不超过 136 特）、聚酯长丝丝束、粘胶纤维高强力纱的机织物、黑麦粉等。其中冻藏的整头及半头牛肉、细度≥ 67 分特其他纤单丝及其扁条（单丝截面尺寸≤ 1mm，扁条及其类似品宽度≤ 5mm）的比较优势指数达到了 278.07 和 272.22，在国际贸易中具有一定的垄断定位。从产品整体的类别来看，农业产品、化工类产品、机械零部件等具有明显的比较优势。

表 BY-1　2005 年白俄罗斯比较优势指数排名前 100 产品

排名	产品	RCA	排名	产品	RCA
1	冻藏的整头及半头牛肉	278.07	51	栉梳或经其他加工未纺制的亚麻	19.69
2	细度≥ 67 分特其他人纤单丝及其扁条（单丝截面尺寸≤ 1mm，扁条及其类似品宽度≤ 5mm）	272.22	52	人造纤维制其他针织或钩编织物（色织）	19.58
3	氯化钾	147.78	53	陶瓷制建筑用砖	19.43
4	其他壁纸及类似品，窗用透明纸	99.91	54	650kVA< 额定容量≤ 10MVA 液体介质变压器	19.22

续表

排名	产品	RCA	排名	产品	RCA
5	非电热铸铁制集中供暖用散热器（包括零件）	75.28	55	未梳的聚丙烯腈短纤维（包括变性聚丙烯腈制短纤维）	18.91
6	其他建筑业，工业用新的充气橡胶非子午线轮胎（辋圈 >61cm）	71.55	56	用含动物肉、血成分制成的香肠及类似产品	18.55
7	其他平方米重≤ 250g 玻璃纤维梭织织物（宽度超过 30cm，单根纱线细度不超过 136 特）	71.17	57	乳酱	18.47
8	聚酯长丝丝束	66.16	58	黄油	18.15
9	粘胶纤维高强力纱的机织物	64.76	59	粘胶纤维高强力纱制帘子布	17.37
10	黑麦粉	63.49	60	其他含碳量小于 0.25% 的钢坯	16.95
11	暂时保存的蘑菇和块菌	62.36	61	其他热加工条、杆	16.60
12	毛皮其他头饰	60.67	62	氢化、酯化或反油酸化动物油、脂	16.57
13	防水鞋覆盖膝盖	55.48	63	鲜乳酪（未熟化或未固化的）（包括乳清乳酪；凝乳）	16.22
14	其他硅锰钢的条、杆	53.61	64	木纤维板，密度 >08g/cm，未经机械加工或表面覆盖	15.85
15	镀或涂其他贱金属的铁或非合金钢丝	49.41	65	铲运机	15.77
16	制作或保藏的鲱鱼	45.05	66	其他光学望远镜	15.66
17	鱼子酱和鱼子酱代用品	44.36	67	其他精制糖	15.20
18	鲜、冷、冻或干的甜菜	44.23	68	脂肪含量≤ 1.5% 固状乳及奶油（指粉状、粒状或其他固体状态，浓缩，加糖或其他甜物质）	14.75
19	聚丙烯腈长丝丝束（包括变性聚丙烯腈长丝丝束）	43.37	69	针织或钩编的毛圈绒头织物	14.47
20	冻整头及半头猪肉	42.78	70	氧气	14.32
21	印花与化纤混纺 3/4 线斜纹棉布（每平方米重超过 200 克，含棉 85% 以下，含双面斜纹布）	42.55	71	贱金属制冠形瓶塞	14.06
22	初榨的芥子油、菜籽油	41.70	72	水泥，混凝土或人造石制其他制品	13.98
23	非公路用货运自卸车	41.31	73	硅锰钢的热轧盘条（不规则盘卷的）	13.29
24	浓缩并已加糖的非固状乳及奶油（加其他甜物质）	38.85	74	松	13.20

续表

排名	产品	RCA	排名	产品	RCA
25	水泥制建筑用砖及石砌块（包括混凝土或人造石制，不论是否加强）	38.68	75	未梳的聚酯短纤（包括未经其他纺前加工的）	13.00
26	漂白的和未漂白的纯亚麻机织物	38.28	76	液化的乙烯、丙烯、丁烯及丁二烯	12.87
27	染色化纤混纺 3/4 线斜纹棉布（每平方米重 >200 克，含棉 85% 以下，含双面斜纹布）	35.47	77	盐、纯氯化钠、海水	12.73
28	其他针叶木的箍木等及类似品（包括木劈条，棒及类似品）	34.08	78	带锁的扣环及扣环框架	12.69
29	聚酰胺，尼龙制的帘子布	33.18	79	钠的亚硫酸盐	12.54
30	切削金属的其他升降台式铣床（但品目 8458 的车床除外）	32.61	80	页状硅石，膨胀黏土，泡沫矿渣（包括类似膨胀矿物材料及相互混合物）	12.52
31	额定容量≤ 650kVA 液体介质变压器	32.39	81	硫酸铵	11.99
32	摄影放大和缩小器	31.19	82	非零售与毛混纺腈纶短纤纱线（混纺指按重量计聚丙烯腈及其变性短纤含量在 85% 以下）	11.72
33	冷藏 – 冷冻组合机（各自装有单独外门的）	30.19	83	石油油和油脂	11.65
34	经分拣的碎织物等（包括废线，绳，索，缆及其制品）	28.78	84	邻苯二甲酸酐（苯酐）	11.51
35	其他非零售粘胶纤维单纱（未捻或捻度每米不超过 120 转的单纱，包括变形纱线）	28.64	85	其他农林车辆机械用新充气橡胶轮胎	11.50
36	酪蛋白	28.18	86	其他无丝浮法玻璃片和磨砂或抛光玻璃片	11.49
37	非零售聚酯高强力纱	28.05	87	其他纺织材料制短袜及其他袜类（针织或钩编）	11.36
38	非零售粗梳较细混纺棉多股纱或缆线（较细支指单纱细度在 125-192.31 分特之间，含棉量 <85%）	26.96	88	松节油	11.23
39	火柴，但品目 3604 的烟火制品除外	26.18	89	六氟铝酸钠（人造冰晶石）	11.15
40	猪湿革（经鞣制不带毛）	25.72	90	硫酸铝	10.80
41	毛制女式大衣、斗篷及类似品等（包括短大衣、短斗篷，羊毛或动物细毛制）	25.61	91	氟化铝	10.57

续表

排名	产品	RCA	排名	产品	RCA
42	6- 己内酰胺	24.66	92	其他抗震剂	10.52
43	可使用气体燃料的家用炉灶	23.71	93	人造毛皮及其制品	10.44
44	非绝缘的钢铁绞股线、绳、缆	22.72	94	干豌豆壳	10.37
45	其他拖拉机	21.62	95	非零售纯聚丙烯腈短纤多股纱线（包括缆线，纯指按重量计聚丙烯腈或其变性短纤含量≥ 85%）	10.15
46	毛制男式其他防寒上衣（羊毛或动物细毛制）	20.92	96	联氨和羟胺及其无机盐	10.14
47	夹丝浮法玻璃片和磨砂或抛光玻璃片	20.64	97	练习本	10.01
48	含糖或其他甜物质的可可粉	20.21	98	毛制男式大衣、斗篷及类似品（含短大衣、短斗篷，羊毛或动物细毛制）	9.94
49	铁或非合金钢的热加工条、杆（带有轧制过程中产生变形，热加工指热轧、热拉拔或热挤压）	20.18	99	卵石，砾石及碎石，圆石子及燧石	9.83
50	尿素及硝酸铵混合物的水溶液	20.06	100	棉制针织或钩编连裤袜及紧固件	9.56

数据来源：由联合国商品贸易数据计算整理所得

表 BY–2 显示，2016 年，白俄罗斯比较优势排名前 100 出口产品的指数依旧均大于 2.5，即这些产品在出口贸易中更具竞争优势。其中排名前 10 的产品包括冻藏的整头及半头牛肉；其他脱粒机；干、盐腌或盐渍的鱼片；氯化钾；鲟鱼子酱代用品；乳酱；其他可食用鱼杂碎；非电热铸铁制集中供暖用散热器（包括零件）；其他针叶木的箍木等及类似品（包括木劈条，棒及类似品）；鲜或冷藏的整只鸡等。其中，指数排名前 3 位的产品，冻藏的整头及半头牛肉；其他脱粒机；干、盐腌或盐渍的鱼片的比较优势指数分别达到了 337.38、294.41、245.71，在国际贸易中具有一定的垄断地位。从产品种类上看，白俄罗斯出口的农业产品、化工产品、机械零部件等具有显著的比较优势。

表 BY–2　2016 年白俄罗斯比较优势指数排名前 100 产品

排名	产品	RCA	排名	产品	RCA
1	冻藏的整头及半头牛肉	337.38	51	铁或非合金钢制热轧盘条（带有轧制过程中产生的变形）	20.57

续表

排名	产品	RCA	排名	产品	RCA
2	其他脱粒机	294.41	52	未镀或涂层的铁或非合金钢丝（不论是否抛光）	20.55
3	干、盐腌或盐渍的鱼片	245.71	53	其他无丝浮法玻璃片和磨砂或抛光玻璃片	19.63
4	氯化钾	150.63	54	松	19.57
5	鲟鱼子酱代用品	128.69	55	初级形状的醇酸树脂	19.21
6	乳酱	126.79	56	盐、纯氯化钠、海水	19.10
7	其他可食用鱼杂碎	93.08	57	其他收割机及脱粒机	18.84
8	非电热铸铁制集中供暖用散热器（包括零件）	76.21	58	聚酰胺，尼龙制的帘子布	18.74
9	其他针叶木的箍木等及类似品（包括木劈条，棒及类似品）	75.22	59	染色化纤混纺 3/4 线斜纹棉布（每平方米重 >200 克，含棉 85% 以下，含双面斜纹布）	18.56
10	鲜或冷藏的整只鸡	71.34	60	其他纺织材料制针织或钩编连裤袜及紧身裤袜（除合成纤维、棉外其他纺织材料制）	18.50
11	漂白的和未漂白的纯亚麻机织物	66.70	61	邻苯二甲酸酐（苯酐）	18.35
12	非公路用货运自卸车	63.30	62	木制碎料板（不论是否用树脂或其他有机黏合剂黏合）	18.18
13	暂时保存的其他蘑菇和块菌	61.53	63	其他建筑业，工业用新的充气橡胶非子午线轮胎（辋圈 >61cm）	17.70
14	制作或保藏的鲱鱼	61.26	64	其他拖拉机	17.21
15	盐腌及盐渍的鲱鱼（大西洋鲱鱼、太平洋鲱鱼），食用杂碎除外	50.67	65	脂肪含量超过 10% 未浓缩的乳及奶油（脂肪含量按重量计，本编号货品不得加糖和其他甜物质）	16.98
16	未锻轧的铜锌合金（黄铜）	48.92	66	铁或非合金钢的热加工条、杆（带有轧制过程中产生变形，热加工指热轧、热拉拔或热挤压）	16.94
17	栉梳或经其他加工未纺制的亚麻	44.91	67	火柴，但品目 3604 的烟火制品除外	16.89
18	鲜或冷藏的带骨牛肉	44.11	68	其他矿物油用的配制添加剂	16.70
19	其他谷物细粉	42.86	69	用塑料涂面或盖面的壁纸及类似品（包括起纹，压花，着色，印制图案或经其他装饰）	16.44
20	其他鲜的带壳禽蛋	41.95	70	未梳的聚丙烯腈短纤维（包括变性聚丙烯腈制短纤维）	16.43
21	黄油	39.11	71	合纤制男式便服套装	16.35

续表

排名	产品	RCA	排名	产品	RCA
22	聚丙烯腈长丝丝束（包括变性聚丙烯腈长丝丝束）	39.05	72	马铃薯淀粉	16.30
23	盐腌及盐渍的其他鱼，食用杂碎除外	38.59	73	电车道用的非机动客车，行李车等（还包括邮政车和其他铁道用的非机动特殊车辆）	16.21
24	其他平方米重≤ 250g 玻璃纤维梭织织物（宽度超过 30cm，单根纱线细度不超过 136 特）	38.15	74	其他黑麦	15.91
25	浓缩并已加糖的非固状乳及奶油（加其他甜物质）	38.07	75	带锯片	15.87
26	天然沥青等为基本成分的沥青混合物	36.23	76	其他热加工条、杆	15.82
27	镀或涂其他贱金属的铁或非合金钢丝	36.22	77	其他油漆及清漆，皮革用水性颜料	15.65
28	武器用望远镜瞄准具及其他望远镜（包括潜望镜式望远镜及作为机器或器具部件的望远镜）	33.43	78	密度 >0.8g/cm3 的未经机械加工或盖面的其他纤维板	15.61
29	化学肥料或矿物肥料（含氮、磷、钾三种肥效元素）	33.35	79	六氟铝酸钠（人造冰晶石）	15.56
30	酪乳及其他发酵或酸化的乳及奶油（不论是否浓缩、加糖或其他甜物质、香料、水果等）	32.70	80	熏制鳟鱼（河鳟、虹鳟、克拉克大麻哈鱼、阿瓜大麻哈鱼、吉雨大麻哈鱼、亚利桑那大麻哈鱼、金腹大麻哈鱼）及鱼片	15.55
31	脂肪含量≤ 1.5% 固状乳及奶油（指粉状、粒状或其他固体状态，浓缩，加糖或其他甜物质）	31.90	81	非绝缘的钢铁绞股线、绳、缆	15.45
32	切削金属的其他升降台式铣床（但品目 8458 的车床除外）	30.80	82	非零售纯聚丙烯腈短纤多股纱线（包括缆线，纯指按重量计聚丙烯腈或其变性短纤含量≥ 85%）	15.15
33	木制定向刨花板（OSB）（不论是否用树脂或其他有机黏合剂黏合）	29.37	83	其他短切玻璃纤维	15.03
34	其他针叶木木片或木粒	27.90	84	未梳的其他含脂羊毛	14.95
35	尿素及硝酸铵混合物的水溶液	25.31	85	其他硅锰钢的条、杆	14.82
36	水泥制建筑用砖及石砌块（包括混凝土或人造石制，不论是否加强）	24.44	86	非泡沫苯乙烯聚合物板，片，膜，箔，扁条	14.74

续表

排名	产品	RCA	排名	产品	RCA
37	经其他加工的燕麦	24.26	87	其他平板轧材制角材、型材、异型材（冷成型或冷加工制的）	14.53
38	其他乳酪	24.07	88	丙烯腈	14.31
39	每根单丝细度 <67 分特的合成纤维制连裤袜及紧身裤袜（针织或钩编）	23.88	89	其他已浸渍的铁道及电车道枕木	14.26
40	非零售与毛混纺腈纶短纤纱线（混纺指按重量计聚丙烯腈及其变性短纤含量在 85% 以下）	23.71	90	经分拣的碎织物等（包括废线，绳，索，缆及其制品）	14.17
41	卵石，砾石及碎石，圆石子及燧石	23.33	91	其他钠盐	14.02
42	浓缩但未加糖的非固状乳及奶油（未加其他甜物质）	23.14	92	其他尼龙或其他聚酰胺制高强力纱（非供零售用）	13.94
43	印花与化纤混纺 3/4 线斜纹棉布（每平方米重超过 200g，含棉 85% 以下，含双面斜纹布）	22.85	93	破开或打成的亚麻	13.77
44	铅水晶玻璃器皿	21.98	94	鲜蘑菇或冷藏蘑菇	13.66
45	联氨和羟胺及其无机盐	21.61	95	用于农林车辆机械用的人字形胎面轮胎	13.36
46	与棉混纺印花聚酯短纤其他机织物（混纺为含聚酯短纤 85% 以下，重质指每平方米重 >170g）	21.29	96	其他光学望远镜	13.26
47	额定容量≤ 650kVA 液体介质变压器	21.23	97	乳清及改性乳清（不论是否浓缩、加糖或其他甜物质）	13.20
48	脂肪含量在 1%–6% 未浓缩的乳及奶油（脂肪含量按重量计，本编号货品不得加糖和其他甜物质）	21.20	98	其他农林车辆机械用新充气橡胶轮胎	13.13
49	立式冷冻箱（容积≤ 900 升）	20.68	99	其他糖蜜	12.88
50	其他壁纸及类似品，窗用透明纸	20.65	100	每根单丝细度≥ 67 分特的合成纤维制连裤袜及紧身裤袜（针织或钩编）	12.85

数据来源：由联合国商品贸易数据计算整理所得

与 2005 年相比，2016 年白俄罗斯的出口比较优势有所变化。从比较优势指数来分析，相对于 2005 年，2016 年白俄罗斯前 100 名产品的比较优势指数总体有所上升，比较优势均值从 32.84 上升到 37.80，增幅 15.10% 左右；比较优势指数最大值从278.07上升到337.38，增幅约为21.33%；最小值从9.56上升至12.85，增幅为34.41%。从产品产业分布来看，总体变化不大，产品主要分布在农业、化工制造业、机械零部件制造业等。但是与2005年相比，农业产品的比较优势明显提高，化工产品的比较优势相对下降。特别是从排名前10的具体产品来看，2005年比较优势排名前10的农业产品中只有冻藏的整头及半头牛肉，而在2016年，则新增了干、盐腌或盐渍的鱼片；鲟鱼子酱代用品；乳酱；其他可食用鱼杂碎；鲜或冷藏的整只鸡等农产品，之前的诸多化工产品的比较优势出现了普遍的下降。

（二）白俄罗斯出口主导产业分析

1. 出口主导产业测度

出口主导产业是由产业出口额占国家总出口额的比例来衡量的，所占比例越大，表明其在出口中所占地位越重，同时表明，此国生产相应产品的能力越强或拥有相应丰富的资源。如表BY-3，反映的是2005年白俄罗斯出口额排名前100的产品。整体上，2005年白俄罗斯出口的产品主要集中在能源、化工产品、机械零部件、农业产品等，排名前10的产品分别是石油油和油脂；车用汽油、航空汽油；氯化钾；石油原油；其他拖拉机；未按种类指定的商品；非公路用货运自卸车；冷藏－冷冻组合机（各自装有单独外门的）；铁或非合金钢的热加工条、杆（带有轧制过程中产生变形，热加工指热轧、热拉拔或热挤压）；其他精制糖等，其中以石油及其制品为代表的能源产品具有一定的主导地位。

表BY-3　2005年白俄罗斯出口额排名前100产品

单位：万美元、%

排名	产品名称	出口值	占比	排名	产品名称	出口值	占比
1	石油油和油脂	362695.39	22.70	51	其他无丝浮法玻璃片和磨砂或抛光玻璃片	4031.95	0.25
2	车用汽油、航空汽油	122415.57	7.66	52	压缩点火内燃活塞发动机（柴油或半柴油机）	3974.00	0.25
3	氯化钾	101180.92	6.33	53	其他铝制结构体及其部件（包括结构体用的已加工铝板、型材、管子及类似品）	3918.87	0.25
4	石油原油	47821.31	2.99	54	其他胶合板，每层厚度=6mm厚，≥1非针叶材外层	3757.13	0.24
5	其他拖拉机	43235.52	2.71	55	电梯和箕斗提升机	3734.74	0.23

续表

排名	产品名称	出口值	占比	排名	产品名称	出口值	占比
6	未按种类指定的商品	31943.36	2.00	56	初级形状的聚对苯二甲酸乙二酯	3662.28	0.23
7	非公路用货运自卸车	31300.34	1.96	57	脂肪含量在 1%–6% 未浓缩的乳及奶油（脂肪含量按重量计，本编号货品不得加糖和其他甜物质）	3513.17	0.22
8	冷藏 – 冷冻组合机（各自装有单独外门的）	25447.72	1.59	58	液化的乙烯、丙烯、丁烯及丁二烯	3439.24	0.22
9	铁或非合金钢的热加工条、杆（带有轧制过程中产生变形，热加工指热轧、热拉拔或热挤压）	24951.33	1.56	59	冻整头及半头猪肉	3405.62	0.21
10	其他精制糖	21632.15	1.35	60	启动电机及两用启动发电机	3365.13	0.21
11	半挂车用的公路牵引车	18045.64	1.13	61	办公室用木家具	3351.80	0.21
12	柴油型的其他货车（装有压燃式活塞内燃发动机，超重型指车辆总重量 >20 吨）	16999.69	1.06	62	其他已配定剂量的药品	3332.98	0.21
13	非绝缘的钢铁绞股线、绳、缆	13293.41	0.83	63	石油沥青	3255.60	0.20
14	柴油型其他货车（装有压燃式活塞内燃发动机，重型指 5 吨≤车辆总重≤ 20 吨）	12981.51	0.81	64	其他针叶木原木	3251.78	0.20
15	6– 己内酰胺	12733.42	0.80	65	浓缩并已加糖的非固状乳及奶油（加其他甜物质）	3229.41	0.20
16	针叶木厚板材（经纵锯、纵切、刨切或旋切的，厚度超过 6mm）	12628.02	0.79	66	含碳量不小于 0.25% 的钢坯	3205.00	0.20
17	其他零件和附件	11688.39	0.73	67	其他硅酸盐水泥	3171.04	0.20
18	初级形状比重 <0.94 的聚乙烯	10820.27	0.68	68	盐、纯氯化钠、海水	3118.26	0.20
19	其他木家具	10131.81	0.63	69	机动小客车用新的充气轮胎	3099.23	0.19
20	冻藏的整头及半头牛肉	10101.19	0.63	70	尿素及硝酸铵混合物的水溶液	3082.52	0.19
21	其他乳酪	9700.72	0.61	71	其他医疗、外科或兽医用仪器器具	3050.20	0.19

续表

排名	产品名称	出口值	占比	排名	产品名称	出口值	占比
22	其他建筑业，工业用新的充气橡胶非子午线轮胎（辋圈 >61cm）	9519.91	0.60	72	其他客或货车用新充气橡胶轮胎	2981.03	0.19
23	黄油	8874.34	0.56	73	木门及其框架和门槛	2969.97	0.19
24	脂肪含量≤ 1.5% 固状乳及奶油（指粉状、粒状或其他固体状态，浓缩，加糖或其他甜物质）	8838.32	0.55	74	水泥制建筑用砖及石砌块（包括混凝土或人造石制，不论是否加强）	2934.23	0.18
25	彩色卫星电视接收机	8821.09	0.55	75	全粒面未剖层或粒面剖层湿牛皮（包括蓝湿牛皮，经鞣制不带毛）	2875.82	0.18
26	宽度小于厚度两倍的矩形截面钢坯（含碳量小于 0.25%）	8642.57	0.54	76	液化丙烷	2835.34	0.18
27	可使用气体燃料的家用炉灶	8123.66	0.51	77	其他未列名原木（用油漆，着色剂，杂酚油或其他防腐剂处理的除外）	2832.35	0.18
28	其他货运挂车及半挂车	7550.69	0.47	78	烟草制的卷烟	2742.05	0.17
29	液化丁烷	6601.07	0.41	79	非零售聚酯变形纱线	2732.72	0.17
30	用含动物肉、血成分制成的香肠及类似产品	6513.61	0.41	80	装软垫的木框架的坐具	2717.66	0.17
31	酪蛋白	6411.56	0.40	81	鼓形辊子轴承	2653.78	0.17
32	上釉的大陶瓷砖，瓦，块及类似品	6400.99	0.40	82	制作或保藏的鲱鱼	2648.70	0.17
33	脂肪量 >1.5% 未加糖固状乳及奶油（指粉状、粒状或其他固体状态，浓缩，未加糖或其他甜物质）	6182.66	0.39	83	其他硅锰钢的条、杆	2614.27	0.16
34	前铲装载机	5914.82	0.37	84	未镀或涂层的铁或非合金钢丝（不论是否抛光）	2603.61	0.16
35	鲜乳酪（未熟化或未固化的）（包括乳清乳酪；凝乳）	5725.10	0.36	85	未梳的聚丙烯腈短纤维（包括变性聚丙烯腈制短纤维）	2526.40	0.16
36	未梳的聚酯短纤（包括未经其他纺前加工的）	5672.57	0.36	86	直线作用的液压动力装置（液压缸）	2507.61	0.16
37	聚酰胺，尼龙制的帘子布	5607.49	0.35	87	其他芳烃混合物	2472.49	0.15
38	镀或涂其他贱金属的铁或非合金钢丝	5496.09	0.34	88	鱼子酱和鱼子酱代用品	2462.44	0.15

续表

排名	产品名称	出口值	占比	排名	产品名称	出口值	占比
39	其他壁纸及类似品，窗用透明纸	5476.39	0.34	89	塑料制坛，瓶及类似品	2457.67	0.15
40	聚丙烯腈长丝丝束（包括变性聚丙烯腈长丝丝束）	5400.28	0.34	90	水泥，混凝土或人造石制其他制品	2453.22	0.15
41	其他平方米重≤ 250g 玻璃纤维梭织织物（宽度超过30cm，单根纱线细度不超过136 特）	5255.01	0.33	91	其他含碳量小于 0.25% 的钢坯	2406.70	0.15
42	胸罩（不论是否针织或钩编）	4985.24	0.31	92	750W< 输出功率≤ 75kW 的多相交流电动机	2371.83	0.15
43	其他热加工条、杆	4905.94	0.31	93	厨房用木家具	2358.36	0.15
44	用于石油或天然气管道的其他管线管	4866.54	0.30	94	其他家具及其零件	2275.32	0.14
45	80V 电压 <1000V 无连接器电缆	4523.11	0.28	95	圆截面直径 <14mm 的其他热轧盘条（不带有轧制过程中产生的变形）	2261.45	0.14
46	额定容量≤ 650kVA 液体介质变压器	4285.83	0.27	96	漂白的和未漂白的纯亚麻机织物	2248.96	0.14
47	尿素	4139.43	0.26	97	铁钉、图钉、平头钉及类似品（不论钉头是否用其他材料制成，但不包括铜头钉）	2242.23	0.14
48	非零售聚酯高强力纱	4134.88	0.26	98	木制托板、箱形托盘及其他装载木板（包括其他木制托盘护框）	2204.64	0.14
49	压燃式活塞内燃发动机的客车	4079.87	0.26	99	装有冷藏或冷冻装置的其他设备，用于存储及展示（包括柜、箱、展示台、陈列箱及类似品）	2159.22	0.14
50	毛制女式大衣、斗篷及类似品等（包括短大衣、短斗篷，羊毛或动物细毛制）	4062.93	0.25	100	用于制冷设备的压缩机	2126.66	0.13

数据来源：由联合国商品贸易数据计算整理所得

如表 BY-4，2016 年白俄罗斯出口占比前 100 位的产品依旧主要分布在能源及其制品、化工产品、机械零部件、农业产品等，其中排名前 10 的产品包括石油油和油脂、氯化钾、轻油及制品，不含生物柴油、未按种类指定的商品、其他乳酪、石油原油、其他拖拉机、非公路用货运自卸车、黄油、脂肪含量≤ 1.5% 固状乳及奶油（指粉状、粒状或其他固体状态，浓缩，加糖或其他甜物质），其中能源及其制品具有主导地位。

表 BY-4　2016 年白俄罗斯出口额排名前 100 产品

单位：万美元、%

排名	产品名称	出口值	占比	排名	产品名称	出口值	占比
1	石油油和油脂	287853.77	12.23	51	圆截面直径 <14mm 的其他热轧盘条（不带有轧制过程中产生的变形）	6568.79	0.28
2	氯化钾	201997.37	8.58	52	其他客或货车用新充气橡胶轮胎	6468.50	0.27
3	轻油及制品，不含生物柴油	116285.54	4.94	53	卵石，砾石及碎石，圆石子及燧石	6427.36	0.27
4	未按种类指定的商品	97048.24	4.12	54	盐、纯氯化钠、海水	6220.45	0.26
5	其他乳酪	58045.54	2.47	55	塑料制塞子，盖子及类似品	6078.77	0.26
6	石油原油	47162.51	2.00	56	镀或涂其他贱金属的铁或非合金钢丝	6067.89	0.26
7	其他拖拉机	42353.74	1.80	57	未梳的聚酯短纤（包括未经其他纺前加工的）	6026.49	0.26
8	非公路用货运自卸车	36315.21	1.54	58	三轮车、踏板车、踏板汽车和类似的带轮玩具；玩偶车	5980.79	0.25
9	黄油	30049.59	1.28	59	其他家具及其零件	5949.59	0.25
10	脂肪含量≤ 1.5% 固状乳及奶油（指粉状、粒状或其他固体状态，浓缩，加糖或其他甜物质）	28447.15	1.21	60	供运输或包装货物用其他塑料制品	5853.56	0.25
11	鲜或冷藏的带骨牛肉	26921.10	1.14	61	上釉的大陶瓷砖，瓦，块及类似品	5849.74	0.25
12	柴油型的其他货车（装有压燃式活塞内燃发动机，超重型指车辆总重量 >20 吨）	23172.48	0.98	62	其他针叶木原木	5771.41	0.25
13	化学肥料或矿物肥料（含氮、磷、钾三种肥效元素）	22490.79	0.96	63	初级形状的聚对苯二甲酸乙二酯	5673.07	0.24

续表

排名	产品名称	出口值	占比	排名	产品名称	出口值	占比
14	铁或非合金钢的热加工条、杆（带有轧制过程中产生变形，热加工指热轧、热拉拔或热挤压）	21246.02	0.90	64	冻藏的整头及半头牛肉	5648.35	0.24
15	其他精制糖	18274.53	0.78	65	纺织材料制未列名制品	5609.40	0.24
16	针叶木厚板材（经纵锯、纵切、刨切或旋切的，厚度超过 6mm）	16113.25	0.68	66	品目 9013 所列其他货品的零附件	5430.81	0.23
17	初级形状比重 <0.94 的聚乙烯	13697.02	0.58	67	铝合金制空心异型材	5397.94	0.23
18	排气量 >4 升带点燃往复式活塞内燃发动机其他车	13607.58	0.58	68	鲟鱼子酱代用品	5266.70	0.22
19	脂肪含量在 1%–6% 未浓缩的乳及奶油（脂肪含量按重量计，本编号货品不得加糖和其他甜物质）	12965.43	0.55	69	密度 >0.8g/cm^3 的未经机械加工或盖面的其他纤维板	5225.11	0.22
20	其他木家具	12850.72	0.55	70	半挂车用的公路牵引车	5165.52	0.22
21	冷藏－冷冻组合机（各自装有单独外门的）	12247.69	0.52	71	乳清及改性乳清（不论是否浓缩、加糖或其他甜物质）	5142.87	0.22
22	非绝缘的钢铁绞股线、绳、缆	11784.51	0.50	72	其他钢铁结构体及部件（包括结构体用的已加工钢板、型材、管子及类似品）	5040.12	0.21
23	木制定向刨花板（OSB）（不论是否用树脂或其他有机黏合剂黏合）	11156.78	0.47	73	其他热加工条、杆	5013.55	0.21
24	电梯和箕斗提升机	10884.04	0.46	74	脂肪含量超过 10% 未浓缩的乳及奶油（脂肪含量按重量计，本编号货品不得加糖和其他甜物质）	5003.70	0.21
25	木制碎料板（不论是否用树脂或其他有机黏合剂黏合）	10632.21	0.45	75	浓缩并已加糖的非固状乳及奶油（加其他甜物质）	5000.87	0.21
26	鲜乳酪（未熟化或未固化的）（包括乳清乳酪；凝乳）	10535.58	0.45	76	液化丁烷	4951.78	0.21
27	其他零件和附件	10405.34	0.44	77	鲜或冷的鸡块和杂碎	4915.41	0.21

续表

排名	产品名称	出口值	占比	排名	产品名称	出口值	占比
28	鲜或冷藏的整只鸡	10238.24	0.43	78	每根单丝细度 <67 分特的合成纤维制连裤袜及紧身裤袜（针织或钩编）	4899.70	0.21
29	压燃式活塞内燃发动机的客车	9830.11	0.42	79	其他阀门（用于管道、锅炉、罐、桶或类似品的）	4839.39	0.21
30	1.5 升＜排量≤ 3 升装点燃往复式活塞内燃发动机的其他载人车辆	9347.80	0.40	80	至少有一表层是非针叶胶合板（每层厚度≤ 6mm，竹制除外）	4830.05	0.21
31	尿素	8989.20	0.38	81	塑料制盒，箱及类似品	4822.21	0.20
32	冻藏的去骨牛肉	8717.28	0.37	82	其他集成电路	4811.39	0.20
33	可使用气体燃料的家用炉灶	8654.07	0.37	83	其他矿物油用的配制添加剂	4799.52	0.20
34	天然沥青等为基本成分的沥青混合物	8467.86	0.36	84	压缩点火内燃活塞发动机（柴油或半柴油机）	4799.34	0.20
35	脂肪量 >1.5% 未加糖固状乳及奶油（指粉状、粒状或其他固体状态，浓缩，未加糖或其他甜物质）	8466.18	0.36	85	其他铝制结构体及其部件（包括结构体用的已加工铝板、型材、管子及类似品）	4773.88	0.20
36	其他脱粒机	8340.20	0.35	86	制作或保藏的鲱鱼	4759.32	0.20
37	其他已配定剂量的药品	8283.35	0.35	87	钢铁制门窗及其框架、门槛	4638.86	0.20
38	干、盐腌或盐渍的鱼片	8254.08	0.35	88	含有石油的润滑油添加剂	4597.73	0.20
39	用含动物肉、血成分制成的香肠及类似产品	8185.67	0.35	89	额定容量≤ 650kVA 液体介质变压器	4563.34	0.19
40	酪乳及其他发酵或酸化的乳及奶油（不论是否浓缩、加糖或其他甜物质、香料、水果等）	8093.74	0.34	90	由外电力驱动铁道用机动客，货车（包括电车道用的，但品目 8604 的货品除外）	4542.60	0.19
41	其他建筑业，工业用新的充气橡胶非子午线轮胎（辋圈 >61cm）	7967.03	0.34	91	液化丙烷	4534.31	0.19
42	其他电压不超过 1000 伏的电导体	7871.79	0.33	92	水泥，混凝土或人造石制其他制品	4382.51	0.19
43	初级形状的聚酰胺 -6，6 等	7863.79	0.33	93	用于农林车辆机械用的人字形胎面轮胎	4348.23	0.18
44	石油沥青	7628.09	0.32	94	其他钢铁制品	4333.76	0.18

续表

排名	产品名称	出口值	占比	排名	产品名称	出口值	占比
45	其他无丝浮法玻璃片和磨砂或抛光玻璃片	7461.44	0.32	95	电车道用的非机动客车，行李车等（还包括邮政车和其他铁道用的非机动特殊车辆）	4299.58	0.18
46	机动小客车用新的充气轮胎	7374.62	0.31	96	立式冷冻箱（容积≤900升）	4184.34	0.18
47	未镀或涂层的铁或非合金钢丝（不论是否抛光）	6885.68	0.29	97	非泡沫苯乙烯聚合物板，片，膜，箔，扁条	4181.76	0.18
48	其他硅酸盐水泥	6703.12	0.28	98	已配剂量含有其他抗菌素的药品	4166.57	0.18
49	其他非泡沫乙烯聚合物板，片，膜，箔及扁条	6683.11	0.28	99	尿素及硝酸铵混合物的水溶液	4163.06	0.18
50	新鲜或冷藏西红柿	6635.79	0.28	100	麦精、粮食粉等制食品及乳制食品	4063.99	0.17

数据来源：由联合国商品贸易数据计算整理所得

对比分析白俄罗斯2005年与2016年出口的前100名商品，从出口主导产品的集中度来看，2005年，排名前5的主导产品出口额度为67.73亿美元，占比为42.39%；排名前10的出口主导产品出口总额为81.26亿美元，占比为50.86%。2016年，排名前5的主导产品出口额为76.12亿美元，占比为32.34%；前10出口主导产品出口总额达到94.56亿美元，占比为40.17%。相比于2005年，2016年白俄罗斯前5、前10主导产品的出口额度都有所提升，但总体产品集中度出现明显下降，其中排名前5和前10的产品出口占比均下降10%左右。从具体产品来看，2005年排名第一的石油油和油脂出口额从2005年的36.27亿美元下降到2016年的28.79亿美元，降幅约为20.62%，并且出口额度占比从2005年的27.70%下降到2016年的12.23%，下降幅度为55.85%。但值得注意的是，与2005年相比，虽然以石油油和油脂等为代表的能源产品出现了占比下降的情况，但是能源及其制品仍然在白俄罗斯货物出中占据着一定的主导地位，整体货物出口份额中，能源及其制品仍然排在前列，这显示了白俄罗斯对能源贸易的依赖性。

2. 出口主导产业与比较优势产业的一致性分析

事实上，对比了2016年白俄罗斯排名前10的比较优势产品和出口主导产品（如表BY-5），我们发现白俄罗斯比较优势产业与出口主导产业一致程度并不高，仅仅在化工产品上有所对应。白俄罗斯在农业产品的生产上具有显著的比较优势，但是在出口商品中却表现出对能源产品的依赖，我们推测这可能受近年来国际贸易需求的影响。在具体产品上，比较优势排名前10和出口主导前10的产品，只有氯化钾相同，且排名不对应；比较优势中冻藏的整头及半头牛肉等农业产品表现出了较高的比较优势，出口主导产品中石油油和油脂等能源产品具有较高份额。

表 BY-5　2016 年白俄罗斯排名前 10 比较优势产品及出口主导产品

单位：%

排名	比较优势产业名称	RCA	排名	出口主导产业名称	占比
1	冻藏的整头及半头牛肉	337.38	1	石油油和油脂	12.23
2	其他脱粒机	294.41	2	氯化钾	8.58
3	干、盐腌或盐渍的鱼片	245.71	3	轻油及制品，不含生物柴油	4.94
4	氯化钾	150.63	4	未按种类指定的商品	4.12
5	鲟鱼子酱代用品	128.69	5	其他乳酪	2.47
6	乳酱	126.79	6	石油原油	2.00
7	其他可食用鱼杂碎	93.08	7	其他拖拉机	1.80
8	非电热铸铁制集中供暖用散热器（包括零件）	76.21	8	非公路用货运自卸车	1.54
9	其他针叶木的箍木等及类似品（包括木劈条，棒及类似品）	75.22	9	黄油	1.28
10	鲜或冷藏的整只鸡	71.34	10	脂肪含量≤ 1.5% 固状乳及奶油（指粉状、粒状或其他固体状态，浓缩，加糖或其他甜物质）	1.21

数据来源：由联合国商品贸易数据计算整理所得

（三）白俄罗斯出口比较优势变化分析

1. 描述性分析

依据表 BY-1 及表 BY-2，对比分析 2005 年及 2016 年白俄罗斯比较优势指数排名前 100 产业，我们可以得出以下信息：

第一，从比较优势指数来分析，相对于 2005 年，2016 年白俄罗斯前 100 名产品的比较优势指数总体有所上升，比较优势均值从 32.84 上升到 37.80，增幅 15.10% 左右。

第二，白俄罗斯具比较优势的产品数量呈现上升态势。2005 年，比较优势指数大于 1 的产品共有 608 类，大于 2.5 的产品共有 348 类；而 2016 年，比较优势指数大于 1 的产品有 753 类，大于 2.5 的产品共有 418 类，这表明白俄罗斯在国际贸易出口中具有比较优势的产品逐渐增多。

第三，比较优势指数排名前 10 产品的结构相对稳定，主要分布在农业、化工制造业、机械零部件制造业等，但是与 2005 年相比，农业产品的比较优势明显提高，化工产品的比较优势相对下降。从比较优势指数排名前 10 的具体产品来分析，2005 年比较优势排名前 10 的农业产品中只有冻藏的整头及半头牛肉，而在 2016 年，则新增了干、盐腌或盐渍的鱼片；鲟鱼子酱代用品；乳酱；其他可食用鱼杂碎；鲜或冷藏的整只鸡等农产品，之前的诸多化工产品的比较优势出现了普遍的下降。

2. 回归分析

将 2016 年白俄罗斯产业比较优势指数作为被解释变量，把 2005 年白俄罗斯产业比较优势指数作为解释变量，对其进行回归分析。若回归系数 >1，则表明白俄罗斯更加强化了具有比较优势的产业，弱化了不具有比较优势的产业；若 0< 回归系数 <1，则表明具有比较优势的产业弱化了；若回归系数 <0，则表明白俄罗斯比较优势的产业发生了质变。使用最小二乘法对其进行回归，得出结果如表 BY–6 所示。从表中可以看出，回归系数为 1.232794，大于 1，因此说明相对于 2005 年，2016 年白俄罗斯具有比较优势的产业得到了强化。

表 BY–6　回归结果

变量	Coef.	Std. Err.	t	P>|t|
2005 比较优势指数	1.232794	0.026964	45.71916	0.0000
常数项	–2.683962	1.413325	–1.899042	0.0605
	R^2=0.955215		F–statistics =2090.242	

（四）白俄罗斯进口需求及其变化分析

表 BY–7 为 2005 年白俄罗斯进口额排名前 100 产品。从表中可以看出，排名前 10 的进口产品有石油原油、未按种类指定的商品、气态天然气、压缩点火内燃活塞发动机（柴油或半柴油机）、其他以钢铁为主的废五金材料、石油油和油脂、其他已配定剂量的药品、不含添加调味或色素的生甘蔗糖、电力、其他阀门（用于管道、锅炉、罐、桶或类似品的）。其中，石油原油进口额度最高，为 42.22 亿美元，占比达到 25.58%。从白俄罗斯进口前 100 名产品种类来看，主要为能源和机械零配件。从白俄罗斯进口前100名产品的结构来看，进口产品排名前5的额度为66.38亿美元，占比为39.75%，排名前10的额度为72.06亿美元，占白俄罗斯进口总额的43.15%。因此可以看出白俄罗斯进口产品具有相对集中性，特别是在石油原油等能源商品的进口上。

表 BY-7　2005年白俄罗斯进口额排名前100产品

单位：万美元、%

排名	产品名称	进口值	占比	排名	产品名称	进口值	占比
1	石油原油	422221.74	25.28	51	冻整头及半头猪肉	3055.72	0.18
2	未按种类指定的商品	107656.12	6.45	52	铁道及电车道机车用其他轴、轮（包括其他零件，含铁道及电车道其他车辆用的）	2999.54	0.18
3	气态天然气	94952.49	5.69	53	其他塑料制品	2986.38	0.18
4	压缩点火内燃活塞发动机（柴油或半柴油机）	19716.75	1.18	54	技术分类天然橡胶（TSNR）[初级形状（胶乳，烟胶片除外）或板，片，带]	2952.40	0.18
5	其他以钢铁为主的废五金材料	19243.56	1.15	55	已碾磨天然磷酸钙	2894.11	0.17
6	石油油和油脂	13968.02	0.84	56	干衣量≤10kg的全自动洗衣机	2887.36	0.17
7	其他已配定剂量的药品	13851.51	0.83	57	1.5升<排量≤3升装点燃往复式活塞内燃发动机的其他载人车辆	2789.92	0.17
8	不含添加调味料或色素的生甘蔗糖	11232.27	0.67	58	零售包装有机表面活性剂制品	2716.23	0.16
9	电力	9993.18	0.60	59	道路车轮及其零件和附件	2681.91	0.16
10	其他阀门（用于管道、锅炉、罐、桶或类似品的）	7734.67	0.46	60	80V电压<1000V无连接器电缆	2661.90	0.16
11	其他配制的动物饲料	7703.43	0.46	61	婴儿用卫生巾和卫生棉条、餐巾纸和餐巾纸，类似卫生用品	2636.00	0.16
12	电视卫星地面站	7661.84	0.46	62	联合收割机	2583.88	0.15
13	烟草制的卷烟	7474.99	0.45	63	初级形状比重≥0.94的聚乙烯	2554.65	0.15
14	宽≥600mm热轧其他合金钢材（除热轧外未经进一步加工）	7166.31	0.43	64	半挂车用的公路牵引车	2527.46	0.15
15	零售用除草剂	6311.24	0.38	65	其他玉米	2518.98	0.15

续表

排名	产品名称	进口值	占比	排名	产品名称	进口值	占比
16	1，2- 乙二醇	5891.46	0.35	66	铁道用非机动油罐货车及类似车（包括电车道用，但不包括容积50立方米液化气铁路槽车）	2500.19	0.15
17	最大截面尺寸 >6mm 的精炼铜丝	5654.72	0.34	67	未列名的橡胶或塑料加工机器	2478.83	0.15
18	其他编号未列名的食品	5493.92	0.33	68	新鲜苹果	2442.08	0.15
19	彩色阴极射线电视显像管（包括视频监视器用阴极射线管）	5453.55	0.33	69	其他初级形状羧基丁苯橡胶等（胶乳除外）	2430.07	0.15
20	其他合金钢热加工条、杆（除热轧，热拉拔或热挤压外未经进一步加工的）	4660.87	0.28	70	镀锌的其他形铁或非合金钢宽板材（电镀锌的除外，宽 ≥ 600mm）	2423.41	0.15
21	冷冻鱼片	4476.85	0.27	71	热交换装置	2395.16	0.14
22	其他木板，表面涂有三聚氰胺浸渍纸	4352.73	0.26	72	其他拖拉机	2382.49	0.14
23	对二甲苯	4334.63	0.26	73	其他零件和附件	2380.48	0.14
24	3mm> 厚 >1mm 冷轧卷材（宽 ≥ 600mm）	4316.31	0.26	74	已配剂量含有其他抗菌素的药品	2358.72	0.14
25	非合金生铁，按重量计含磷量在 0.5% 及以下	4289.86	0.26	75	滚珠轴承	2339.88	0.14
26	其他热加工条、杆	4270.45	0.26	76	其他巧克力及含可可的食品	2322.34	0.14
27	其他钢铁制品	4234.74	0.25	77	其他发动机的专用零件（指品目 8407 或 8408 所列的其他发动机）	2272.99	0.14
28	其他钢铁结构体及部件（包括结构体用的已加工钢板、型材、管子及类似品）	4209.61	0.25	78	其他塑料板，片，膜，箔，扁条	2258.89	0.14
29	苯	4191.87	0.25	79	其他离心泵	2243.41	0.13
30	其他电力控制或分配的装置（电压不超过 1000 伏的线路）	4104.50	0.25	80	功率 >75kW 多相交流电动机	2241.18	0.13
31	其他空气泵、气体压缩机及通风罩	4001.15	0.24	81	730610	2233.50	0.13

续表

排名	产品名称	进口值	占比	排名	产品名称	进口值	占比
32	精制的葵花油和红花油及其分离品	3988.00	0.24	82	成卷的沥青或类似原料的制品	2217.45	0.13
33	初级形状的聚丙烯	3969.30	0.24	83	其他冷轧的铁制无缝圆形截面管	2195.99	0.13
34	计算机用终端（输入或输出部件，不论是否在同一机壳内有存储部件）	3883.14	0.23	84	化纤挤压、拉伸、切割机器	2190.81	0.13
35	其他医疗、外科或兽医用仪器器具	3786.99	0.23	85	根茎或块茎收获机	2172.77	0.13
36	数字程控公用电话交换系统	3740.00	0.22	86	光线路终端 / 脉冲编码调制多路复用器	2160.25	0.13
37	10mm ≥厚度≥ 4.75mm 的热轧非卷材（除热轧外未进一步加工，宽≥ 600mm，未包、镀，涂层）	3678.35	0.22	87	1mm ≥厚度≥ 0.5mm 冷轧卷材（宽≥ 600mm）	2137.52	0.13
38	功率 >5000kW 的其他燃气轮机	3623.90	0.22	88	其他无酒精饮料	2130.12	0.13
39	异戊二烯橡胶	3604.20	0.22	89	取向性硅电钢宽板（宽≥ 600mm）	2127.80	0.13
40	其他铁或非合金钢圆形截面焊缝管	3553.87	0.21	90	其他基于合成聚合物为基本成分的溶于非水介质的油漆	2127.11	0.13
41	葵花子油渣饼及固体残渣	3528.88	0.21	91	麦芽酿造的啤酒	2122.73	0.13
42	铁道用非机动厢高 >60cm 敞篷货车（包括电车道用）	3513.33	0.21	92	液化丁烷	2111.87	0.13
43	冻鱼	3473.44	0.21	93	联合收割机用零件	2109.97	0.13
44	厚度 <3mm 的其他热轧卷材（除热轧外未进一步加工宽≥ 600mm，未包、镀、涂层）	3363.27	0.20	94	其他初级形状的聚苯乙烯	2091.04	0.13
45	旧衣物	3351.80	0.20	95	小包装的鲜葡萄酿造的酒	2089.99	0.13
46	3mm> 厚度 >1mm 的冷轧非卷材（除冷轧外未进一步加工，宽≥ 600mm，未包、镀、涂层）	3271.29	0.20	96	初榨的葵花油和红花油	2056.44	0.12
47	4.75mm> 厚≥ 3mm 大强度热轧非卷材（宽≥ 600mm）	3190.98	0.19	97	厚度 >10mm 的其他热轧非卷材（宽≥ 600mm，未包、镀，涂层）	2003.60	0.12

续表

排名	产品名称	进口值	占比	排名	产品名称	进口值	占比
48	提炼豆油所得的油饼和其他固体残渣	3163.80	0.19	98	其他电视接收机零件	1955.91	0.12
49	合金铝制铝塑复合矩形板、片及带（包括正方形）厚度厚 >0.2mm	3139.48	0.19	99	其他冻藏猪肉	1945.08	0.12
50	小麦或马尾松种子免耕小麦	3126.04	0.19	100	其他电压超过 1000 伏的电导体	1929.61	0.12

数据来源：由联合国商品贸易数据计算整理所得

表 BY-8 为 2016 年白俄罗斯进口额排名前 100 产品。从表中可以看出，排名前 10 的进口产品有石油原油、气态天然气、未按种类指定的商品、石油油和油脂、新鲜苹果、其他已配定剂量的药品、1.5 升 < 排量≤ 3 升装点燃往复式活塞内燃发动机的其他载人车辆、新鲜或冷藏西红柿、其他以钢铁为主的废五金材料、蜂窝网络或其他无线网络的电话机等。其中，石油原油进口额度最高，为 39.71 亿美元，占比达到 14.38%；从 2016 年白俄罗斯进口前 100 名产品种类来看，主要为矿物燃料、矿物油及其蒸馏产品、机器机械器具及其零件、农业产品等。从白俄罗斯进口前 100 名产品的结构来看，进口产品排名前 5 的额度为 82.69 亿美元，占比为 29.95%；排名前 10 的额度为 94.22 亿美元，占白俄罗斯进口总额的 34.13%。因此，白俄罗斯进口需求依然集中在部分产品上，特别是在对石油原油等为代表的能源及其制品上，进口表现相对集中。

表 BY-8　2016 年白俄罗斯进口额排名前 100 产品

单位：万美元、%

排名	产品名称	进口值	占比	排名	产品名称	进口值	占比
1	石油原油	397084.17	14.38	51	静态转换器	5559.37	0.20
2	气态天然气	254691.42	9.22	52	其他配制的动物饲料	5517.17	0.20
3	未按种类指定的商品	99545.80	3.61	53	鲜蘑菇或冷藏蘑菇	5490.24	0.20
4	石油油和油脂	44736.81	1.62	54	抗血清、其他血液成分和免疫产物	5476.35	0.20
5	新鲜苹果	30885.59	1.12	55	其他皮革制面的其他鞋靴（橡胶、塑料、再生皮革制外底，运动用鞋靴除外）	5324.35	0.19

续表

排名	产品名称	进口值	占比	排名	产品名称	进口值	占比
6	其他已配定剂量的药品	28526.49	1.03	56	未列名的橡胶或塑料加工机器	5169.44	0.19
7	1.5 升 < 排量 ≤ 3 升装点燃往复式活塞内燃发动机的其他载人车辆	26018.86	0.94	57	1，2- 乙二醇	5139.80	0.19
8	新鲜或冷藏西红柿	21845.76	0.79	58	镀锌的其他形铁或非合金钢宽板材（电镀锌的除外，宽 ≥ 600mm）	5113.78	0.19
9	其他以钢铁为主的废五金材料	21381.02	0.77	59	零售包装抗萌剂及植物生长调节剂	5111.40	0.19
10	蜂窝网络或其他无线网络的电话机	17489.79	0.63	60	新鲜或干燥香蕉	5059.22	0.18
11	压缩点火内燃活塞发动机（柴油或半柴油机）	13599.74	0.49	61	其他通信设备零件	5006.25	0.18
12	电力	13487.11	0.49	62	新鲜草莓	4942.66	0.18
13	桃子，油桃	13323.89	0.48	63	其他医疗、外科或兽医用仪器器具	4872.39	0.18
14	其他钢铁结构体及部件（包括结构体用的已加工钢板、型材、管子及类似品）	13139.33	0.48	64	便携式自动数据处理设备（重量 ≤ 10 千克，至少由一个中央处理器、键盘和显示器组成）	4791.15	0.17
15	小型载人机动车辆车身（含驾驶室）（品目 8703 所列车辆用）	12910.38	0.47	65	其他巧克力及含可可的食品	4772.89	0.17
16	轻油及制品，不含生物柴油	12051.94	0.44	66	宽 >30cm 弹性针织或钩编织物（按重量计弹性纱线含量在 5% 及以上且不含橡胶线）	4651.43	0.17
17	其他编号未列名的食品	11902.32	0.43	67	铁或非合金钢的热加工条、杆（带有轧制过程中产生变形，热加工指热轧、热拉拔或热挤压）	4633.19	0.17
18	葵花子油渣饼及固体残渣	11898.87	0.43	68	柑橘叶	4632.70	0.17
19	零售用除草剂	11821.35	0.43	69	机动车辆用制动器（包括助力制动器）的零件	4627.68	0.17

续表

排名	产品名称	进口值	占比	排名	产品名称	进口值	占比
20	其他阀门（用于管道、锅炉、罐、桶或类似品的）	11714.23	0.42	70	三轮车、踏板车、踏板汽车和类似的带轮玩具；玩偶车	4579.08	0.17
21	提炼豆油所得的油饼和其他固体残渣	11430.71	0.41	71	零售包装的狗食或猫食	4521.08	0.16
22	初级形状比重 <0.94 的聚乙烯	11322.46	0.41	72	其他客或货车用新充气橡胶轮胎	4503.69	0.16
23	未加香料或着色剂其他甘蔗原糖	10165.15	0.37	73	最大截面尺寸 >7mm 的非合金铝丝	4424.44	0.16
24	交换机和路由器	9805.18	0.36	74	其他不含可可的糖食	4421.70	0.16
25	新鲜葡萄	9781.92	0.35	75	咖啡浓缩精汁	4399.01	0.16
26	其他钢铁制品	9359.40	0.34	76	鲜的玫瑰（制花束或装饰用的）	4384.98	0.16
27	其他利用温度变化处理材料的机器	9118.28	0.33	77	悬挂系统及其部件（包括减震器）	4383.76	0.16
28	其他电力控制或分配的装置（电压不超过 1000 伏的线路）	8844.77	0.32	78	其他玻璃器皿	4271.56	0.15
29	热交换装置	8271.58	0.30	79	机械加工中产生的钢铁废料（机械加工指车，刨，铣，磨，锯，锉，剪，冲加工）	4216.90	0.15
30	其他塑料制品	7894.81	0.29	80	种用玉米	4178.17	0.15
31	已碾磨天然磷酸钙	7890.37	0.29	81	过滤或净化水的装置	4146.30	0.15
32	卫生巾（护垫）及止血塞	7760.21	0.28	82	其他机械和机械设备	4145.37	0.15
33	初级形状的聚丙烯	7458.60	0.27	83	初级形状的丙烯共聚物	4107.13	0.15
34	汽轮机用的零件	7399.30	0.27	84	其他初级形状的聚苯乙烯	4088.66	0.15
35	鲜或冷鳟鱼（河鳟、虹鳟、克拉克大麻哈鱼、阿瓜大麻哈鱼、吉雨大麻哈鱼、亚利桑那大麻哈鱼、金腹大麻哈鱼）	7322.77	0.27	85	人血、其他毒素等[包括培养微生物（不包括酵母）及类似产品]	4083.03	0.15
36	半挂车用的公路牵引车	7013.82	0.25	86	其他编号未列名的化工产品	4071.44	0.15

续表

排名	产品名称	进口值	占比	排名	产品名称	进口值	占比
37	精制的葵花油和红花油及其分离品	6985.80	0.25	87	其他塑料板，片，膜，箔，扁条	3967.56	0.14
38	其他离心泵	6960.66	0.25	88	其他皮革制面的短筒靴（过踝）	3907.86	0.14
39	最大截面尺寸 >6mm 的精炼铜丝	6784.50	0.25	89	其他货运挂车及半挂车	3897.11	0.14
40	其他颜色的电视接收机	6641.41	0.24	90	自动数据处理设备及其部件（不论是否在同一机壳内有一或两个存储，输入或输出部件）	3890.61	0.14
41	其他液化石油气、烃类气	6595.18	0.24	91	对苯二甲酸及其盐	3839.85	0.14
42	机动小客车用新的充气轮胎	6414.92	0.23	92	其他调味品	3741.35	0.14
43	涂漆或涂塑的铁或非合金钢宽板材（宽度≥ 600mm）	6393.60	0.23	93	冻的鲱鱼（大西洋鲱鱼、太平洋鲱鱼）鱼片	3702.16	0.13
44	纺织材料制未列名制品	6333.02	0.23	94	宽≥ 600mm 热轧其他合金钢材（除热轧外未经进一步加工）	3688.09	0.13
45	其他电压不超过 1000 伏的电导体	6300.94	0.23	95	启动活塞式发动机用铅酸蓄电池	3677.06	0.13
46	零售包装有机表面活性剂制品	6248.23	0.23	96	脂肪含量在 1%–6% 未浓缩的乳及奶油（脂肪含量按重量计，本编号货品不得加糖和其他甜物质）	3658.60	0.13
47	麦精、粮食粉等制食品及乳制食品	6225.43	0.23	97	其他面包，糕点，饼干及烘焙糕饼	3657.24	0.13
48	光敏半导体器件、发光二极管	6209.44	0.22	98	建筑用贱金属配件及架座	3634.33	0.13
49	初级形状比重≥ 0.94 的聚乙烯	6022.26	0.22	99	泵用零件	3634.21	0.13
50	其他非泡沫乙烯聚合物板，片，膜，箔及扁条	5929.04	0.21	100	未锻轧铝合金	3622.99	0.13

数据来源：由联合国商品贸易数据计算整理所得

相对于 2005 年，2016 年白俄罗斯排名前 10 的进口产品种类变动幅度较小，仍然以石油原油、气态天然气、石油油和油脂、其他已配定剂量的药品等商品为主。

从进口产品的集中度来看，2005 年白俄罗斯进口前 100 名产品中，进口产品排名前 5 的额度为 66.38 亿美元，占比为 39.75%；排名前 10 的额度为 72.06 亿美元，占白俄罗斯进口总额的 43.15%。2016 年白俄罗斯进口前 100 名产品的结构来中，进口产品排名前 5 的额度为 82.69 亿美元，占比为 29.95%；排名前 10 的额度为 94.22 亿美元，占白俄罗斯进口总额的 34.13%。虽然集中度有所下降，但是石油原油、气态天然气、石油油和油脂等商品始终是白俄罗斯主要的进口产品，占据着主导地位。从白俄罗斯进口前 100 名产品分类来看，2005 年与 2016 年，白俄罗斯进口产业变动幅度较小，主要分布在能源、农业、机械制造业、电气设备等。

五、格鲁吉亚出口比较优势分析与进口需求研究

（一）格鲁吉亚出口比较优势分析

表 GE-1 为 2005 年格鲁吉亚出口比较优势指数（RCA）排名前 100 的产品。从 2005 年格鲁吉亚出口产品前 100 的产品来看，所有产品的比较优势指数都大于 2.5，即这 100 种产品相对于其他产品在国家贸易中更具竞争优势。2005 年排名前 10 的产品包括：无壳黑醋栗；硅锰铁；其他同位素及其他化合物；百里香叶；硝酸铵；黑醋栗；未加糖及未加味的汽水、矿泉水；白水泥，不论是否人工着色；锰铁，按重量计含碳量在 2% 以上；氰化钠、氧氰化钠等，其比较优势指数分别为 565.77、451.30、378.00、369.11、294.37、256.72、202.61、196.21、195.88、190.21。从产品整体的类别来看，格鲁吉亚矿物原料及其制品、化工产品等具有明显的比较优势。

表 GE-1　2005 年格鲁吉亚比较优势指数排名前 100 产品

排名	产品	RCA	排名	产品	RCA
1	无壳黑醋栗	565.77	51	铝废碎料	20.09
2	硅锰铁	451.30	52	由外部交流电驱动的铁道机车	18.40
3	其他同位素及其他化合物	378.00	53	轧有花纹的热轧非卷材（除热轧外未进一步加工，宽≥ 600mm，未包、镀、涂层）	16.71
4	百里香叶	369.11	54	其他含碳量小于 0.25% 的钢坯	16.66
5	硝酸铵	294.37	55	人造制长衬裙及衬裙	16.32
6	黑醋栗	256.72	56	锰矿砂及其精矿	16.13
7	未加糖及未加味的汽水、矿泉水	202.61	57	铜废料和废料	16.05
8	白水泥，不论是否人工着色	196.21	58	其他材料制女式其他防寒上衣	14.84
9	锰铁，按重量计含碳量在 2% 以上	195.88	59	未曝光中窄彩色胶卷	14.21

续表

排名	产品	RCA	排名	产品	RCA
10	氰化钠、氧氰化钠	190.21	60	白利糖浓度超过 20 的苹果汁	14.15
11	其他水凝水泥	175.02	61	竹	14.13
12	装有其他发动机的货车	140.67	62	其他喷气发动机（涡轮喷气发动机除外）	14.04
13	山毛榉木厚板材（经纵锯、纵切、刨切或旋切的，厚度超过 6mm）	133.94	63	定型剂	13.99
14	空载重量 >2 吨的直升机	96.55	64	氨水	13.52
15	滚压或制片的其他谷物	91.02	65	其他动物细毛废料（包括废纱线，不包括回收纤维）	13.11
16	蒸馏葡萄酒制得的烈性酒	71.58	66	其他非自推进截煤机凿岩机（包括非自推隧道掘进机）	12.28
17	小包装的鲜葡萄酿造的酒	61.10	67	腺体、器官及其分泌物提取物	12.04
18	其他以钢铁为主的废五金材料	61.09	68	锰铁，按重量计含碳量不超过 2%	12.04
19	挖泥船	55.96	69	硬粒小麦	11.92
20	其他合金钢废碎料	55.22	70	新鲜或冷藏的甜菜和其他类似的食用根	11.76
21	液体提升机用零件	54.65	71	其他抗震剂	11.65
22	飞机和其他飞机的空载重量不超过 2000kg	50.70	72	经简单切削或锯开的其他石及制品（不包括板岩及制品）	11.41
23	其他含油子仁或果实的细粉及粗粉	50.41	73	膨润土，不论是否煅烧	11.26
24	包装中的调味绿茶 >3kg	50.15	74	以咖啡为基本成分的制品	11.12
25	由蓄电池驱动的铁道电力机车	48.27	75	其他合纤短纤其他机织物	10.96
26	水果及坚果的细粉、粗粉及粉末	47.71	76	包装中的乌龙茶 >3kg	10.58
27	带刺钢铁丝、围篱用钢铁绞带（还包括单股扁丝及松绞的双股丝）	45.52	77	大豆粉	10.53
28	加味、加糖或其他甜物质的水	44.97	78	包装中的调味绿茶 < 3kg	10.00
29	适于缫丝的桑蚕茧	41.56	79	1kVA< 额定容量≤ 16kVA 的其他变压器	9.91
30	合纤制女式西服套装	40.40	80	其他凿井机用零件（子目 843041，843049 所列机械的）	9.77
31	其他精制糖	38.55	81	其他包装鲜葡萄酿造的酒	9.07
32	空载重量不超过 2 吨的直升机	36.67	82	不锈钢废碎料	8.74
33	棉花种子	36.65	83	其他纺织材料制女式衬衫	8.14
34	冶炼钢铁产生的其他熔渣、浮渣及其他废料	36.64	84	非用醋制作的其他脱荚豇豆及菜豆	8.10

续表

排名	产品	RCA	排名	产品	RCA
35	其他材料制女式裙子及裙裤	32.58	85	其他硅酸盐水泥	8.07
36	降落伞及其零件、附件（包括可操纵降落伞、滑翔伞及旋翼降落伞）	31.49	86	切削金属的其他镗铣机床（但品目 8458 的车床除外）	7.81
37	其他贵重金属或贵金属包裹品	28.97	87	脂肪含量≤ 1.5% 固状乳及奶油（指粉状、粒状或其他固体状态，浓缩，加糖或其他甜物质）	7.72
38	中型飞机及其他航空器（中型指 2 吨 < 空载重量≤ 15 吨）	27.44	88	铁道用非机动厢高 >60cm 敞篷货车（包括电车道用）	7.53
39	柑橘叶	26.90	89	含烟草或不含烟草代用品的烟草	7.49
40	非货币用半制成金（包括镀铂的金）	26.44	90	其他护发品	6.93
41	其他锰的氧化物	25.96	91	其他纺材制针织或钩编裙子及裙裤	6.67
42	非自推进的其他钻探或凿井机械	25.77	92	375kVA< 输出功率≤ 750kVA 交流发电机	6.64
43	铜矿砂及其精矿	25.68	93	葡萄汽酒	6.55
44	其他已浸渍的铁道及电车道枕木	25.62	94	未锻轧的其他铅合金	6.49
45	无根插枝及接穗	25.02	95	其他植物鞣料浸膏，鞣酸及其盐、醚、酯和其他衍生物	6.48
46	经其他加工的玉米	24.68	96	芹菜	6.09
47	铅废碎料	24.29	97	其他自推进的凿井机械	6.02
48	小包装的味美思酒及类似酒	22.00	98	重 >16kg 整张生马皮或生牛皮	5.87
49	制作或保藏的坚果及其他子仁	20.37	99	电气等焊接机器及装置零件（包括激光，其他光，光子束，超声波，电子束磁脉冲等）	5.85
50	其他种植用的种子、果实及孢子	20.14	100	铁道及电车道机车用非空气制动器（包括零件，含铁道及电车道其他车辆用的）	5.84

数据来源：由联合国商品贸易数据计算整理所得

2016 年，格鲁吉亚比较优势指数排名前 100 产品的值同样都大于 2.5，即这些产品在国家贸易中更具竞争优势。其中排名前 10 的产品包括硅锰铁、无壳黑醋栗、黑醋栗；其他锰的氧化物；鲜或冷鳀鱼（鳀属）；硝酸铵；未加糖及未加味的汽水、矿泉水；水果及坚果的细粉、粗粉及粉末；其他材料制女大衣（含短大衣、斗篷、短斗篷）；氰化钠、氧氰化钠等，其比较优势指数分别为 795.42、647.44、317.77、

303.13、295.02、279.11、231.72、150.71、147.00、113.87。同时由表 GE–2 可知，格鲁吉亚各类产品的比较优势差距较大，硅锰铁比较优势达到了 795.42，在国际出口贸易中具有一定的垄断地位。整体来看，2016 年，格鲁吉亚矿物原材料、化工制品、渔业产品等方面具有显著的比较优势。

表 GE–2　2016 年格鲁吉亚比较优势指数排名前 100 产品

排名	产品名称	RCA	排名	产品名称	RCA
1	硅锰铁	795.42	51	其他铅制品	17.13
2	无壳黑醋栗	647.44	52	铁或非合金钢的热加工条、杆（带有轧制过程中产生变形，热加工指热轧、热拉拔或热挤压）	16.12
3	黑醋栗	317.77	53	玻璃用型模	15.99
4	其他锰的氧化物	303.13	54	其他针织或钩编 T 恤衫、汗衫等	15.86
5	鲜或冷鳀鱼（鳀属）	295.02	55	其他种植用的种子、果实及孢子	15.29
6	硝酸铵	279.11	56	未列名圆形截面粗钢铁管（粗钢铁管指外径超过 406.4mm）	14.76
7	未加糖及未加味的汽水、矿泉水	231.72	57	加味、加糖或其他甜物质的水	14.44
8	水果及坚果的细粉、粗粉及粉末	150.71	58	鲜或冷藏的带骨绵羊肉	14.43
9	其他材料制女大衣（含短大衣、斗篷、短斗篷）	147.00	59	其他材料制女式其他防寒上衣	13.87
10	氰化钠、氧氰化钠	113.87	60	伏特加酒	13.74
11	山毛榉木厚板材（经纵锯、纵切、刨切或旋切的，厚度超过 6mm）	102.96	61	鲜笋或冷藏笋	13.12
12	丙二酰脲（巴比妥酸）及其盐	101.07	62	其他固定植物油、脂及其分离品	12.87
13	其他香料	84.16	63	氨水	12.36
14	蒸馏葡萄酒制得的烈性酒	82.92	64	其他木制品	11.44
15	绵羊	74.40	65	其他未混合的水果汁、蔬菜汁	11.15
16	未膨胀的蛭石、珍珠岩和绿泥石	61.31	66	非货币用半制成金（包括镀铂的金）	10.48
17	锰矿砂及其精矿	58.87	67	二氧化锰	10.02
18	冻大西洋鲑鱼及多瑙哲罗鱼	51.56	68	其他贵金属矿砂及其精矿	9.76
19	铜矿砂及其精矿	49.02	69	其他柑橘属果汁	9.65

续表

排名	产品名称	RCA	排名	产品名称	RCA
20	未梳的其他含脂羊毛	47.33	70	桃子，油桃	9.55
21	供吸用的水烟料	46.78	71	石英（天然砂除外）	9.16
22	非改良种用家牛	45.36	72	冻鳟鱼（河鳟、虹鳟、克拉克大麻哈鱼、阿瓜大麻哈鱼、吉雨大麻哈鱼、亚利桑那大麻哈鱼、金腹大麻哈鱼）	8.82
23	鲜或冷藏的整头及半头绵羊肉	42.34	73	农业，运输或盛装货物用陶瓷容器	8.55
24	其他纺织材料制婴儿服装及衣着附件（除棉、合成纤维、羊毛或动物细毛外其他纺织材料制）	41.18	74	孵化用受精的其他鸡的蛋	8.49
25	含金属纱线，含螺旋花边（与金属线、扁条或粉末混合制的或用金属包覆制）	38.82	75	液压压力机	8.34
26	其他材料制男式大衣、斗篷及类似品（包括短大衣、短斗篷）	36.91	76	兽用疫苗	8.01
27	由外部交流电驱动的铁道机车	35.24	77	其他石油或天然气钢铁管道	7.81
28	鲜或冷对称竹荚鱼、新西兰竹荚鱼及竹荚鱼（竹荚鱼属）	34.30	78	其他湿牛马皮（包括蓝湿牛皮，经鞣制不带毛）	7.80
29	小包装的鲜葡萄酿造的酒	34.01	79	铜废料和废料	7.67
30	宽度小于厚度两倍的矩形截面钢坯（含碳量小于 0.25%）	32.84	80	竹	7.65
31	小包装的味美思酒及类似酒	31.43	81	冻整头及半头猪肉	7.55
32	输出功率 >375kW 的直流电动机、发电机	31.31	82	威士忌酒	7.46
33	不适于供人食用的水产品渣粉	29.64	83	电力	7.09
34	榴莲	28.65	84	其他连续运货升降、输送机	6.99
35	生石灰	28.60	85	其他材料制女式裙子及裙裤	6.92
36	未锻轧的其他铝合金	26.77	86	其他非自动上弦的机械手表（用贵金属或包贵金属制壳的除外）	6.80
37	其他鱼油、脂及其分离品	26.66	87	机器用其他零件	6.76
38	合纤制针织或钩编男裤（包括马裤、短裤及其他长裤）	26.57	88	全粒面未剖层或粒面剖层湿牛皮（包括蓝湿牛皮，经鞣制不带毛）	6.65
39	其他纺织材料制运动套装	24.81	89	鲜或干的植物种子或果实（作香料、药料、杀虫、杀菌等类似用途）	6.52

续表

排名	产品名称	RCA	排名	产品名称	RCA
40	苹果干	24.21	90	其他材料制女式内衣式背心等（含三角裤、短衬裤）	6.45
41	干衣量≤ 10kg 的其他洗衣机	23.64	91	木制碎料板（不论是否用树脂或其他有机黏合剂黏合）	6.41
42	其他材料制男式其他防寒上衣（羊毛或动物细毛制）	20.86	92	未梳的其他脱脂羊毛（未碳化）	6.33
43	细度≥ 67 分特的其他单丝（截面尺寸不超过 1mm，细度 <67 分特的合纤单丝）	20.82	93	排量 >2.5 升装有压燃往复式活塞内燃发动机	6.25
44	其他含油子仁或果实的细粉及粗粉	20.51	94	冻的鸡块和杂碎	6.16
45	未饰的石膏板，片，砖，瓦及类似品	19.80	95	规定重量整张生马皮或生牛皮（指每张，简单干燥≤ 8kg，干盐渍≤ 10kg，鲜或湿盐≤ 16kg）	5.92
46	制作或保藏的坚果及其他子仁	18.57	96	锌废碎料	5.82
47	其他平板轧材制角材、型材、异型材（冷成型或冷加工制的）	18.53	97	冻鲶鱼[（鱼芒）鲶属、鲶属、胡鲶属、真鮰属]	5.80
48	已配剂量含有维生素等的其他药品	17.95	98	已装拼的马赛克地板	5.53
49	其他纺织材料制女式衬衫	17.75	99	摄影测量用仪器及装置	5.24
50	柑橘叶	17.62	100	额定容量≤ 650kVA 液体介质变压器	5.22

数据来源：由联合国商品贸易数据计算整理所得

2005 年 – 2016 年，格鲁吉亚出口比较优势有所变化。从比较优势指数来分析，相对于 2005 年，2016 年格鲁吉亚前 100 名产品的比较优势指数总体有所下降，但降幅较小，比较优势均值从 56.20 下降到 53.29，降幅仅仅为 5.18%。比较优势指数最大值从 565.77，上升到 795.42，增幅为 40.59%，波动较大；最小值从 5.84 下降至 5.22，降幅为 10.62%。虽然整体上格鲁吉亚在国际上具有比较优势的产品竞争力有所减弱，但是减弱的程度并不大，且部分产品的比较优势不减反增，出现了垄断的趋势。

从产品整体结构来看，2005 年与 2016 年排名前 10 的产品种类变化不大，相对比较稳定，硅锰铁、无壳黑醋栗、硝酸铵等产品始终排在前列，具有显著的比较优势。从排名前 10 的具体产品来看，产品比较优势指数变动幅度较大。2005 年排名前

3 的比较优势产品为无壳黑醋栗、硅锰铁、其他同位素及其他化合物，其比较优势指数分别是 565.77、451.30、378.00；2016 年硅锰铁比较优势指数上升到 795.42，排名第一；无壳黑醋栗虽然排名下降到第二，但是其比较优势指数上升到 647.44；其他同位素及其他化合物的比较优势则下降幅度特别大，退出了主要的比较远优势出口产品行列。

（二）格鲁吉亚国出口主导产业分析

1. 出口主导产业测度

出口主导产业是由产业出口额占国家总出口额的比例来衡量的，所占比例越大，表明其在出口中所占地位越重，同时表明，此国生产相应产品的能力越强或拥有相应丰富的资源。由表 GE-3 可知，2005 年格鲁吉亚出口产品占比前 10 位包括小包装的鲜葡萄酿造的酒；其他以钢铁为主的废五金材料；无壳黑醋栗；硅锰铁；中型飞机及其他航空器（中型指 2 吨 < 空载重量 ≤ 15 吨）；铜矿砂及其精矿；硝酸铵、非货币用半制成金（包括镀铂的金）；未加糖及未加味的汽水、矿泉水；其他精制糖等产品。其中小包装的鲜葡萄酿造的酒、其他以钢铁为主的废五金材料、无壳黑醋栗、硅锰铁出口占比都在 8% 左右，具有一定的主导地位。

表 GE-3　2005 年格鲁吉亚出口额排名前 100 产品

单位：万美元、%

排名	产品名称	出口值	占比	排名	产品名称	出口值	占比
1	小包装的鲜葡萄酿造的酒	7765.96	8.97	51	白利糖浓度超过 20 的苹果汁	159.09	0.18
2	其他以钢铁为主的废五金材料	7354.92	8.50	52	其他美容品或化妆品	145.82	0.17
3	无壳黑醋栗	6895.80	7.97	53	锰矿砂及其精矿	141.20	0.16
4	硅锰铁	6729.76	7.78	54	合纤制女式西服套装	139.92	0.16
5	中型飞机及其他航空器（中型指 2 吨 < 空载重量 ≤ 15 吨）	3859.69	4.46	55	重 >16kg 整张生马皮或生牛皮	134.51	0.16
6	铜矿砂及其精矿	3638.63	4.20	56	其他包装鲜葡萄酿造的酒	131.22	0.15
7	硝酸铵	3583.13	4.14	57	其他机械和机械设备	129.87	0.15
8	非货币用半制成金（包括镀铂的金）	3474.27	4.01	58	其他含碳量小于 0.25% 的钢坯	128.19	0.15

续表

排名	产品名称	出口值	占比	排名	产品名称	出口值	占比
9	未加糖及未加味的汽水、矿泉水	3246.00	3.75	59	黑醋栗	125.34	0.14
10	其他精制糖	2971.47	3.43	60	排气量 >4 升带点燃往复式活塞内燃发动机其他车	123.21	0.14
11	蒸馏葡萄酒制得的烈性酒	2522.76	2.91	61	静态转换器	123.10	0.14
12	石油原油	2312.54	2.67	62	铁道及电车道非机车用其他零件	120.57	0.14
13	空载重量 >2 吨的直升机	2244.00	2.59	63	电气等焊接机器及装置零件（包括激光，其他光，光子束，超声波，电子束磁脉冲等）	120.09	0.14
14	加味、加糖或其他甜物质的水	2039.91	2.36	64	其他发动机的专用零件（指品目 8407 或 8408 所列的其他发动机）	120.00	0.14
15	1.5 升 < 排量≤ 3 升装点燃往复式活塞内燃发动机的其他载人车辆	1659.36	1.92	65	洗发剂	118.73	0.14
16	锰铁，按重量计含碳量在 2% 以上	1225.32	1.42	66	包装中的调味绿茶 >3kg	115.78	0.13
17	铜废料和废料	1150.29	1.33	67	未按种类指定的商品	115.45	0.13
18	铝废碎料	1117.83	1.29	68	品目 8428 所列其他机械的零件（升降机，倒卸式起重机，自动梯的零件除外）	114.96	0.13
19	其他凿井机用零件（子目 843041，843049 所列机械的）	1059.37	1.22	69	含烟草或不含烟草代用品的烟草	101.58	0.12
20	山毛榉木厚板材（经纵锯、纵切、刨切或旋切的，厚度超过 6mm）	976.28	1.13	70	溶于非水介质的聚酯油漆及清漆等	94.24	0.11
21	飞机及直升机用其他零件	875.33	1.01	71	由外部交流电驱动的铁道机车	92.50	0.11
22	白水泥，不论是否人工着色	847.33	0.98	72	人体除臭剂及止汗剂	86.37	0.10
23	其他合金钢废碎料	637.22	0.74	73	其他自推进的凿井机械	84.59	0.10

续表

排名	产品名称	出口值	占比	排名	产品名称	出口值	占比
24	其他水凝水泥	606.03	0.70	74	其他连续运货升降、输送机	84.04	0.10
25	柑橘叶	566.26	0.65	75	非针叶树木材，沿其边缘、末端或面部成形	83.38	0.10
26	空载重量不超过 2 吨的直升机	450.50	0.52	76	其他不含可可的糖食	80.62	0.09
27	其他材料制女式裙子及裙裤	427.11	0.49	77	经其他加工的玉米	77.75	0.09
28	不锈钢废碎料	404.11	0.47	78	液化丙烷	75.52	0.09
29	其他贵重金属或贵金属包裹品	397.22	0.46	79	伏特加酒	74.75	0.09
30	装有其他发动机的货车	396.97	0.46	80	其他阀门（用于管道、锅炉、罐、桶或类似品的）	71.56	0.08
31	针叶木厚板材（经纵锯、纵切、刨切或旋切的，厚度超过 6mm）	368.60	0.43	81	其他纺织材料制女式衬衫	71.32	0.08
32	其他同位素及其他化合物	358.04	0.41	82	新鲜或冷藏鱼	71.24	0.08
33	小麦或马尾松种子免耕小麦	348.45	0.40	83	其他蒸馏酒及酒精饮料	70.73	0.08
34	其他已配定剂量的药品	335.89	0.39	84	棉花种子	69.84	0.08
35	飞机和其他飞机的空载重量不超过 2000 公斤	328.34	0.38	85	其他机械零件	68.54	0.08
36	其他硅酸盐水泥	317.99	0.37	86	其他泵；液体电梯	67.68	0.08
37	电力	311.78	0.36	87	柴油型其他小型货车（装有压燃式活塞内燃发动机，小型指车辆总重量 ≤ 5 吨）	67.62	0.08
38	氰化钠、氧氰化钠	304.83	0.35	88	其他医疗，外科，兽医用家具及零件	67.14	0.08
39	非自推进的其他钻探或凿井机械	303.34	0.35	89	香水及花露水	67.13	0.08
40	其他金属家具	300.16	0.35	90	无根插枝及接穗	66.59	0.08
41	巡航船、游览船及各式渡船	273.00	0.32	91	车用汽油、航空汽油	66.22	0.08

续表

排名	产品名称	出口值	占比	排名	产品名称	出口值	占比
42	挖泥船	270.00	0.31	92	其他玉米	64.71	0.07
43	脂肪含量≤ 1.5% 固状乳及奶油（指粉状、粒状或其他固体状态，浓缩，加糖或其他甜物质）	250.68	0.29	93	水果及坚果的细粉、粗粉及粉末	64.56	0.07
44	制作或保藏的坚果及其他子仁	250.24	0.29	94	其他拖拉机	64.09	0.07
45	其他护发品	240.80	0.28	95	其他非自推进截煤机凿岩机（包括非自推隧道掘进机）	62.91	0.07
46	葡萄汽酒	235.72	0.27	96	其他材料制女式长、马、短裤	62.02	0.07
47	威士忌酒	210.63	0.24	97	定型剂	59.20	0.07
48	百里香叶	200.17	0.23	98	锰铁，按重量计含碳量不超过 2%	58.89	0.07
49	包装中的乌龙茶 >3kg	162.03	0.19	99	冶炼钢铁产生的其他熔渣、浮渣及其他废料	58.87	0.07
50	硬粒小麦	160.37	0.19	100	轧有花纹的热轧非卷材（除热轧外未进一步加工，宽≥ 600mm，未包、镀、涂层）	55.71	0.06

数据来源：由联合国商品贸易数据计算整理所得

据表 GE–4 显示，2016 年格鲁吉亚出口产品排在前 10 位的有铜矿砂及其精矿；无壳黑醋栗；硅锰铁；小包装的鲜葡萄酿造的酒；1.5 升 < 排量≤ 3 升装点燃往复式活塞内燃发动机的其他载人车辆；其他已配定剂量的药品；非货币用半制成金（包括镀铂的金）；未加糖及未加味的汽水、矿泉水；蒸馏葡萄酒制得的烈性酒；硝酸铵等。其中铜矿砂及其精矿、无壳黑醋栗、硅锰铁占比较大，特别是铜矿砂及其精矿占比接近 15%，在出口产品中具有明显的主导地位。

表 GE–4　2016 年格鲁吉亚出口额排名前 100 产品

单位：万美元、%

排名	产品名称	出口值	占比	排名	产品名称	出口值	占比
1	铜矿砂及其精矿	31170.33	14.75	51	未锻轧的其他铝合金	496.14	0.23

续表

排名	产品名称	出口值	占比	排名	产品名称	出口值	占比
2	无壳黑醋栗	17297.62	8.18	52	其他贵金属矿砂及其精矿	476.56	0.23
3	硅锰铁	16820.03	7.96	53	导管、插管及类似品	452.61	0.21
4	小包装的鲜葡萄酿造的酒	10903.06	5.16	54	其他连续运货升降、输送机	450.05	0.21
5	1.5 升 < 排量≤ 3 升装点燃往复式活塞内燃发动机的其他载人车辆	8813.94	4.17	55	香水及花露水	424.50	0.20
6	其他已配定剂量的药品	8608.16	4.07	56	鲜笋或冷藏笋	420.00	0.20
7	非货币用半制成金（包括镀铂的金）	8108.28	3.84	57	伏特加酒	410.31	0.19
8	未加糖及未加味的汽水、矿泉水	7943.43	3.76	58	铝废碎料	401.15	0.19
9	蒸馏葡萄酒制得的烈性酒	7268.11	3.44	59	由外部交流电驱动的铁道机车	379.00	0.18
10	硝酸铵	6564.41	3.11	60	其他美容品或化妆品	373.71	0.18
11	排气量 >4 升带点燃往复式活塞内燃发动机其他车	3879.48	1.84	61	其他未混合的水果汁、蔬菜汁	354.27	0.17
12	非改良种用家牛	3657.00	1.73	62	未加香料或着色剂其他甘蔗原糖	354.20	0.17
13	排量 >2.5 升装有压燃往复式活塞内燃发动机	3437.88	1.63	63	葡萄汽酒	344.17	0.16
14	石油原油	3164.10	1.50	64	木制碎料板（不论是否用树脂或其他有机黏合剂黏合）	336.96	0.16
15	其他针织或钩编 T 恤衫、汗衫等	3121.65	1.48	65	品目 8462-63 机器用其他零件	324.40	0.15
16	未按种类指定的商品	2233.00	1.06	66	其他石油或天然气钢铁管道	317.96	0.15
17	电力	2232.93	1.06	67	人血、其他毒素等 [包括培养微生物（不包括酵母）及类似产品]	315.81	0.15
18	锰矿砂及其精矿	1985.34	0.94	68	兽用疫苗	303.77	0.14
19	铁或非合金钢的热加工条、杆（带有轧制过程中产生变形，热加工指热轧、热拉拔或热挤压）	1815.86	0.86	69	1 升 < 排量≤ 1.5 升带点燃往复式活塞内燃发动机其他车	299.31	0.14
20	不适于供人食用的水产品渣粉	1518.04	0.72	70	80930	281.63	0.13
21	铜废料和废料	1443.48	0.68	71	未饰的石膏板，片，砖，瓦及类似品	280.79	0.13

续表

排名	产品名称	出口值	占比	排名	产品名称	出口值	占比
22	机动小客车用新的充气轮胎	1299.96	0.62	72	已配剂量含有其他生物碱等的药品	273.74	0.13
23	宽度小于厚度两倍的矩形截面钢坯（含碳量小于 0.25%）	1253.13	0.59	73	鲜或冷鳀鱼（鳀属）	270.52	0.13
24	加味、加糖或其他甜物质的水	1165.50	0.55	74	卫生巾（护垫）及止血塞	261.86	0.12
25	山毛榉木厚板材（经纵锯、纵切、刨切或旋切的，厚度超过 6mm）	1109.67	0.52	75	其他贵重金属或贵金属包裹品	249.38	0.12
26	提炼豆油所得的油饼和其他固体残渣	1090.36	0.52	76	化学纤维制女式衬衫	249.32	0.12
27	威士忌酒	1087.34	0.51	77	其他固定植物油、脂及其分离品	248.78	0.12
28	柑橘叶	1087.22	0.51	78	小麦或混合麦的细粉	245.89	0.12
29	已配剂量含有维生素等的其他药品	1039.44	0.49	79	生石灰	243.96	0.12
30	烟草制的卷烟	1037.85	0.49	80	交换机和路由器	243.86	0.12
31	绵羊	1019.46	0.48	81	塑料制坛，瓶及类似品	236.95	0.11
32	制作或保藏的坚果及其他子仁	1008.12	0.48	82	其他医疗、外科或兽医用仪器器具	229.14	0.11
33	氰化钠、氧氰化钠	1000.18	0.47	83	1.5< 排量≤ 2.5 升装有压燃往复式活塞内燃发动机	227.37	0.11
34	合纤制针织或钩编男裤（包括马裤、短裤及其他长裤）	986.34	0.47	84	其他木厚板材（经纵锯、纵切、刨切或旋切的，厚度超过 6mm）	226.94	0.11
35	冻的鸡块和杂碎	965.56	0.46	85	塑料制家具、车厢及类似品的附件	226.86	0.11
36	未锻轧铝合金	828.16	0.39	86	其他纺织材料制女式衬衫	226.14	0.11
37	石油油和油脂	816.56	0.39	87	新鲜或冷藏西红柿	225.48	0.11
38	其他木制品	815.45	0.39	88	细度≥ 67 分特的其他单丝（截面尺寸不超过 1mm，细度 <67 分特的合纤单丝）	224.45	0.11
39	棉制针织或钩编 T 恤衫、汗衫等	764.19	0.36	89	鲜或干的植物种子或果实（作香料、药料、杀虫、杀菌等类似用途）	222.92	0.11

续表

排名	产品名称	出口值	占比	排名	产品名称	出口值	占比
40	其他香料	759.10	0.36	90	抗血清、其他血液成分和免疫产物	221.74	0.10
41	已配剂量含有其他抗菌素的药品	745.86	0.35	91	功率 >5000kW 的其他燃气轮机	219.39	0.10
42	水果及坚果的细粉、粗粉及粉末	714.82	0.34	92	全粒面未剖层或粒面剖层湿牛皮（包括蓝湿牛皮，经鞣制不带毛）	213.78	0.10
43	其他客或货车用新充气橡胶轮胎	632.92	0.30	93	鲜或冷藏的带骨绵羊肉	205.69	0.10
44	冻大西洋鲑鱼及多瑙哲罗鱼	619.09	0.29	94	含其他贵金属或贵金属化合物废碎料（主要用于回收贵金属）	203.73	0.10
45	其他鱼油、脂及其分离品	595.87	0.28	95	利口酒及柯迪尔酒	199.75	0.09
46	其他材料制女大衣（含短大衣、斗篷、短斗篷）	569.19	0.27	96	新鲜或冷藏的其他马铃薯	194.99	0.09
47	黑醋栗	561.47	0.27	97	蜂窝网络或其他无线网络的电话机	192.25	0.09
48	其他锰的氧化物	556.20	0.26	98	供吸用的水烟料	182.82	0.09
49	其他玻璃器皿	533.46	0.25	99	榴莲	182.57	0.09
50	柴油型其他小型货车（装有压燃式活塞内燃发动机，小型指车辆总重量≤ 5 吨）	520.14	0.25	100	其他编号未列名的食品	178.48	0.08

对比分析 2005 年和 2016 年的出口主导产品，从集中度来看，2005 年，排名前 5 的主导产品出口额度为 3.26 亿美元，占比为 37.68%；排名前 10 的出口主导产品出口总额为 4.95 亿美元，占比为 57.22%。2016 年，排名前 5 的主导产品出口额为 8.50 亿美元，占比为 40.22%；前 10 出口主导产品出口总额达到 12.35 亿美元，占比为 58.43%。相比于 2005 年，2016 年格鲁吉亚前 5、前 10 主导产品的出口额度和产品集中度都有所提升。其中，排名第一的小包装鲜葡萄酿造的酒虽然所占比例从 2005 年第一的 8.97% 下降到 2016 年第四的 5.16%，但是出口额从 2005 年的 0.77 亿美元增加到了 2016 年的 1.09 亿美元，增长率为 41.56%。2016 年排名第一的铜矿砂及其精矿在 2005 年排名第六，出口额度仅为 0.36 亿美元，占比为 4.20%；但是在 2016 年出口额度达到了 3.11 亿美元，占比达到 14.75%，具有显著的出口主导地位。从出口主导产品分类来看，2005 年与 2016 年，格鲁吉亚出口主导产业变动幅度较小，具

有一致性，主要出口矿物原材料、化工产品、红酒产品等；而从格鲁吉亚自身的资源禀赋来看，矿产资源十分丰富，由此可以看出，格鲁吉亚主要出口资源型产品。

2. 出口主导产业与比较优势产业的一致性分析

表 GE-5 为 2016 年格鲁吉亚排名前 10 的比较优势产品及出口主导产品，对比发现，格鲁吉亚主要具有比较优势的出口产品和主要出口主导产品具有较高的一致性，两者都包括硅锰铁、无壳黑醋栗、硝酸铵等主要产品。

表 GE-5　2016 年格鲁吉亚排名前 10 比较优势产品及出口主导产品

单位：%

排名	产品名称	RCA	排名	出口主导产业名称	占比
1	硅锰铁	795.42	1	铜矿砂及其精矿	14.75
2	无壳黑醋栗	647.44	2	无壳黑醋栗	8.18
3	黑醋栗	317.77	3	硅锰铁	7.96
4	其他锰的氧化物	303.13	4	小包装的鲜葡萄酿造的酒	5.16
5	鲜或冷鳀鱼（鳀属）	295.02	5	1.5 升 < 排量≤ 3 升装点燃往复式活塞内燃发动机的其他载人车辆	4.17
6	硝酸铵	279.11	6	其他已配定剂量的药品	4.07
7	未加糖及未加味的汽水、矿泉水	231.72	7	非货币用半制成金（包括镀铂的金）	3.84
8	水果及坚果的细粉、粗粉及粉末	150.71	8	未加糖及未加味的汽水、矿泉水	3.76
9	其他材料制女大衣（含短大衣、斗篷、短斗篷）	147.00	9	蒸馏葡萄酒制得的烈性酒	3.44
10	氰化钠、氧氰化钠	113.87	10	硝酸铵	3.11

数据来源：由联合国商品贸易数据计算整理所得

（三）格鲁吉亚出口比较优势变化分析

1. 描述性分析

依据表 GE-1 及表 GE-2，对比分析 2005 年及 2016 年格鲁吉亚比较优势指数排名前 100 产业，我们可以得出以下信息：

第一，相对于 2005 年，2016 年格鲁吉亚前 100 名产品的比较优势均值从 56.20 下降到 53.29，下降约为 5.18%，降幅较小。根据比较优势前 100 的均值的变化可以看出格鲁吉亚整体的比较优势有所减弱，但是减弱程度不高；但值得注意的是，格鲁吉亚部分商品的比较优势反而在 2016 年大幅提高。

第二，格鲁吉亚具有比较优势的产品数量有所上升，但上升幅度不大。2005年，比较优势指数大于1的产品共有248类，大于2.5的产品共有156类；而2016年，比较优势指数大于1的产业有269类，大于2.5的产品共有166类；从这个角度来看格鲁吉亚的比较优势呈现上升的趋势。

第三，2005年与2016年排名前10的产品种类变化不大，相对比较稳定，但是从具体产品来看，产品比较优势指数变动幅度较大。2005年排名前3的比较优势产品为无壳黑醋栗、硅锰铁、其他同位素及其他化合物，其比较优势指数分别是565.77、451.30、378.00；2016年硅锰铁比较优势指数上升到795.42，排名第一；无壳黑醋栗虽然排名下降到第二，但是其比较优势指数上升到647.44；其他同位素及其他化合物的比较优势则下降幅度特别大，退出了主要的比较优势出口产品行列。

2. 回归分析

将2016年格鲁吉亚产业比较优势指数作为被解释变量，把2005年格鲁吉亚产业比较优势指数作为解释变量，对其进行回归分析。若回归系数>1，则表明格鲁吉亚更加强化了具有比较优势的产业，弱化了不具有比较优势的产业；若0<回归系数<1，则表明具有比较优势的产业弱化了；若回归系数<0，则表明格鲁吉亚比较优势的产业发生了质变。使用最小二乘法对其进行回归，得出结果如表GE-6所示。从表中可以看出，回归系数为1.137197，大于1，因此说明相对于2005年，事实上2016年格鲁吉亚具有比较优势的产业其比较优势得到了强化。

表GE-6　回归结果

变量	Coef.	Std. Err.	t	P>|t|
2005比较优势指数	1.137197	0.033686	33.75869	0.0000
常数项	-10.71116	3.800068	-2.818676	0.0058
	R^2 = 0.921562		F-statistics =1139.649	

（四）格鲁吉亚进口需求及其变化分析

表GE-7表示2005年印度进口额排名前100产品。从表中可以看出，排名前10的进口产品有车用汽油、航空汽油；石油油和油脂；1.5升<排量≤3升装点燃往复式活塞内燃发动机的其他载人车辆；气态天然气；其他已配定剂量的药品；功率>5000kW的其他燃气轮机；不含添加调味料或色素的生甘蔗糖；小麦或混合麦的细粉；未按种类指定的商品；电力等。其中，车用汽油，航空，汽油进口额度最高，为1.71亿美元，占比位6.86%；其次是石油油和油脂，进口额度为1.65亿美元，占比6.64%。从格鲁吉亚进口前100名产品种类来看，主要为能源、各类发动机、医药产品、农业食品等。从格鲁吉亚进口前100名产品的结构来看，进口产品排名前5的额度为6.51亿美元，占比为26.16%；排名前10的额度为8.82亿美元，占比35.42%，因此可以看出格鲁吉亚进口产品具有相对集中性。

表GE-7　2005年格鲁吉亚进口额排名前100产品

单位：万美元、%

排名	产品名称	进口值	占比	排名	产品名称	进口值	占比
1	车用汽油、航空汽油	17092.84	6.86	51	其他木家具	626.02	0.25
2	石油油和油脂	16535.77	6.64	52	其他护发品	625.95	0.25
3	1.5升<排量≤3升装点燃往复式活塞内燃发动机的其他载人车辆	14609.92	5.87	53	其他夹心块状或条状的含可可食品	587.00	0.24
4	气态天然气	8640.76	3.47	54	人用疫苗	572.10	0.23
5	其他已配定剂量的药品	8260.84	3.32	55	柴油型其他小型货车（装有压燃式活塞内燃发动机，小型指车辆总重量≤5吨）	545.68	0.22
6	功率>5000kW的其他燃气轮机	5207.75	2.09	56	脂肪含量≤1.5%固状乳及奶油（指粉状、粒状或其他固体状态，浓缩，加糖或其他甜物质）	536.01	0.22
7	不含添加调味料或色素的生甘蔗糖	5010.37	2.01	57	麦芽酿造的啤酒	525.74	0.21
8	小麦或混合麦的细粉	4533.58	1.82	58	其他美容品或化妆品	516.90	0.21
9	未按种类指定的商品	4307.10	1.73	59	用含动物肉、血成分制成的香肠及类似产品	506.70	0.20
10	电力	3991.26	1.60	60	非零售包装有机表面活性剂制品	505.98	0.20
11	小麦或马尾松种子免耕小麦	3520.47	1.41	61	压燃式活塞内燃发动机的客车	505.83	0.20
12	中型飞机及其他航空器（中型指2吨<空载重量≤15吨）	3298.22	1.32	62	其他活动房屋	505.58	0.20
13	其他精制糖	2792.03	1.12	63	数字程控交换系统的组成部分	499.20	0.20
14	电视卫星地面站	2391.64	0.96	64	人造黄油	496.57	0.20
15	排气量>4升带点燃往复式活塞内燃发动机其他车	2185.31	0.88	65	旧衣物	479.12	0.19

续表

排名	产品名称	进口值	占比	排名	产品名称	进口值	占比
16	其他特殊用途的机动车辆	2057.04	0.83	66	未焙制麦芽	477.68	0.19
17	精制的葵花油和红花油及其分离品	1969.47	0.79	67	蒸馏葡萄酒制得的烈性酒	464.30	0.19
18	其他巧克力及含可可的食品	1608.92	0.65	68	空载重量不超过 2 吨的直升机	457.05	0.18
19	其他玻璃器皿	1599.05	0.64	69	其他电力控制或分配的装置（电压不超过 1000 伏的线路）	449.78	0.18
20	彩色卫星电视接收机	1536.85	0.62	70	其他面包，糕点，饼干及烘焙糕饼	449.67	0.18
21	焦炭或半焦炭、甑炭	1457.92	0.59	71	1.5< 排量≤ 2.5 升装有压燃往复式活塞内燃发动机	444.10	0.18
22	烟草制的卷烟	1430.77	0.57	72	其他零件和附件	438.88	0.18
23	铁或非合金钢的热加工条、杆（带有轧制过程中产生变形，热加工指热轧、热拉拔或热挤压）	1372.00	0.55	73	圆截面直径 <14mm 的其他热轧盘条（不带有轧制过程中产生的变形）	438.78	0.18
24	婴儿用卫生巾和卫生棉条、餐巾纸和餐巾纸，类似卫生用品	1307.98	0.53	74	香水及花露水	438.53	0.18
25	石油沥青	1162.50	0.47	75	孵蛋	432.65	0.17
26	冻的鸡块和杂碎	1046.28	0.42	76	其他导航仪器及装置	429.41	0.17
27	其他钢铁结构体及部件（包括结构体用的已加工钢板、型材、管子及类似品）	1017.45	0.41	77	洗发剂	426.42	0.17
28	装有其他发动机的货车	1007.58	0.40	78	缆车、座式升降机等用牵引装置（包括滑雪拉索）	405.97	0.16
29	计算机用终端（输入或输出部件，不论是否在同一机壳内有存储部件）	998.38	0.40	79	其他调味品	405.64	0.16
30	硬粒小麦	992.54	0.40	80	静态转换器	402.38	0.16
31	其他医疗、外科或兽医用仪器器具	946.66	0.38	81	其他编号未列名的食品	388.19	0.16
32	生产食品、饮料用混合香料及制品	932.78	0.37	82	供婴幼儿食用的零售包装配方奶粉	387.40	0.16
33	塑料制坛，瓶及类似品	926.46	0.37	83	蒸汽锅炉及过热水锅炉的零件	384.72	0.15

续表

排名	产品名称	进口值	占比	排名	产品名称	进口值	占比
34	上釉的大陶瓷砖，瓦，块及类似品	917.34	0.37	84	1 升 < 排量≤ 1.5 升带点燃往复式活塞内燃发动机其他车	383.98	0.15
35	其他机械零件	891.36	0.36	85	甜饼干	380.96	0.15
36	其他硅酸盐水泥	879.53	0.35	86	液体或气体的测量或检验仪器零件	378.11	0.15
37	无连接器电缆	874.24	0.35	87	初级形状的聚对苯二甲酸乙二酯	375.58	0.15
38	机动小客车用新的充气轮胎	840.24	0.34	88	烘焙咖啡，不含咖啡因	374.57	0.15
39	品目 8426、8429、8430 的其他零件	836.20	0.34	89	干衣量≤ 10kg 的全自动洗衣机	374.31	0.15
40	其他凿井机用零件（子目 843041，843049 所列机械的）	818.20	0.33	90	其他电动机、发电机（组）零件	374.01	0.15
41	品目 8471 所列其他机器零附件	815.37	0.33	91	压缩式家用型冷藏箱	367.36	0.15
42	含烟草或不含烟草代用品的烟草	801.15	0.32	92	其他电灯和照明配件	363.09	0.15
43	其他阀门（用于管道、锅炉、罐、桶或类似品的）	764.19	0.31	93	浓缩并已加糖的非固状乳及奶油（加其他甜物质）	358.83	0.14
44	空载重量 >2 吨的直升机	757.00	0.30	94	白水泥，不论是否人工着色	357.14	0.14
45	其他不含可可的糖食	734.55	0.30	95	其他木材	352.65	0.14
46	黄油	733.09	0.29	96	零售用杀菌剂	347.51	0.14
47	其他客或货车用新充气橡胶轮胎	720.20	0.29	97	半挂车用的公路牵引车	346.59	0.14
48	其他电视接收机零件	718.70	0.29	98	饮料及液体食品灌装设备	346.03	0.14
49	飞机及直升机用其他零件	674.85	0.27	99	其他非自推进截煤机凿岩机（包括非自推隧道掘进机）	343.02	0.14
50	零售包装有机表面活性剂制品	635.61	0.26	100	液化丁烷	340.82	0.14

数据来源：由联合国商品贸易数据计算整理所得

表 GE-8 表示 2016 年印度进口额排名前 100 产品。从表中可以看出，排名前 10 的进口产品有石油油和油脂、气态天然气、轻油及制品，不含生物柴油、铜矿砂及其精矿、其他已配定剂量的药品、1.5 升 < 排量≤ 3 升装点燃往复式活塞内燃发动机的其他载人车辆、蜂窝网络或其他无线网络的电话机、烟草制的卷烟、排气量 >4 升带点燃往复式活塞内燃发动机其他车、其他小麦及混合麦等。其中，石油油和油脂进口额度最高，为3.42亿美元，占比位4.72%；其次是气态天然气，进口额度为3.14亿美元，占比4.34%，第三是轻油及制品，不含生物柴油，进口额度为2.77亿美元，占比3.83%。从格鲁吉亚进口前100名产品种类来看，主要为能源及其制品、矿物原料、各类发动机、医药产品、化工产品、农业食品等等。从格鲁吉亚进口前100名产品的结构来看，进口产品排名前5的额度为14.10亿美元，占比为19.49%；排名前10的额度为20.24亿美元，占比27.98%，因此可以看出格鲁吉亚进口产品具有相对集中性，但是集中度并不是很高。

表 GE-8　2016 年格鲁吉亚进口额排名前 100 产品

单位：万美元、%

排名	产品名称	进口值	占比	排名	产品名称	进口值	占比
1	石油油和油脂	34175.36	4.72	51	缆车、座式升降机等用牵引装置（包括滑雪拉索）	2053.05	0.28
2	气态天然气	31369.23	4.34	52	氯乙烯聚合物制单丝、条、杆及型材	2039.27	0.28
3	轻油及制品，不含生物柴油	27699.37	3.83	53	干衣量≤ 10kg 的全自动洗衣机	2029.78	0.28
4	铜矿砂及其精矿	24853.53	3.43	54	旧衣物	2029.36	0.28
5	其他已配定剂量的药品	22901.37	3.17	55	镀锌的其他形铁或非合金钢宽板材（电镀锌的除外，宽≥ 600mm）	2001.64	0.28
6	1.5 升 < 排量≤ 3 升装点燃往复式活塞内燃发动机的其他载人车辆	20923.25	2.89	56	其他冻藏猪肉	2000.38	0.28
7	蜂窝网络或其他无线网络的电话机	12004.22	1.66	57	其他医疗、外科或兽医用仪器器具	1893.46	0.26
8	烟草制的卷烟	10140.40	1.40	58	香水及花露水	1887.71	0.26
9	排气量 >4 升带点燃往复式活塞内燃发动机其他车	10115.01	1.40	59	额定容量≥ 10000kVA 液体变压器	1886.25	0.26
10	其他小麦及混合麦	8264.71	1.14	60	其他硅酸盐水泥	1865.92	0.26
11	排量 >2.5 升装有压燃往复式活塞内燃发动机	7210.48	1.00	61	其他不含可可的糖食	1770.60	0.24
12	其他钢铁结构体及部件（包括结构体用的已加工钢板、型材、管子及类似品）	6721.87	0.93	62	非公路用货运自卸车	1766.53	0.24

续表

排名	产品名称	进口值	占比	排名	产品名称	进口值	占比
13	1升＜排量≤1.5升带点燃往复式活塞内燃发动机其他车	6112.78	0.84	63	提炼豆油所得的油饼和其他固体残渣	1714.03	0.24
14	其他阀门（用于管道、锅炉、罐、桶或类似品的）	6039.62	0.83	64	其他美容品或化妆品	1709.32	0.24
15	铁或非合金钢的热加工条、杆（带有轧制过程中产生变形，热加工指热轧、热拉拔或热挤压）	5103.07	0.71	65	其他木家具	1672.36	0.23
16	卫生巾（护垫）及止血塞	4597.17	0.64	66	黄油	1653.27	0.23
17	冻的鸡块和杂碎	4511.55	0.62	67	涂漆或涂塑的铁或非合金钢宽板材（宽度≥600mm）	1641.18	0.23
18	其他电压不超过1000伏的电导体	4230.41	0.58	68	热交换装置	1636.13	0.23
19	上釉的大陶瓷砖，瓦，块及类似品	4151.19	0.57	69	挖掘机（上部结构可转360度的）	1624.74	0.22
20	其他精制糖	4050.27	0.56	70	三轮车、踏板车、踏板汽车和类似的带轮玩具；玩偶车	1596.38	0.22
21	精制的葵花油和红花油及其分离品	3899.84	0.54	71	独立窗式或壁式空气调节器	1516.20	0.21
22	零售包装有机表面活性剂制品	3590.89	0.50	72	酒精浓度在80%及以上的未改性乙醇	1514.80	0.21
23	便携式自动数据处理设备（重量≤10千克，至少由一个中央处理器、键盘和显示器组成）	3333.31	0.46	73	生产食品、饮料用混合香料及制品	1508.55	0.21
24	其他颜色的电视接收机	3237.56	0.45	74	其他配制的动物饲料	1497.42	0.21
25	其他钢铁制品	3212.46	0.44	75	空调的零件	1497.28	0.21
26	柴油型其他小型货车（装有压燃式活塞内燃发动机，小型指车辆总重量≤5吨）	3166.31	0.44	76	脂肪含量≤1.5%固状乳及奶油（指粉状、粒状或其他固体状态，浓缩，加糖或其他甜物质）	1490.52	0.21
27	其他巧克力及含可可的食品	3106.66	0.43	77	初级形状比重≥0.94的聚乙烯	1483.65	0.21
28	交换机和路由器	3102.79	0.43	78	用特定支付方式工作的其他游戏用品，保龄球道设备除外	1472.49	0.20

续表

排名	产品名称	进口值	占比	排名	产品名称	进口值	占比
29	石油沥青	3088.28	0.43	79	集中供暖用的热水锅炉（但集中供暖锅炉除外）	1442.50	0.20
30	未按种类指定的商品	3010.81	0.42	80	新鲜或干燥海枣	1429.03	0.20
31	其他电力控制或分配的装置（电压不超过1000伏的线路）	2854.04	0.39	81	钢铁制塔楼及格构杆	1418.36	0.20
32	压缩机进、排气阀片零件	2843.79	0.39	82	冷藏－冷冻组合机（各自装有单独外门的）	1411.33	0.20
33	1.5<排量≤2.5升装有压燃往复式活塞内燃发动机	2796.01	0.39	83	半挂车用的公路牵引车	1400.81	0.19
34	其他编号未列名的食品	2715.81	0.38	84	自动数据处理设备及其部件（不论是否在同一机壳内有一或两个存储，输入或输出部件）	1370.42	0.19
35	煤气、乙炔等气体发生器的零件	2598.60	0.36	85	其他护发品	1358.51	0.19
36	机动小客车用新的充气轮胎	2592.78	0.36	86	棉质男式短裤	1346.07	0.19
37	其他涡轮喷气机、涡轮螺旋桨和燃气轮机	2539.70	0.35	87	测量、检验液体流量或液位的仪器	1314.24	0.18
38	焦炭或半焦炭、甑炭	2474.29	0.34	88	已配剂量含有其他抗菌素的药品	1285.83	0.18
39	未加香料或着色剂其他甘蔗原糖	2459.49	0.34	89	非不锈钢焊缝石油及天然气管道管	1281.12	0.18
40	饮料及液体食品灌装设备	2372.15	0.33	90	其他面包，糕点，饼干及烘焙糕饼	1275.64	0.18
41	其他客或货车用新充气橡胶轮胎	2290.27	0.32	91	塑料制坛，瓶及类似品	1268.57	0.18
42	其他塑料及橡胶制鞋面的其他鞋靴	2284.28	0.32	92	其他电力控制或分配的装置（电压超过1000伏的线路）	1258.30	0.17
43	由外电力驱动铁道用机动客，货车（包括电车道用的，但品目8604的货品除外）	2259.45	0.31	93	枝形吊灯（包括天花板或墙壁上的照明装置，但露天或街道上的除外）	1255.50	0.17
44	其他空气泵、气体压缩机及通风罩	2256.03	0.31	94	其他调味品	1251.04	0.17
45	纺织材料制未列名制品	2247.53	0.31	95	人造黄油	1250.22	0.17

续表

排名	产品名称	进口值	占比	排名	产品名称	进口值	占比
46	木制碎料板（不论是否用树脂或其他有机黏合剂黏合）	2202.81	0.30	96	抗血清、其他血液成分和免疫产物	1249.39	0.17
47	电力	2164.58	0.30	97	冻的整只鸡	1219.15	0.17
48	其他塑料制品	2160.39	0.30	98	其他电热炉（包括电热板、加热环、烧烤炉及烘烤器）	1200.61	0.17
49	矩形或正方形截面的其他焊缝管	2105.71	0.29	99	生石膏，硬石膏	1196.67	0.17
50	其他玻璃器皿	2094.53	0.29	100	装软垫的木框架的坐具	1184.78	0.16

数据来源：由联合国商品贸易数据计算整理所得

对比 2005 年及 2016 年格鲁吉亚排名前 10 的进口产品发现，种类变动幅度较小。在具体商品上，石油油和油脂、1.5 升 < 排量≤ 3 升装点燃往复式活塞内燃发动机的其他载人车辆、气态天然气、其他已配定剂量的药品等产品仍然是主要进口需求。从进口产品的集中度来看，2005 年格鲁吉亚进口前 100 名产品中排名前 5 的额度为 6.51 亿美元，占比为 26.16%；排名前 10 的额度为 8.82 亿美元，占比 35.42%；2016 年，格鲁吉亚进口前 100 名产品中排名前 5 的额度为 14.10 亿美元，占比为 19.49%；排名前 10 的额度为 20.24 亿美元，占比 27.98%。虽然 2016 年进口额度有所上升，但是可以看出格鲁吉亚进口产品的集中性有所下降，进口产品占比差距在逐渐缩小。不过以石油油和油脂、气态天然气等产品为代表的能源货物仍然在格鲁吉亚的进口货物总额中占据着主导地位。从格鲁吉亚进口前 100 名产品分类来看，2005 年与 2016 年，格鲁吉亚进口产业变动幅度较小，具有一致性。主要进口的大类产品包括能源及其制品、矿物原材料、有机化学品、农产品、药物、机器机械器具及其零件等。

六、摩尔多瓦出口比较优势分析与进口需求研究

（一）摩尔多瓦出口比较优势分析

表MD-1显示了2005年摩尔多瓦出口比较优势指数（RCA）排名前100的产品。整体上，2005年摩尔多瓦出口产品比较优势排名前100位的指数都大于2.5，这说明这100种产品相对于其他产品在出口贸易中具有显著的竞争优势。2005年比较优势排名前10的产品包括：其他酿酒葡萄汁；规定重量整张生马皮或生牛皮（指每张，简单干燥≤8kg，干盐渍≤10kg，鲜或湿盐≤16kg）；无壳核桃；铁路和索道绝缘或冷藏货车和货车，非自走式、非卸车式货车；其他熟石膏；制成的羊毛起绒地毯及铺地制品（包括动物细毛制，未簇绒或未植绒）；精制的葵花油和红花油及其分离品；未加香料或着色剂的甜菜原糖；非用醋制作的未冷冻豌豆；其他包装鲜葡萄酿造的酒等。其中其他酿酒葡萄汁的比较优势指数达到了4666.107，在国际贸易中具有一定的垄断定位。从产品整体的类别来看，酒类、畜牧制品、农作物及其制品等具有明显的比较优势。

表MD-1 2005年摩尔多瓦比较优势指数排名前100产品

排名	产品	RCA	排名	产品	RCA
1	其他酿酒葡萄汁	4666.11	51	未去梗的烟草	34.31
2	规定重量整张生马皮或生牛皮（指每张，简单干燥≤8kg，干盐渍≤10kg，鲜或湿盐≤16kg）	607.83	52	毛毡或非织造布，羊毛或动物细毛的服装	33.90
3	无壳核桃	542.81	53	烹煮的果子均化食品	32.00
4	铁路和索道绝缘或冷藏货车和货车，非自走式、非卸车式货车	405.78	54	大麦种子	31.84
5	其他熟石膏	279.18	55	棉制女式大衣、斗篷及类似品（包括短大衣、短斗篷）	31.46

续表

排名	产品	RCA	排名	产品	RCA
6	制成的羊毛起绒地毯及铺地制品（包括动物细毛制，未簇绒或未植绒）	230.83	56	葡萄酒渣、粗酒石	28.74
7	精制的葵花油和红花油及其分离品	192.58	57	其他提取的油树脂	28.44
8	未加香料或着色剂的甜菜原糖	180.45	58	其他玻璃器皿	28.15
9	非用醋制作的未冷冻豌豆	175.18	59	其他烹煮的果酱、果冻	27.61
10	其他包装鲜葡萄酿造的酒	169.84	60	甜菜渣、甘蔗渣及类似残渣	27.11
11	石棉纸、纸板和毛毡	150.96	61	其他能作床用的两用椅	27.09
12	葵花子	131.31	62	额定容量≤ 650kVA 液体介质变压器	26.95
13	白利糖浓度超过 20 的苹果汁	129.79	63	其他皮革或和成本皮革制面的其他鞋靴	26.83
14	小包装的鲜葡萄酿造的酒	126.57	64	剃刀零件	26.77
15	番茄汁	120.21	65	其他人纤制针织或钩编连衣裙	26.70
16	化纤制针织或钩编长衬裙及衬裙	119.89	66	毛制针织或钩编男式上衣	25.97
17	葵花子油渣饼及固体残渣	112.58	67	强韧箱纸板（再生挂面纸板）（成卷或成张的及未经涂布，每平方米重≤ 150g）	25.65
18	针织或钩编的人造纤维浴衣、男式长袍及类似制品	92.25	68	苯甲醛	25.45
19	生石膏，硬石膏	86.31	69	非用醋制作的未冷冻均化蔬菜	25.44
20	蒸馏葡萄酒制得的烈性酒	76.72	70	新鲜樱桃	25.06
21	初榨的葵花油和红花油	72.70	71	葡萄汽酒	24.46
22	非用醋制作的樱桃	69.48	72	81340	24.21
23	干梅干	69.32	73	白利糖浓度不超过 20 的苹果汁	22.83
24	合纤制男式西服套装	69.03	74	新鲜的李子	22.34
25	用醋或醋酸制作的黄瓜及小黄瓜	68.33	75	暂时保存的樱桃，不宜立即食用	21.77
26	干衣量≤ 10kg 的其他洗衣机	65.80	76	安全剃刀片（包括未分开的刀片条）	21.64
27	制成的化纤起绒地毯及铺地制品（未簇绒或未植绒）	63.99	77	其他合成纤维制男式上衣	21.44
28	种用玉米	63.36	78	强韧箱纸板（再生挂面纸板）	21.41
29	毛制女式大衣、斗篷及类似品等（包括短大衣、短斗篷，羊毛或动物细毛制）	61.48	79	混合蔬菜汁、水果与蔬菜的混合汁	21.13
30	化纤制女大衣、斗篷及类似品（含短大衣、短斗篷）	56.99	80	干豌豆壳	20.54

续表

排名	产品	RCA	排名	产品	RCA
31	新鲜苹果	55.06	81	活、鲜、冷、冻、干、盐腌或盐渍的蜗牛及螺，海螺除外	19.92
32	薰衣草精油	55.03	82	孵蛋	19.66
33	冻藏的整头及半头绵羊肉	53.60	83	其他鞋面及其零件	19.50
34	按重量计氟化钙含量≤ 97% 的萤石	50.28	84	人造制长衬裙及衬裙	19.02
35	苹果干	48.95	85	合成纤维制其他女式裙子及裙裤	18.99
36	用枝条或其他植物材料捆扎成的帚	46.80	86	其他化纤制其他针织或钩编女浴衣、晨衣等	18.86
37	全粒面未剖层非整张革（经鞣制或半硝后进一步加工，羊皮纸化处理）	43.62	87	粗梳羊毛	18.49
38	化纤制男式大衣、斗篷及类似品（包括短大衣、短斗篷）	43.10	88	毛制男式短裤（羊毛或动物细毛制）	17.93
39	非零售纯聚丙烯腈短纤多股纱线（包括缆线，纯指按重量计聚丙烯腈或其变性短纤含量≥ 85%）	42.59	89	合纤制女式长、马、短裤	17.75
40	其他糖蜜	41.89	90	其他纺织材料制女式长衬裙及衬裙	17.72
41	用醋制作的其他果、菜及食用植物	40.42	91	毛制男式西服套装	17.59
42	以钢纸或纸板作面的衣箱等（包括提箱，小手袋，公文箱，公文包，书包及类似容器）	40.30	92	圆截面直径 <14mm 的其他热轧盘条（不带有轧制过程中产生的变形）	17.56
43	棉制针织或钩编男裤等（包括马裤、短裤及其他长裤）	39.92	93	用石棉或轧辊连接的压缩石棉纤维	17.49
44	播种机、种植机及移植机	38.32	94	糖甜菜子	17.37
45	以其他材料贴面加强的未饰石膏板	38.09	95	剃刀	17.15
46	灯碳棒，电池碳棒及其他石墨制品（不论是否带金属）	37.66	96	小型载人机动车辆车身（含驾驶室）（品目 8703 所列车辆用）	16.79
47	小包装的味美思酒及类似酒	37.46	97	棉制男式上衣	16.55
48	非用醋制作的其他整个或切片番茄	36.67	98	棉制针织钩编婴儿服装及衣着附件	16.51
49	非用醋制作的未冷冻甜玉米	36.54	99	非用醋制作的杏	16.14
50	塑料制纽扣（未用纺织材料包裹的）	35.12	100	成卷或成张的复合纸及纸板（未经表面涂布或未浸渍，不论内层是否有加强材料）	15.77

数据来源：由联合国商品贸易数据计算整理所得

表 MD-2 显示，2016 年，摩尔多瓦比较优势排名前 100 出口产品的指数依旧均大于 2.5，即这些产品在出口贸易中更具竞争优势。其中排名前 10 的产品包括葵花子、无壳核桃、冻藏的整头及半头牛肉、同轴电缆及其他同轴电导体、非用醋制作的未冷冻豌豆、白利糖浓度超过 20 的苹果汁、制成的羊毛起绒地毯及铺地制品（包括动物细毛制，未簇绒或未植绒）、冻藏的整头及半头绵羊肉、其他包装鲜葡萄酿造的酒、葵花子油渣饼及固体残渣。其中，指数排名前 3 位的产品，葵花子、无壳核桃、冻藏的整头及半头牛肉的比较优势指数分别达到了 411.91、371.18、364.60，在国际贸易中具有一定的垄断地位。从产品种类上看，2016 年摩尔多瓦出口的农作物及其制品、畜牧产品、酒类等具有显著的比较优势。

表 MD-2　2016 年摩尔多瓦比较优势指数排名前 100 产品

排名	产品	RCA	排名	产品	RCA
1	葵花子	411.91	51	其他座具的零件	23.70
2	无壳核桃	371.18	52	其他材料制非针织非钩编装饰品	23.00
3	冻藏的整头及半头牛肉	364.60	53	毛制女式其他防寒上衣（羊毛或动物细毛制）	22.20
4	同轴电缆及其他同轴电导体	137.40	54	其他精制糖	22.01
5	非用醋制作的未冷冻豌豆	123.27	55	机织物及纱线构成的成套物品（零售包装的）	21.87
6	白利糖浓度超过 20 的苹果汁	122.56	56	用于汽车、飞机或轮船的点火接线装置和其他接线装置	21.76
7	制成的羊毛起绒地毯及铺地制品（包括动物细毛制，未簇绒或未植绒）	120.40	57	其他大麦	21.25
8	冻藏的整头及半头绵羊肉	118.73	58	非用醋制作的未冷冻甜玉米	21.22
9	其他包装鲜葡萄酿造的酒	116.52	59	酒精浓度在 80% 及以上的未改性乙醇	21.06
10	葵花子油渣饼及固体残渣	96.89	60	其他材料制男式其他内衣	20.51
11	初榨的葵花油和红花油	88.94	61	姜饼及类似品	20.27
12	其他熟石膏	87.67	62	种用玉米	20.14
13	干梅干	86.47	63	其他平板轧材制角材、型材、异型材（冷成型或冷加工制的）	20.12
14	新鲜的李子	83.33	64	新鲜葡萄	19.85
15	其他非针叶木箍木等（包括木劈条，棒及类似品）	68.71	65	其他合纤长丝多股纱线或缆线（非供零售用）	19.78

续表

排名	产品	RCA	排名	产品	RCA
16	用枝条或其他植物材料捆扎成的帚	60.59	66	由 56.02、59.03、59.06 或 59.07 所述材料所制成的其他女士服装	19.09
17	其他糖蜜	59.48	67	化学纤维制女式衬衫	18.93
18	其他鲜的带壳禽蛋	59.13	68	合纤制男式短裤	18.64
19	棉制其他印花针织或钩编织物	56.94	69	商品次氯酸钙及其他钙的次氯酸盐	18.23
20	其带壳他禽蛋	54.18	70	未漂棉毛巾织物及类似毛圈机织物（品目 5806 的狭幅织物除外）	17.94
21	三氯乙烯	53.44	71	毛制男式其他防寒上衣（羊毛或动物细毛制）	17.78
22	棉制货物包装袋	53.25	72	食用水果树、坚果树及灌木（不论是否嫁接）	17.63
23	其他玻璃纤维编织织物	52.05	73	洁肤用有机表面活性产品及制品	17.53
24	聚丙烯长丝变形纱线（非供零售用）	45.07	74	小包装的鲜葡萄酿造的酒	17.41
25	番茄汁	44.13	75	棉制女式其他服装	16.92
26	精制的葵花油和红花油及其分离品	42.40	76	甜菜渣、甘蔗渣及类似残渣	16.78
27	电量计	42.21	77	未去梗的烟草	16.63
28	化纤制针织或钩编女衬衫	40.01	78	其他亚硫酸盐	16.59
29	鲜杏	37.94	79	新鲜樱桃	16.51
30	其他油菜籽	37.64	80	毛制针织或钩编女式大衣等（包括短大衣、斗篷、短斗篷及类似品）	16.27
31	睡袋	37.51	81	电池废碎料及废电池[指原电池（组）和蓄电池的废碎料，废原电池（组）及废蓄电池]	16.22
32	生石膏，硬石膏	34.68	82	粘胶纤维高强力纱的机织物	16.13
33	天然蜂蜜	32.98	83	小麦糠、麸及其他残渣	16.11
34	葡萄酒渣、粗酒石	32.18	84	化纤针织钩编男式防风衣（包括防寒短上衣、防风短上衣及类似品）	15.74
35	化纤制针织或钩编长衬裙及衬裙	32.00	85	盥洗用皂及有机表面活性产品	15.46
36	与棉混纺印花的重质聚酯斜纹布（混纺为含聚酯短纤 85% 以下，重质指每平方米重 >170 克）	31.28	86	毛制针织或钩编裙子及裙裤	15.35
37	其他鞋面及其零件	31.26	87	毛制男式上衣（羊毛或动物细毛制）	14.84
38	伏特加酒	30.81	88	化纤制针织或钩编女式大衣（包括防寒短上衣，防风短上衣及类似品）	14.30

续表

排名	产品	RCA	排名	产品	RCA
39	制成的化纤起绒地毯及铺地制品（未簇绒或未植绒）	29.91	89	棉制女式其他防寒上衣	14.18
40	棉质男式其他防寒上衣（羊毛或动物细毛制）	29.44	90	针织或钩编滑雪服	14.14
41	棉制针织或钩编运动套装	28.98	91	种用食用高粱	14.09
42	合成纤维制婴儿服装及衣着附件	28.52	92	合纤制女式长、马、短裤	14.03
43	其他玻璃器皿	26.42	93	“开来姆”“苏麦克”“卡拉马尼”地毯（包括类似的手织地毯）	13.88
44	新鲜苹果	26.11	94	毛制男式短裤（羊毛或动物细毛制）	13.79
45	其他合成纤维制男式上衣	25.33	95	其他纺织材料制男大衣、斗篷、防风衣等	13.71
46	蒸馏葡萄酒制得的烈性酒	24.85	96	棉制其他染色针织或钩编织物	13.60
47	其他酿酒葡萄汁	24.14	97	塑料制卷轴，纡子，筒管及类似品	13.40
48	其他纺织材料制其他货物包装袋	23.92	98	人造纤维制女式连衣裙	13.32
49	非零售纯聚丙烯腈短纤多股纱线（包括缆线，纯指按重量计聚丙烯腈或其变性短纤含量≥ 85%）	23.90	99	冰淇淋及其他冰制食品	13.32
50	其他小麦及混合麦	23.84	100	各种材料的试验用机器零件、附件	13.16

数据来源：由联合国商品贸易数据计算整理所得

与 2005 年相比，2016 年摩尔多瓦的出口比较优势有所变化。从比较优势指数来分析，相对于 2005 年，2016 年摩尔多瓦前 100 名产品的比较优势指数总体有所下降，比较优势均值从 112.63 下降到 45.86，降幅 59.28% 左右；比较优势指数最大值从 4666.11，下降到 411.91，增幅约为 91.17%；最小值从 15.77 下降至 13.16，下降约为 16.55%。从产品产业分布来看，总体变化不大，产品主要分布在农作物及其制品、畜牧产品、酒类等。但是值得注意的是酒类产品的比较优势出现普遍下降，特别是与 2005 年排名第一的其他酿酒葡萄汁其比较优势指数在 2016 年发生了剧烈下降，由 2005 年排名第一的 4666.11 下降到 2016 年的排名 47 的 24.14。排名前 10 的其他产品，葵花子、冻藏的整头及半头牛肉、同轴电缆及其他同轴电导体等产品显示出较好的比较优势；而规定重量整张生马皮或生牛皮（指每张，简单干燥≤ 8kg，干盐渍≤ 10kg，鲜或湿盐≤ 16kg）、无壳核桃、其他熟石膏、制成的羊毛起绒地毯及铺地制品（包括动物细毛制，未簇绒或未植绒）、精制的葵花油和红花油及其分离品、未加香料或着色剂的甜菜原糖等产品比较优势呈现下降趋势。

（二）摩尔多瓦出口主导产业分析

1. 出口主导产业测度

出口主导产业是由产业出口额占国家总出口额的比例来衡量的，所占比例越大，表明其在出口中所占地位越重，同时表明，此国生产相应产品的能力越强或拥有相应丰富的资源。如表 MD-3，反映的是 2005 年摩尔多瓦出口额排名前 100 的产品。整体上，2005 年摩尔多瓦出口的产品主要集中在酒类、畜牧制品、农作物及其制品等，排名前 10 的产品分别是小包装的鲜葡萄酿造的酒；规定重量整张生马皮或生牛皮（指每张，简单干燥≤ 8kg，干盐渍≤ 10kg，鲜或湿盐≤ 16kg）、蒸馏葡萄酒制得的烈性酒；其他酿酒葡萄汁；其他包装鲜葡萄酿造的酒；无壳核桃；精制的葵花油和红花油及其分离品；棉制针织或钩编 T 恤衫、汗衫；新鲜苹果；葵花子等，其中小包装的鲜葡萄酿造的酒出口值 2 亿美元，占比达到了 18.59%，在所有出口商品中具有一定的主导地位。

表 MD-3　2005 年摩尔多瓦出口额排名前 100 产品

单位：万美元、%

排名	产品名称	出口值	占比	排名	产品名称	出口值	占比
1	小包装的鲜葡萄酿造的酒	20285.46	18.59	51	毛毡或非织造布，羊毛或动物细毛的服装	348.43	0.32
2	规定重量整张生马皮或生牛皮（指每张，简单干燥≤ 8kg，干盐渍≤ 10kg，鲜或湿盐≤ 16kg）	5278.36	4.84	52	孵蛋	337.21	0.31
3	蒸馏葡萄酒制得的烈性酒	3409.27	3.12	53	用醋制作的其他果、菜及食用植物	333.23	0.31
4	其他酿酒葡萄汁	3319.73	3.04	54	安全剃刀片（包括未分开的刀片条）	331.14	0.30
5	其他包装鲜葡萄酿造的酒	3098.34	2.84	55	棉制针织或钩编男衬衫	322.59	0.30
6	无壳核桃	3033.30	2.78	56	其他木家具	313.23	0.29
7	精制的葵花油和红花油及其分离品	2309.67	2.12	57	烟草制的卷烟	311.03	0.29
8	棉制针织或钩编 T 恤衫、汗衫等	2289.51	2.10	58	其他合成纤维制男式上衣	309.52	0.28

续表

排名	产品名称	出口值	占比	排名	产品名称	出口值	占比
9	新鲜苹果	2030.91	1.86	59	合成纤维制女式上衣	306.13	0.28
10	葵花子	1862.26	1.71	60	塑料制塞子，盖子及类似品	301.82	0.28
11	白利糖浓度超过 20 的苹果汁	1839.85	1.69	61	生石膏，硬石膏	301.77	0.28
12	其他皮革制面的其他鞋靴（橡胶、塑料、再生皮革制外底，运动用鞋靴除外）	1589.83	1.46	62	铁或非合金钢的热加工条、杆（带有轧制过程中产生变形，热加工指热轧、热拉拔或热挤压）	299.09	0.27
13	其他玉米	1574.65	1.44	63	提炼豆油所得的油饼和其他固体残渣	285.64	0.26
14	其他玻璃器皿	1471.72	1.35	64	棉制男式衬衫	283.53	0.26
15	圆截面直径 <14mm 的其他热轧盘条（不带有轧制过程中产生的变形）	1349.95	1.24	65	合成纤维制其他女式裙子及裙裤	281.58	0.26
16	大麦种子	1340.06	1.23	66	干梅干	274.52	0.25
17	初榨的葵花油和红花油	1236.57	1.13	67	化纤制男式大衣、斗篷及类似品（包括短大衣、短斗篷）	273.35	0.25
18	其他熟石膏	1220.92	1.12	68	小型载人机动车辆车身（含驾驶室）（品目 8703 所列车辆用）	270.37	0.25
19	葡萄汽酒	1110.67	1.02	69	全粒面未剖层非整张革（经鞣制或半硝后进一步加工，羊皮纸化处理）	269.80	0.25
20	其他铝制品	1060.54	0.97	70	播种机、种植机及移植机	260.79	0.24
21	棉制针织或钩编套头衫等（包括开襟衫、背心及类似品）	1030.98	0.94	71	强韧箱纸板（再生挂面纸板）（成卷或成张的及未经涂布，每平方米重≤ 150g）	260.16	0.24
22	其他离心泵	929.10	0.85	72	卧室用木家具	254.99	0.23
23	棉质男式短裤	887.03	0.81	73	剃刀	248.37	0.23
24	未去梗的烟草	758.10	0.69	74	其他硅酸盐水泥	245.87	0.23
25	种用玉米	727.95	0.67	75	新鲜葡萄	245.38	0.22
26	制成的羊毛起绒地毯及铺地制品（包括动物细毛制，未簇绒或未植绒）	668.39	0.61	76	额定容量≤ 650kVA 液体介质变压器	243.58	0.22
27	小麦或马尾松种子免耕小麦	667.92	0.61	77	铜废料和废料	242.47	0.22

续表

排名	产品名称	出口值	占比	排名	产品名称	出口值	占比
28	毛制女式大衣、斗篷及类似品等（包括短大衣、短斗篷，羊毛或动物细毛制）	666.18	0.61	78	棉制针织或钩编女衬衫	241.96	0.22
29	制成的化纤起绒地毯及铺地制品（未簇绒或未植绒）	633.52	0.58	79	非用醋制作的未冷冻甜玉米	234.84	0.22
30	合纤制女式长、马、短裤	620.00	0.57	80	用醋或醋酸制作的黄瓜及小黄瓜	233.76	0.21
31	脂肪含量≤ 1.5% 固状乳及奶油（指粉状、粒状或其他固体状态，浓缩，加糖或其他甜物质）	583.18	0.53	81	其他测量、检验仪器、器具及机器	229.31	0.21
32	化纤制女大衣、斗篷及类似品（含短大衣、短斗篷）	582.62	0.53	82	初榨的豆油	228.08	0.21
33	棉制针织钩编婴儿服装及衣着附件	548.85	0.50	83	其他已配定剂量的药品	226.33	0.21
34	非用醋制作的未冷冻豌豆	541.30	0.50	84	其他能作床用的两用椅	222.84	0.20
35	棉制女式长、马、短裤	488.10	0.45	85	其他瓦楞原纸（成卷或成张的及未经涂布）	216.30	0.20
36	棉制针织或钩编男裤等（包括马裤、短裤及其他长裤）	478.84	0.44	86	飞机和其他飞机的空载重量超过 15000 公斤	216.24	0.20
37	毛制男式西服套装	474.45	0.43	87	棉制男式上衣	214.34	0.20
38	铝废碎料	471.08	0.43	88	以皮革，再生皮革，漆皮作面手提包（不论是否有背带，包括无把手的）	213.29	0.20
39	其他鞋面及其零件	455.20	0.42	89	棉制婴儿服装及衣着附件	208.23	0.19
40	化纤针织或钩编套头衫（包括开襟衫、背心及类似品）	451.97	0.41	90	其他皮革或和成本皮革制面的其他鞋靴	207.80	0.19
41	合纤制男式西服套装	427.99	0.39	91	化学纤维制女式衬衫	206.66	0.19
42	合纤制男式短裤	404.29	0.37	92	其他活动房屋	203.73	0.19
43	以塑料或纺织材料作面的箱包（包括提箱、小手袋、公文箱、公文包、书包及类似容器）	386.45	0.35	93	化纤制男式其他防寒上衣（羊毛或动物细毛制）	196.95	0.18
44	葵花子油渣饼及固体残渣	382.76	0.35	94	棉制女式大衣、斗篷及类似品（包括短大衣、短斗篷）	190.58	0.17

续表

排名	产品名称	出口值	占比	排名	产品名称	出口值	占比
45	非零售纯聚丙烯腈短纤多股纱线（包括缆线，纯指按重量计聚丙烯腈或其变性短纤含量≥85%）	382.22	0.35	95	混合蔬菜汁、水果与蔬菜的混合汁	185.58	0.17
46	其他精制糖	381.93	0.35	96	塑料片或纺织材料作面的其他容器	182.83	0.17
47	其他针织或钩编 T 恤衫、汗衫等	374.62	0.34	97	其他材料制女式长、马、短裤	180.49	0.17
48	其他烹煮的果酱、果冻	374.09	0.34	98	洗发剂	180.29	0.17
49	重 >16kg 整张生马皮或生牛皮	367.92	0.34	99	化纤制针织或钩编女衬衫	179.99	0.16
50	汽轮机用的零件	355.00	0.33	100	黄油	176.35	0.16

数据来源：由联合国商品贸易数据计算整理所得

如表 MD-4，反映的是 2016 年摩尔多瓦出口额排名前 100 的产品。整体上，2016 年摩尔多瓦出口的产品主要集中在农作物及其制品、电气设备、交通工具零配件、酒类等，排名前 10 的产品分别是葵花子；同轴电缆及其他同轴电导体、其他小麦及混合麦；用于汽车、飞机或轮船的点火接线装置和其他接线装置；其他座具的零件；无壳核桃；小包装的鲜葡萄酿造的酒；其他包装鲜葡萄酿造的酒；其他已配定剂量的药品；其他玉米等，其中葵花子出口值近 2 亿美元，占比 8.74%，在所有出口商品中具有一定的主导地位。

表 MD-4　2016 年摩尔多瓦出口额排名前 100 产品

单位：万美元、%

排名	产品名称	出口值	占比	排名	产品名称	出口值	占比
1	葵花子	17871.32	8.74	51	合纤制女式长、马、短裤	747.13	0.37
2	同轴电缆及其他同轴电导体	9710.04	4.75	52	铜废料和废料	743.01	0.36
3	其他小麦及混合麦	9642.34	4.72	53	卧室用木家具	743.00	0.36
4	用于汽车、飞机或轮船的点火接线装置和其他接线装置	9029.03	4.42	54	洁肤用有机表面活性产品及制品	737.83	0.36
5	其他座具的零件	8793.91	4.30	55	纺织材料制未列名制品	733.83	0.36

续表

排名	产品名称	出口值	占比	排名	产品名称	出口值	占比
6	无壳核桃	8270.68	4.05	56	以皮革，再生皮革作面钱包等物品（指通常置于口袋或手提包内的物品，包括以漆皮作面的）	733.60	0.36
7	小包装的鲜葡萄酿造的酒	5399.87	2.64	57	低芥籽酸油菜籽	724.68	0.35
8	其他包装鲜葡萄酿造的酒	4976.31	2.43	58	棉制其他染色针织或钩编织物	700.78	0.34
9	其他已配定剂量的药品	4121.61	2.02	59	由 56.02、59.03、59.06 或 59.07 所述材料所制成的其他女士服装	686.55	0.34
10	其他玉米	3946.05	1.93	60	排量 >2.5 升装有压燃往复式活塞内燃发动机	675.78	0.33
11	其他精制糖	3883.39	1.90	61	棉制针织或钩编男衬衫	654.79	0.32
12	初榨的葵花油和红花油	3449.42	1.69	62	石油油和油脂	652.52	0.32
13	其他电压不超过 1000 伏的电导体	3252.02	1.59	63	其他合纤制针织或钩编连衣裙	652.08	0.32
14	其他玻璃器皿	3187.90	1.56	64	盥洗用皂及有机表面活性产品	646.17	0.32
15	新鲜苹果	2468.71	1.21	65	种用玉米	639.91	0.31
16	白利糖浓度超过 20 的苹果汁	2434.04	1.19	66	棉制针织或钩编套头衫等（包括开襟衫、背心及类似品）	628.76	0.31
17	蒸馏葡萄酒制得的烈性酒	2107.31	1.03	67	棉质男式短裤	616.39	0.30
18	新鲜葡萄	2040.39	1.00	68	干梅干	615.61	0.30
19	精制的葵花油和红花油及其分离品	1698.92	0.83	69	1.5 升 < 排量 ≤ 3 升装点燃往复式活塞内燃发动机的其他载人车辆	612.61	0.30
20	酒精浓度在 80% 及以上的未改性乙醇	1566.14	0.77	70	冰淇淋及其他冰制食品	589.74	0.29
21	其他大麦	1555.38	0.76	71	棉质男式其他防寒上衣（羊毛或动物细毛制）	589.08	0.29
22	电量计	1540.02	0.75	72	威士忌酒	567.97	0.28
23	化学纤维制女式衬衫	1442.57	0.71	73	冻藏的整头及半头牛肉	530.23	0.26
24	其他鞋面及其零件	1339.39	0.66	74	合成纤维制女式上衣	513.29	0.25
25	棉制针织或钩编 T 恤衫、汗衫等	1296.01	0.63	75	棉制女式长、马、短裤	511.10	0.25
26	合纤制男式短裤	1167.22	0.57	76	其他蒸馏酒及酒精饮料	499.03	0.24

续表

排名	产品名称	出口值	占比	排名	产品名称	出口值	占比
27	装软垫的木框架的坐具	1092.70	0.53	77	洗发剂	493.67	0.24
28	葵花子油渣饼及固体残渣	1024.63	0.50	78	其他熟石膏	485.66	0.24
29	化纤制女式其他防寒上衣	1016.66	0.50	79	额定电压≤ 1000V 有接头电导体	485.26	0.24
30	其他离心泵	1016.39	0.50	80	额定容量≤ 1 千伏安的其他变压器	481.75	0.24
31	化纤制针织或钩编女衬衫	999.91	0.49	81	其他钢铁制品	480.31	0.23
32	化纤针织或钩编套头衫（包括开襟衫、背心及类似品）	981.58	0.48	82	其他油菜籽	471.64	0.23
33	塑料制塞子，盖子及类似品	974.27	0.48	83	黄油	469.04	0.23
34	非改良种用家牛	952.75	0.47	84	已配剂量含有其他抗菌素的药品	446.85	0.22
35	制成的化纤起绒地毯及铺地制品（未簇绒或未植绒）	933.22	0.46	85	棉制其他印花针织或钩编织物	443.37	0.22
36	化纤制男式其他防寒上衣（羊毛或动物细毛制）	927.06	0.45	86	热水器用零件	440.88	0.22
37	其他客或货车用新充气橡胶轮胎	919.41	0.45	87	非用醋制作的未冷冻豌豆	435.85	0.21
38	其他玻璃纤维编织织物	893.00	0.44	88	其他木家具	411.23	0.20
39	伏特加酒	889.79	0.44	89	未去梗的烟草	390.83	0.19
40	天然蜂蜜	884.47	0.43	90	羊毛制套头衫等（针织或钩编，包括开襟衫、背心及类似品）	383.24	0.19
41	其他大豆	873.78	0.43	91	葡萄汽酒	377.63	0.18
42	新鲜的李子	862.78	0.42	92	人造纤维制女式连衣裙	377.53	0.18
43	电压≤ 1000 伏的其他开关	844.33	0.41	93	建筑用贱金属配件及架座	376.55	0.18
44	其他皮革制面的其他鞋靴（橡胶、塑料、再生皮革制外底，运动用鞋靴除外）	821.14	0.40	94	制成的羊毛起绒地毯及铺地制品（包括动物细毛制，未簇绒或未植绒）	371.06	0.18
45	其他针织或钩编 T 恤衫、汗衫等	819.15	0.40	95	香水及花露水	369.54	0.18

续表

排名	产品名称	出口值	占比	排名	产品名称	出口值	占比
46	甜饼干	811.52	0.40	96	厨房用木家具	354.91	0.17
47	烟草制的卷烟	797.05	0.39	97	棉制女式上衣	338.43	0.17
48	宽 >30cm 弹性针织或钩编织物（按重量计弹性纱线含量在 5% 及以上且不含橡胶线）	788.76	0.39	98	其他乳酪	334.97	0.16
49	其他合成纤维制男式上衣	782.98	0.38	99	干豌豆壳	329.36	0.16
50	合成纤维制女式连衣裙	775.63	0.38	100	其他木制品	327.98	0.16

数据来源：由联合国商品贸易数据计算整理所得

对比分析 2005 年与 2016 年摩尔多瓦主要出口的 100 种产品，从出口主导产品的集中度来看，2005 年，排名前 5 的主导产品出口额度为 3.54 亿美元，占比为 32.43%；排名前 10 的出口主导产品出口总额为 4.69 亿美元，占比为 42.99%。2016 年，排名前 5 的主导产品出口额为 5.50 亿美元，占比为 26.92%；前 10 出口主导产品出口总额达到 8.18 亿美元，占比为 39.99%。相比于 2005 年，2016 年摩尔多瓦前 5、前 10 主导产品的出口额度都有所提升，但总体产品集中度出现明显下降。从具体产品来看，2005 年排名第一的小包装的鲜葡萄酿造的酒出口额从 2005 年的 2.03 亿美元下降到 2016 年的 0.54 亿美元，并且出口额度占比从 2005 年的 18.59% 下降到 2016 年的 2.64%；2005 年出口排名第 10 的葵花子出口额度仅仅 0.19 美元左右，占比 1.71%，到了 2016 年葵花子的出口额度则达到 1.79 亿美元占比达到了 8.74%。值得注意的是虽然摩尔多瓦 2016 年出口集中度有所下降，但是组间距相对来说并不是很大，特别是自 2005 年以来出口排名第一的产品所占的份额与其他产品出口份额差距下降明显。

2. 出口主导产业与比较优势产业的一致性分析

事实上，对比了 2016 年摩尔多瓦排名前 10 的比较优势产品和出口主导产品（如表 MD-5），我们发现摩尔多瓦比较优势产业与出口主导产业具有一定的一致性，特别是在葵花子的出口上，抓住了其显著的比较优势。2016 年摩尔多瓦排名前 10 比较优势产品及出口主导产品都主要分布在农作物、畜牧产品、酒类以及电气设备等。其中两者共同具有的产品包括葵花子、无壳核桃、同轴电缆及其他同轴电导体、其他包装鲜葡萄酿造的酒。

表 MD-5　2016 年摩尔多瓦排名前 10 比较优势产品及出口主导产品

单位：%

排名	比较优势产业名称	RCA	排名	出口主导产业名称	占比
1	葵花子	411.91	1	葵花子	8.74
2	无壳核桃	371.18	2	同轴电缆及其他同轴电导体	4.75
3	冻藏的整头及半头牛肉	364.60	3	其他小麦及混合麦	4.72
4	同轴电缆及其他同轴电导体	137.40	4	用于汽车、飞机或轮船的点火接线装置和其他接线装置	4.42
5	非用醋制作的未冷冻豌豆	123.27	5	其他座具的零件	4.30
6	白利糖浓度超过 20 的苹果汁	122.56	6	无壳核桃	4.05
7	制成的羊毛起绒地毯及铺地制品（包括动物细毛制，未簇绒或未植绒）	120.40	7	小包装的鲜葡萄酿造的酒	2.64
8	冻藏的整头及半头绵羊肉	118.73	8	其他包装鲜葡萄酿造的酒	2.43
9	其他包装鲜葡萄酿造的酒	116.52	9	其他已配定剂量的药品	2.02
10	葵花子油渣饼及固体残渣	96.89	10	其他玉米	1.93

数据来源：由联合国商品贸易数据计算整理所得

（三）摩尔多瓦出口比较优势变化分析

1. 描述性分析

依据表 MD-1 及表 MD-2，对比分析 2005 年及 2016 年摩尔多瓦比较优势指数排名前 100 产业，我们可以得出以下信息：

第一，从比较优势指数来分析，相对于 2005 年，2016 年摩尔多瓦前 100 名产品的比较优势指数总体有所下降，比较优势均值从 112.63 下降到 45.86，降幅 59.28% 左右；比较优势指数最大值从 4666.11，下降到 411.91，降幅约为 91.17%；最小值从 15.77 下降至 13.16，降幅约为 16.55%。

第二，摩尔多瓦具比较优势的产品数量呈现上升态势。2005 年，比较优势指数大于 1 的产品共有 476 类，大于 2.5 的产品共有 314 类；而 2016 年，比较优势指数大于 1 的产品有 495 类，大于 2.5 的产品共有 322 类，这表明整体上摩尔多瓦在国际贸易出口中具有比较优势的产品逐渐增多。

第三，比较优势指数排名前 10 产品的结构相对稳定，主要分布在农作物及其制品、畜牧产品、酒类等，但是值得注意的是2005年排名第一的其他酿酒葡萄汁其比较优势指数在2016年发生了剧烈下降，由2005年排名第一的4666.11下降到2016年的排名47的24.14。排名前10的其他产品，葵花子、冻藏的整头及半头牛肉、同轴电缆及其他同轴电导体等产品显示出较好的比较优势；而规定重量整张生马皮或生牛皮（指每张，简单干燥≤8kg，干盐渍≤10kg，鲜或湿盐≤16kg）、80232、860620、其他熟石膏、制成的羊毛起绒地毯及铺地制品（包括动物细毛制，未簇绒或未植绒）、精制的葵花油和红花油及其分离品、未加香料或着色剂的甜菜原糖等产品比较优势呈现下降趋势。

2. 回归分析

将2016年摩尔多瓦产业比较优势指数作为被解释变量，把2005年摩尔多瓦产业比较优势指数作为解释变量，对其进行回归分析。若回归系数>1，则表明摩尔多瓦更加强化了具有比较优势的产业，弱化了不具有比较优势的产业；若0<回归系数<1，则表明具有比较优势的产业弱化了；若回归系数<0，则表明摩尔多瓦比较优势的产业发生了质变。使用最小二乘法对其进行回归，得出结果如表MD-6所示。从表中可以看出，回归系数为0.100203，介于0和1之间，因此说明相对于2005年，2016年摩尔多瓦具有比较优势的产业弱化了。

表MD-6 回归结果

变量	Coef.	Std. Err.	t	P>|t|
2005比较优势指数	0.100203	0.010049	9.971237	0.0000
常数项	34.56943	4.830631	7.156297	0.0000
	R^2=0.503610		F-statistics =99.42527	

（四）摩尔多瓦进口需求及其变化分析

表MD-7为2005年摩尔多瓦进口额排名前100产品。从表中可以看出，排名前10的进口产品有石油油和油脂；车用汽油、航空汽油；气态天然气；规定重量整张生马皮或生牛皮（指每张，简单干燥≤8kg，干盐渍≤10kg，鲜或湿盐≤16kg）；其他已配定剂量的药品；电力；烟草制的卷烟；1.5升<排量≤3升装点燃往复式活塞内燃发动机的其他载人车辆；冻的鸡块和杂碎；电视卫星地面站等。其中，石油油和油脂进口额度最高，为1.84亿美元，占比为8.04%。从摩尔多瓦进口前100名产品种类来看，主要为能源及其制品、畜牧产品、药物、交通工具等。从摩尔多

瓦进口前 100 名产品的结构来看，进口产品排名前 5 的额度为 5.09 亿美元，占比为 22.21%，排名前 10 的额度为 6.51 亿美元，占摩尔多瓦进口总额的 28.38%。因此可以看出摩尔多瓦进口产品具有相对集中性，特别是在石油油和油脂等能源商品的进口上。

表 MD-7　2005 年摩尔多瓦进口额排名前 100 产品

单位：万美元、%

排名	产品名称	进口值	占比	排名	产品名称	进口值	占比
1	石油油和油脂	18424.37	8.04	51	柴油型其他小型货车（装有压燃式活塞内燃发动机，小型指车辆总重量≤ 5 吨）	612.06	0.27
2	车用汽油、航空汽油	11468.53	5.00	52	机动小客车用新的充气轮胎	610.84	0.27
3	气态天然气	10794.20	4.71	53	其他合成纤维长丝变形纱线（非供零售用）	610.35	0.27
4	规定重量整张生马皮或生牛皮（指每张，简单干燥≤ 8kg，干盐渍≤ 10kg，鲜或湿盐≤ 16kg）	5181.85	2.26	54	针叶木厚板材（经纵锯、纵切、刨切或旋切的，厚度超过 6mm）	602.22	0.26
5	其他已配定剂量的药品	5038.37	2.20	55	乙烯聚合物制袋及包	600.76	0.26
6	电力	3821.71	1.67	56	棉制其他染色针织或钩编织物	598.67	0.26
7	烟草制的卷烟	3259.30	1.42	57	其他钢铁结构体及部件（包括结构体用的已加工钢板、型材、管子及类似品）	598.17	0.26
8	1.5 升 < 排量≤ 3 升装点燃往复式活塞内燃发动机的其他载人车辆	2825.18	1.23	58	小麦或混合麦的细粉	591.99	0.26
9	冻的鸡块和杂碎	2132.41	0.93	59	粒面剖层非整张革（经鞣制或半硝后进一步加工，羊皮纸化处理）	591.47	0.26
10	电视卫星地面站	2104.91	0.92	60	容量控制 >5000 的数字程控公用电话交换系统	582.59	0.25
11	纺织材料制未列名制品	2046.04	0.89	61	干衣量≤ 10kg 的全自动洗衣机	574.97	0.25
12	零售用杀菌剂	2005.55	0.87	62	品目 8471 所列其他机器零附件	568.63	0.25
13	半挂车用的公路牵引车	1896.80	0.83	63	新鲜苹果	566.20	0.25
14	零售用除草剂	1738.07	0.76	64	洗发剂	560.66	0.24

续表

排名	产品名称	进口值	占比	排名	产品名称	进口值	占比
15	液化丁烷	1680.06	0.73	65	已配剂量含有其他抗菌素的药品	556.88	0.24
16	铁或非合金钢的热加工条、杆（带有轧制过程中产生变形，热加工指热轧、热拉拔或热挤压）	1290.37	0.56	66	压燃式活塞内燃发动机的客车	552.25	0.24
17	塑料制坛，瓶及类似品	1276.56	0.56	67	初级形状比重 <0.94 的聚乙烯	543.39	0.24
18	其他玻璃器皿	1246.38	0.54	68	计算机用终端（输入或输出部件，不论是否在同一机壳内有存储部件）	523.17	0.23
19	零售包装有机表面活性剂制品	1131.51	0.49	69	可使用气体燃料的家用炉灶	518.13	0.23
20	其他拖拉机	1129.68	0.49	70	其他巧克力及含可可的食品	493.84	0.22
21	其他硅酸盐水泥	1126.78	0.49	71	其他贵金属制首饰及其零件（不论是否包、镀其他贵金属）	473.03	0.21
22	其他铝制品	1104.79	0.48	72	其他美容品或化妆品	471.35	0.21
23	排气量 >4 升带点燃往复式活塞内燃发动机其他车	1072.70	0.47	73	乙烯聚合物制的硬管	468.36	0.20
24	上釉的大陶瓷砖，瓦，块及类似品	1066.28	0.47	74	飞机和其他飞机的空载重量超过 15000kg	458.76	0.20
25	1 升 < 排量≤ 1.5 升带点燃往复式活塞内燃发动机其他车	1035.90	0.45	75	其他调味品	446.95	0.19
26	冷藏－冷冻组合机（各自装有单独外门的）	1014.64	0.44	76	其他电视接收机零件	445.19	0.19
27	集中供暖用的热水锅炉（但集中供暖锅炉除外）	967.74	0.42	77	食用水果树、坚果树及灌木（不论是否嫁接）	443.47	0.19
28	饮料及液体食品灌装设备	929.64	0.41	78	与人造短纤混纺其他粗梳毛机织物（羊毛或动物细毛含量 <85%）	439.69	0.19
29	数字程控交换系统的组成部分	912.05	0.40	79	其他利用温度变化处理材料的机器	436.07	0.19
30	其他客或货车用新充气橡胶轮胎	903.18	0.39	80	其他基于合成聚合物为基本成分的溶于非水介质的油漆	429.00	0.19
31	硝酸铵	897.25	0.39	81	其他编号未列名的食品	427.55	0.19

续表

排名	产品名称	进口值	占比	排名	产品名称	进口值	占比
32	液化丙烷	880.79	0.38	82	非电热钢制集中供暖用散热器（包括零件）	425.91	0.19
33	新的邮票（包括支票、股票，债券及类似的所有权凭证）	860.23	0.38	83	卧室用木家具	425.43	0.19
34	彩色卫星电视接收机	850.48	0.37	84	核桃壳	423.74	0.18
35	无烟煤	845.97	0.37	85	加味、加糖或其他甜物质的水	417.70	0.18
36	石棉水泥、纤维素纤维水泥等波纹板	843.22	0.37	86	其他铁或非合金钢圆形截面焊缝管	417.16	0.18
37	其他木家具	841.23	0.37	87	涂漆或涂塑的铁或非合金钢宽板材（宽度≥ 600mm）	413.64	0.18
38	其他木板，表面涂有三聚氰胺浸渍纸	840.77	0.37	88	纸或纸板印制的各种标签	412.52	0.18
39	衣服零件（针织或钩编）	828.60	0.36	89	其他的烟草加工及制作机器（本章其他编号未列名的）	411.32	0.18
40	婴儿用卫生巾和卫生棉条、餐巾纸和餐巾纸，类似卫生用品	814.73	0.36	90	未焙制麦芽	405.03	0.18
41	麦芽酿造的啤酒	807.18	0.35	91	非合金制铝条、杆	402.23	0.18
42	无连接器电缆	791.73	0.35	92	1.5 升＜排量≤ 2.5 升装有压燃往复式活塞内燃发动机	401.27	0.18
43	蚊香，零售	762.68	0.33	93	非零售纯聚丙烯腈短纤多股纱线（包括缆线，纯指按重量计聚丙烯腈或其变性短纤含量≥ 85%）	392.99	0.17
44	碳酸钠（纯碱）	761.88	0.33	94	初级形状比重≥ 0.94 的聚乙烯	391.23	0.17
45	其他包装鲜葡萄酿造的酒	760.17	0.33	95	其他用于激光阅读系统的光盘，供教育用	389.31	0.17
46	氯乙烯聚合物制单丝、条、杆及型材	730.45	0.32	96	已配剂量含有维生素等的其他药品	386.83	0.17
47	服装或衣着零件（指非针织非钩编）	722.23	0.32	97	非用醋制作的未冷冻马铃薯	381.21	0.17
48	蒸馏葡萄酒制得的烈性酒	711.53	0.31	98	冻鱼	379.49	0.17

续表

排名	产品名称	进口值	占比	排名	产品名称	进口值	占比
49	联合收割机	650.24	0.28	99	排量 >2.5 升装有压燃往复式活塞内燃发动机	373.56	0.16
50	块，板，片及条状压制软木（包括任何形状的压制软木的砖、瓦、实心圆柱体、圆片）	650.09	0.28	100	容积 <50 升焊边或卷边接合钢铁罐	370.84	0.16

数据来源：由联合国商品贸易数据计算整理所得

表 MD-8 为 2016 年摩尔多瓦进口额排名前 100 产品。从表中可以看出，排名前 10 的进口产品有石油油和油脂、未按种类指定的商品、其他已配定剂量的药品、轻油及制品（不含生物柴油）、其他电压不超过 1000 伏的电导体、烟草制的卷烟、其他精炼铜丝、1.5 升 < 排量≤ 3 升装点燃往复式活塞内燃发动机的其他载人车辆、蜂窝网络或其他无线网络的电话机、1.5 升 < 排量≤ 2.5 升装有压燃往复式活塞内燃发动机等。其中，石油油和油脂进口额度最高，为 2.82 亿美元，占比为 7.02%。从摩尔多瓦进口前 100 名产品种类来看，主要为能源及其制品、药物、交通工具零配件、电气设备、化工产品等。从摩尔多瓦进口前 100 名产品的结构来看，进口产品排名前 5 的额度为 7.61 亿美元，占比为 18.93%，排名前 10 的额度为 9.47 亿美元，占摩尔多瓦进口总额的 23.56%。因此可以看出摩尔多瓦进口产品具有相对集中性，特别是在石油油和油脂等能源商品的进口上。

表 MD-8　2016 年摩尔多瓦进口额排名前 100 产品

单位：万美元、%

排名	产品名称	进口值	占比	排名	产品名称	进口值	占比
1	石油油和油脂	28205.54	7.02	51	其他未列名硫化橡胶制品（硬质橡胶除外）	1154.61	0.29
2	未按种类指定的商品	20672.43	5.14	52	便携式自动数据处理设备（重量≤ 10kg，至少由一个中央处理器、键盘和显示器组成）	1122.99	0.28
3	其他已配定剂量的药品	13456.97	3.35	53	服装或衣着零件（指非针织非钩编）	1097.82	0.27
4	轻油及制品，不含生物柴油	8376.81	2.08	54	洗发剂	1079.83	0.27

续表

排名	产品名称	进口值	占比	排名	产品名称	进口值	占比
5	其他电压不超过 1000 伏的电导体	5401.02	1.34	55	冷藏 - 冷冻组合机（各自装有单独外门的）	1065.42	0.27
6	烟草制的卷烟	5398.64	1.34	56	其他阀门（用于管道、锅炉、罐、桶或类似品的）	1042.45	0.26
7	其他精炼铜丝	3471.72	0.86	57	集中供暖用的热水锅炉（但集中供暖锅炉除外）	1014.00	0.25
8	1.5 升 < 排量 ≤ 3 升装点燃往复式活塞内燃发动机的其他载人车辆	3351.80	0.83	58	咖啡浓缩精汁	1001.36	0.25
9	蜂窝网络或其他无线网络的电话机	3337.61	0.83	59	尿素	984.38	0.24
10	1.5 升 < 排量 ≤ 2.5 升装有压燃往复式活塞内燃发动机	3066.26	0.76	60	其他非泡沫乙烯聚合物板，片，膜，箔及扁条	982.76	0.24
11	零售包装抗萌剂及植物生长调节剂	2647.40	0.66	61	三轮车、踏板车、踏板汽车和类似的带轮玩具；玩偶车	981.38	0.24
12	塑料制绝缘零件	2531.50	0.63	62	其他配制的动物饲料	972.30	0.24
13	零售包装有机表面活性剂制品	2451.97	0.61	63	盥洗用皂及有机表面活性产品	971.76	0.24
14	其他拖拉机	2447.75	0.61	64	种用玉米	971.43	0.24
15	衣服零件（针织或钩编）	2405.01	0.60	65	麦芽酿造的啤酒	963.81	0.24
16	其他 ≤ 1000 伏电路开关等电气装置	2364.55	0.59	66	零售包装的生物杀虫剂	961.49	0.24
17	零售包装的杀菌剂成药	2351.42	0.58	67	液化丙烷	958.00	0.24
18	其他编号未列名的食品	2279.01	0.57	68	聚酯短纤其他织物（纯聚酯布指按重量计聚酯短纤含量在 85% 及以上）	954.36	0.24
19	宽 >30cm 弹性针织或钩编织物（按重量计弹性纱线含量在 5% 及以上且不含橡胶线）	2263.99	0.56	69	冻的鸡块和杂碎	945.77	0.24
20	皮革或再生皮革的其他制品	2160.43	0.54	70	其他巧克力及含可可的食品	930.96	0.23
21	其他客或货车用新充气橡胶轮胎	2126.92	0.53	71	洁肤用有机表面活性产品及制品	911.36	0.23
22	葵花子	2053.81	0.51	72	用其他塑料浸渍的纺织物（包括用其他塑料涂布、包覆或层压的）	869.37	0.22

续表

排名	产品名称	进口值	占比	排名	产品名称	进口值	占比
23	上釉的大陶瓷砖，瓦，块及类似品	2044.01	0.51	73	联合收割机	869.08	0.22
24	排量 >2.5 升装有压燃往复式活塞内燃发动机	2033.36	0.51	74	磷酸二氢铵	868.55	0.22
25	针叶木厚板材（经纵锯、纵切、刨切或旋切的，厚度超过6mm）	2022.89	0.50	75	干衣量≤ 10kg 的全自动洗衣机	855.80	0.21
26	卫生巾（护垫）及止血塞	1867.19	0.46	76	其他玻璃器皿	854.27	0.21
27	其他塑料制品	1854.63	0.46	77	香水及花露水	851.53	0.21
28	氯乙烯聚合物制单丝、条、杆及型材	1757.47	0.44	78	小麦或混合麦的细粉	836.34	0.21
29	液化丁烷	1697.57	0.42	79	石油沥青	834.18	0.21
30	其他钢铁结构体及部件（包括结构体用的已加工钢板、型材、管子及类似品）	1679.27	0.42	80	新鲜或干燥海枣	828.40	0.21
31	铁或非合金钢的热加工条、杆（带有轧制过程中产生变形，热加工指热轧、热拉拔或热挤压）	1669.91	0.42	81	其他不含可可的糖食	827.23	0.21
32	同轴电缆及其他同轴电导体	1652.66	0.41	82	建筑用贱金属配件及架座	813.88	0.20
33	其他精制糖	1607.73	0.40	83	矩形或正方形截面的其他焊缝管	812.67	0.20
34	木制碎料板（不论是否用树脂或其他有机黏合剂黏合）	1566.78	0.39	84	机动车辆用制动器（包括助力制动器）的零件	808.73	0.20
35	品目 8535、8536、8537 装置的零件（专用于或主要用于）	1514.43	0.38	85	其他木家具	797.58	0.20
36	交换机和路由器	1487.71	0.37	86	威士忌酒	796.42	0.20
37	半挂车用的公路牵引车	1434.53	0.36	87	核桃壳	748.14	0.19
38	已配剂量含有其他抗菌素的药品	1365.59	0.34	88	其他钢铁制品	741.23	0.18
39	涂漆或涂塑的铁或非合金钢宽板材（宽度≥ 600mm）	1329.23	0.33	89	新鲜或冷藏西红柿	736.91	0.18
40	化学肥料或矿物肥料（含氮、磷、钾三种肥效元素）	1263.28	0.31	90	消防车	731.74	0.18

续表

排名	产品名称	进口值	占比	排名	产品名称	进口值	占比
41	硝酸铵	1225.89	0.30	91	镀锌的其他形铁或非合金钢宽板材（电镀锌的除外，宽≥600mm）	730.78	0.18
42	棉制其他染色针织或钩编织物	1220.41	0.30	92	其他乳酪	728.72	0.18
43	其他混合制成的植物质、动物质油脂或制品	1212.18	0.30	93	其他护发品	721.25	0.18
44	提炼豆油所得的油饼和其他固体残渣	1205.57	0.30	94	供婴幼儿食用的零售包装配方奶粉	715.54	0.18
45	加味、加糖或其他甜物质的水	1191.59	0.30	95	柑橘叶	714.93	0.18
46	其他美容品或化妆品	1171.90	0.29	96	合成纤维其他染色针织或钩编织物（染色）	714.91	0.18
47	1升<排量≤1.5升带点燃往复式活塞内燃发动机其他车	1166.35	0.29	97	其他座具的零件	714.72	0.18
48	机动小客车用新的充气轮胎	1164.89	0.29	98	木门及其框架和门槛	706.26	0.18
49	其他颜色的电视接收机	1160.24	0.29	99	悬挂系统及其部件（包括减震器）	705.44	0.18
50	其他调味品	1160.05	0.29	100	初级形状比重≥0.94的聚乙烯	702.03	0.17

数据来源：由联合国商品贸易数据计算整理所得

对比分析2005年与2016年摩尔多瓦主要进口的100种产品，从进口产品的集中度看，2005年摩尔多瓦进口产品排名前5的额度为5.09亿美元，占比为22.21%，排名前10的额度为6.51亿美元，占摩尔多瓦进口总额的28.38%。2016年摩尔多瓦进口产品排名前5的额度为7.61亿美元，占比为18.93%，排名前10的额度为9.47亿美元，占摩尔多瓦进口总额的23.56%。相比于2005年，2016年摩尔多瓦前5、前10进口产品的总体集中度呈现下降趋势，但是整体上摩尔多瓦主要进口产品份额之间的组间距在逐渐减小。从具体产品来看，相对于2005年，2016年摩尔多瓦增加了对轻油及制品、其他电压不超过1000伏的电导体、其他精炼铜丝、1.5升<排量≤3升装点燃往复式活塞内燃发动机的其他载人车辆、蜂窝网络或其他无线网络的电话机、1.5升<排量≤2.5升装有压燃往复式活塞内燃发动机等产品的进口需求；降低了对气态天然气、规定重量整张生马皮或生牛皮（指每张，简单干燥≤8kg，干盐渍≤10kg，鲜或湿盐≤16kg）、电力、1.5升<排量≤3升装点燃往复式活塞内燃发动

机的其他载人车辆、冻的鸡块和杂碎等产品的进口需求。从摩尔多瓦进口前100名产品分类来看，2005年与2016年，摩尔多瓦进口产业变动幅度较小，具有一致性，进口需求仍集中在能源及其制品、药物、交通工具零配件、电气设备、化工产品等产品上。

七、乌克兰出口比较优势分析与进口需求研究

(一)乌克兰出口比较优势分析

表 UA-1 显示了 2005 年乌克兰出口比较优势指数（RCA）排名前 100 的产品。在 2005 年，整体上乌克兰出口商品比较优势排名前 100 的产品比较优势指数均大于 2.5，这说明这 100 种商品在相对于其他国家对应商品贸易中具有显著的比较优势。其中出口商品比较优势排名前 10 的产品分别是：钨条 / 棒 / 型材 / 板 / 薄板 / 带材 / 箔、150cm 硫化橡胶的同步带、钼丝、大米、喹啉 / 异喹啉环体系化合物、粗油菜、菜籽油或芥末油及其馏分、纸，卷或片、双极技术实现单片数字集成电路、60cm 风铃橡胶的同步带、钨条 / 棒 / 型材 / 板 / 薄板 / 带材 / 箔，其比较优势指数均达到了 323.7922，比较优势突出。

表 UA-1　2005 年乌克兰比较优势指数

排名	产品名称	RCA	排名	产品名称	RCA
1	钨条 / 棒 / 型材 / 板 / 薄板 / 带材 / 箔	323.7922	51	燕麦粥	236.7649
2	150cm 硫化橡胶的同步带	323.7922	52	马动物的皮和皮（新鲜的，或盐渍的，不晒黑的）	235.4189
3	钼丝	323.7922	53	人工关节	234.4053
4	大米	323.7922	54	巡回马戏团 / 剧院	234.0171
5	喹啉 / 异喹啉环体系化合物	323.7922	55	其他木制板（不论是否用树脂或其他有机黏合剂黏合）	230.7916
6	粗油菜、菜籽油或芥末油及其馏分	323.7922	56	带配件的硫化橡胶管、管和软管	227.0978
7	纸，卷或片	323.7922	57	卷筒纸或纸复合纸和纸板	221.3584
8	双极技术实现单片数字集成电路	323.7922	58	玻璃瓶 / 瓶 / 瓶等	212.759
9	60cm 风铃橡胶的同步带	323.7922	59	铬鞣猪皮	212.0928

续表

排名	产品名称	RCA	排名	产品名称	RCA
10	钨条 / 棒 / 型材 / 板 / 薄板 / 带材 / 箔	323.7922	60	书写、压花或穿孔的纸或纸板，用于书写等	207.4332
11	茶碱与氨茶碱及衍生物和盐	323.7922	61	未发酵的葡萄柚汁，不含酒精	189.4931
12	铋硝酸盐	323.7921	62	漆革及专利层压革	187.426
13	重铬酸钾	323.7921	63	干蘑菇	176.497
14	镓、铪、铟、铌、铼、铊、废料、粉末	323.7424	64	绵羊羔皮皮革，非鞣革预鞣	170.513
15	机动船舶	323.6682	65	活马，为纯种繁育	165.6334
16	海绵钛	322.1858	66	手持式钻机，自备电动机	165.185
17	人体的人造部分	321.8746	67	牛皮 / 马皮革鞣制后，用于机械加工	155.784
18	其他大麦加工谷物	321.2502	68	光电复印设备零配件	149.3483
19	油菜或油菜种子播种	320.741	69	冻藏的整头及半头牛肉	140.1648
20	其他牛马皮革鞣制	320.2145	70	绳索、绳索及其制品	138.2705
21	手锯，自备电动机	319.6691	71	多层纸和纸板，涂布	137.4992
22	未发酵的苹果汁，不含酒精	319.3448	72	针织或钩编的羊绒衫、套头衫等	137.3524
23	玻璃瓶 / 瓶 / 瓶等	316.2227	73	全谷物，牛皮和马皮革	129.9736
24	废旧铂废料，超纯水	315.9208	74	未列名非机动车	127.4572
25	油菜或油菜种子油渣及其他固体残留物	313.8243	75	双列（开式）刨床	127.3995
26	麂皮皮革	309.9899	76	草莓，暂时保存，不立即食用。	126.0523
27	贵金属 / 预金属化合物的灰分和残留物	308.8115	77	甜饼干、华夫饼干和薄饼	125.3118
28	电解电容器用绝缘纸	308.5368	78	硫化橡胶管，用加强筋，无管件加固	121.1649
29	用于彩色照相、漂白的纸边塑料涂层	307.4018	79	耐火黏土，不论是否煅烧	116.4308
30	全牛皮 / 皮，干= 8kg，干腌 <10kg，鲜 <14 公斤	305.3941	80	铁道用非机动油罐货车及类似车（包括电车道用，但不包括容积 50 立方米液化气铁路槽车）	113.9675
31	主要含钨的灰渣	300.8411	81	仅含氮杂原子的杂环化合物	108.7164
32	纸和纸板，卷或片	298.6791	82	硫化橡胶管，无加强件，无管件	105.8808
33	氯化钡	293.1632	83	石棉绳和绳，不论是否编结	103.0908

续表

排名	产品名称	RCA	排名	产品名称	RCA
34	油菜、菜籽油或芥末油（粗制）及其馏分	291.8611	84	PVC 板、箔 / 条，刚性，未增强等	95.61167
35	桑德斯	290.5496	85	玻璃瓶 / 瓶 / 烧瓶等	95.18445
36	未加工的钼；废料和废料；粉末	278.9754	86	矫形外科或骨折器械	86.65085
37	兔毛	273.6504	87	葵花子油渣饼及固体残渣	86.07178
38	氨基醛、酮醌	272.83	88	玻璃瓶 / 瓶 / 烧瓶等	85.17768
39	铬鞣牛皮	270.0273	89	PVC 板 / 箔 / 带，柔性，未增强等	82.1167
40	甜菜种子	267.4731	90	铁道用非机动自卸货车（包括电车道用，但子目 860610 的货品除外）	81.91678
41	单片数字集成电路的 MOS 技术	267.3288	91	硫化橡胶管，带超材料的补强管，不合格	79.72311
42	多层纸 / 纸板，外层漂白，卷 / 纸	265.0447	92	硅锰铁	78.40376
43	葡萄汁，未发酵，不含添加酒精	262.1654	93	初榨的葵花油和红花油	77.77355
44	牛皮，新鲜或湿腌的全皮和兽皮	260.9533	94	漂白纸，蜡 / 石蜡 / 蜡 / 油膏，漂白剂	77.27688
45	其他矿渣和灰渣，包括海藻灰（海带）	258.8445	95	鸦片及其衍生物的生物碱及其盐	74.62144
46	除木螺钉外的螺钉、螺栓和螺母	258.3674	96	1mm ≥厚度≥ 0.5mm 的冷轧非卷材（未进一步加工，宽≥ 600mm，未包、镀、涂层）	74.46264
47	自备电动机手部零件	257.1613	97	传输橡胶带	74.31328
48	碾压或剥落大麦粒	252.346	98	硫化橡胶传动带 / 皮带	73.58679
49	新型橡胶轮胎，NE，鲱鱼骨或类似胎面橡胶	245.5798	99	镀或涂铅的铁或非合金钢平板轧材（包括镀铅锡钢板，宽度在 600mm 及以上）	72.93504
50	纸和纸板，卷或片材	241.4235	100	含碳量不小于 0.25% 的钢坯	72.77195

数据来源：由联合国商品贸易数据计算整理所得

根据表 UA-2，2015 年乌克兰比较优势指数可知，2015 年，整体上乌克兰出口排名前 100 位的产品比较优势指数同样均大于 2.5，这说明乌克兰出口的这 100 中产品仍然具有显著的比较优势。其中，排名前 10 位的商品分别是初榨的葵花油和红花油、葵花子油渣饼及固体残渣、耐火黏土，不论是否煅烧、含碳量不小于 0.25%

的钢坯、宽度小于厚度两倍的矩形截面钢坯（含碳量小于 0.25%）、硅锰铁、鸵鸟与鸸鹋、功率 >1100kW 涡轮螺桨引擎、非合金生铁，按重量计含磷量在 0.5% 及以下、截面高度≥ 80mm 槽钢，其比较优势指数分别为 243.3981、216.3946、196.582、135.7736、102.6387、94.05674、87.87811、86.03906、73.39736、68.08839。值得注意的是，2015 年乌克兰出口产品的比较优势指数分布并不均匀，初榨的葵花油和红花油、葵花子油渣饼及固体残渣等产品在出口贸易中具有一定的垄断地位。在产业分布上，2015 年乌克兰具有比较优势的出口产品主要分布在农业、采矿业、制造业等。

表 UA-2　2015 年乌克兰比较优势指数

排名	产品名称	RCA	排名	产品名称	RCA
1	初榨的葵花油和红花油	243.3981	51	含石棉的摩擦材料及其他用于制动等用途的制品（摩擦材料由石棉为主原料构成）	22.79903
2	葵花子油渣饼及固体残渣	216.3946	52	已装拼的马赛克地板	22.5525
3	耐火黏土，不论是否煅烧	196.582	53	其他木炭（包括果壳炭及果核炭，不论是否结块）	22.24659
4	含碳量不小于 0.25% 的钢坯	135.7736	54	经其他加工的其他谷物	21.8629
5	宽度小于厚度两倍的矩形截面钢坯（含碳量小于 0.25%）	102.6387	55	厚度 >10mm 的其他热轧非卷材（宽≥ 600mm，未包、镀，涂层）	21.59565
6	硅锰铁	94.05674	56	无壳核桃	21.14597
7	鸵鸟、鸸鹋	87.87811	57	其他栎木（橡木）厚板材（经纵锯、纵切、刨切或旋切的，厚度超过 6mm）	20.28386
8	功率 >1100kw 涡轮螺桨引擎	86.03906	58	充气的娱乐或运动用快艇（包括充气的划艇及轻舟）	19.92133
9	非合金生铁，按重量计含磷量在 0.5% 及以下	73.39736	59	鲸、海豚及鼠海豚（鲸目哺乳动物）；海牛及儒艮（海牛目哺乳动物）	19.42571
10	截面高度≥ 80mm 槽钢	68.08839	60	其他冷轧的铁制无缝圆形截面管	19.13083
11	干的其他去壳禽蛋	67.45671	61	干的卵清蛋白	19.12687
12	1mm ≥厚度≥ 0.5mm 的冷轧非卷材（未进一步加工，宽≥ 600mm，未包、镀、涂层）	67.45497	62	粗苯	18.79562
13	以纺织物为底涂布或覆面的铺地品（不论是否剪切成形）	66.34743	63	玻璃安瓿	18.46466

续表

排名	产品名称	RCA	排名	产品名称	RCA
14	薪柴（圆木段，块，枝，成捆或类似形状）	56.27928	64	含金属丝的片材	17.99517
15	其他谷子	55.21848	65	天然铀及其化合物，含天然铀或天然铀化合物的合金、分散体（包括金属陶瓷）、陶瓷产品及混合物	17.71707
16	锰铁，按重量计含碳量在 2% 以上	54.69636	66	尿素	17.36911
17	其他玉米	53.86032	67	卵石，砾石及碎石，圆石子及燧石	17.32244
18	冻整头及半头猪肉	44.17766	68	天然蜂蜜	16.6233
19	电极用碳糊及炉衬用的类似糊	43.8901	69	氨	16.3322
20	用塑料涂面或盖面的壁纸及类似品（包括起纹，压花，着色，印制图案或经其他装饰）	42.71554	70	白蜡木厚板材（经纵锯、纵切、刨切或旋切的，厚度超过 6mm）	16.09207
21	其他编号未列名植物产品	42.19374	71	其他冷轧的不锈钢制无缝锅炉管	15.9
22	芥子	42.14153	72	初榨的低芥子酸菜子油	15.62116
23	沥青	41.1834	73	铁道用非机动自卸货车（包括电车道用，但子目 860610 的货品除外）	15.62082
24	已烧结铁矿砂及其精矿	40.34434	74	其他鲜的带壳濒危禽蛋	15.51013
25	冻藏的整头及半头牛肉	39.36817	75	钛铁及硅钛铁	15.1696
26	其他大麦	36.82616	76	滑雪屐	15.13258
27	干蛋黄	36.39848	77	锆矿砂及其精矿	15.08915
28	其他角材、型材及异型材	36.10745	78	氧化铝，但人造刚玉除外	14.97211
29	镍铁	35.89291	79	其他糖蜜	14.92838
30	输出功率 >375kW 的直流电动机、发电机	35.00963	80	核反应堆的燃料元件（筒）	14.16799
31	厚 <3mm 的热轧非卷材（除热轧外未进一步加工，宽≥ 600mm，未包、镀，涂层）	34.62386	81	涡轮喷气发动机（推力不超过 25 千牛顿）	13.85695
32	钛矿砂及其精矿	34.33324	82	含石棉的制品	13.49114
33	圆截面直径 <14mm 的其他热轧盘条（不带有轧制过程中产生的变形）	34.27588	83	其他合金钢冷成形或冷加工条、杆（除冷成形或冷加工外未进一步加工）	13.36749
34	3mm> 厚度 >1mm 的冷轧非卷材（除冷轧外未进一步加工，宽≥ 600mm，未包、镀、涂层）	34.07204	84	石英岩	13.36163

续表

排名	产品名称	RCA	排名	产品名称	RCA
35	精制的葵花油和红花油及其分离品	33.59265	85	3mm> 厚 >1mm 冷轧卷材（宽≥ 600mm	13.16557
36	其他矩形截面钢坯 [含碳量小于 0.25%（正方形截面除外）]	33.35569	86	玻璃灯泡	12.91368
37	低芥籽酸油菜籽	32.80959	87	用于汽车、飞机或轮船的点火接线装置和其他接线装置	12.90603
38	铁或非合金钢的热加工条、杆（带有轧制过程中产生变形，热加工指热轧、热拉拔或热挤压）	32.74787	88	面包干，吐司及类似的烤面包	12.84015
39	10mm ≥厚度≥ 4.75mm 的热轧非卷材（除热轧外未进一步加工，宽≥ 600mm，未包、镀，涂层）	30.18509	89	牛的精液	12.81767
40	镀或涂铅的铁或非合金钢平板轧材（包括镀铅锡钢板，宽度在 600mm 及以上）	28.41984	90	底宽≥ 40cm 的纸袋	12.76031
41	番茄汁	27.79632	91	冷轧的不锈钢制无缝锅炉管	12.51926
42	4.75mm> 厚≥ 3mm 大强度热轧非卷材（宽≥ 600mm）	27.06125	92	截面高度 <80mm 角钢	12.40687
43	4.75mm> 厚度≥ 3mm 的大强度卷材（宽≥ 600mm）	26.97387	93	铁道及电车道机车用其他轴、轮（包括其他零件，含铁道及电车道其他车辆用的）	12.15805
44	未锻轧的钛粉末	26.12904	94	干豌豆壳	12.03056
45	白利糖浓度超过 20 的苹果汁	26.08363	95	化学纤维制的其他絮胎及絮胎制品	11.97347
46	其他小麦及混合麦	25.92007	96	其他稀有气体	11.86724
47	从煤、褐煤或泥煤蒸馏所得的焦油及矿物焦油	25.80744	97	不论是否煅烧的高岭土及类似土	11.53763
48	小麦糠、麸及其他残渣	24.56666	98	硅铁，含硅量在 55% 以上	11.30874
49	其他饰面用单板（经纵锯，刨切或旋切的，厚度≤ 6mm）	23.75	99	包装中的乌龙茶 >3kg	11.13649
50	厚度 <3mm 的其他热轧卷材（除热轧外未进一步加工宽≥ 600mm，未包、镀、涂层）	22.81835	100	其他未经涂布中厚纸及纸板（中厚指 150 克 < 每平方米重量 <225 克成卷或成张的）	10.80079

数据来源：由联合国商品贸易数据计算整理所得

2005 年至 2015 年，乌克兰出口商品的比较优势变化十分显著。从比较优势指数来分析，相对于2005年，2015年乌克兰前100名产品的比较优势指数下降显著，比较优势均值从218.3471下降到36.15，降幅为83.44%；比较优势指数最大值从323.7922，下降到243.3981，降幅为24.83%；最小值从72.77195下降至10.80079，降幅为85.16%。这说明乌克兰在国际上的出口贸易中具有比较优势产品的竞争力逐渐减弱。从产品整体结构来看，2005年与2015年比较优势排名前100的产品种类同样发生了显著的变化。特别是2015年比较优势排名前10的产品与2005年完全不一样，原本具有显著比较优势的产品其比较优势已经基本上退出前100位，竞争优势逐渐消失；初榨的葵花油和红花油、葵花子油渣饼及固体残渣耐火黏土等产品比较优势上升，成为了替代品。

（二）乌克兰出口主导产业分析

1. 出口主导产业测度

出口主导产业是由产业出口额占国家总出口额的比例来衡量的，所占比例越大，表明其在出口中所占地位越重，同时表明，此国生产相应产品的能力越强或拥有相应丰富的资源。表UA-3及表UA-4是乌克兰出口额排名前100的产品，从产品结构上看，2005年主要出口产品集中在制造业、采矿业、农业。其中，汽油；厚度>10mm的其他热轧非卷材（宽≥600mm，未包、镀，涂层）；含碳量不小于0.25%的钢坯；其他矩形截面钢坯[含碳量小于0.25%（正方形截面除外）]；铁或非合金钢的热加工条、杆（带有轧制过程中产生变形，热加工指热轧、热拉拔或热挤压）；宽度小于厚度两倍的矩形截面钢坯（含碳量小于0.25%）；厚度<3mm的其他热轧卷材（除热轧外未进一步加工宽≥600mm，未包、镀、涂层）；尿素是主要出口产品。

表UA-3　2005年乌克兰出口额排名前100产品

单位：万美元、%

排名	产品名称	出口值	占比	排名	产品名称	出口值	占比
1	汽油	203777.36	5.95	51	其他针叶木原木	12237.32	0.36
2	厚度>10mm的其他热轧非卷材（宽≥600mm，未包、镀，涂层）	123576.18	3.61	52	硝酸铵	12038.16	0.35
3	含碳量不小于0.25%的钢坯	112103.84	3.28	53	10mm≥厚≥4.75mm的其他热轧卷材（除热轧外未进一步加工，宽≥600mm，未包、镀、涂层）	11931.79	0.35

续表

排名	产品名称	出口值	占比	排名	产品名称	出口值	占比
4	其他矩形截面钢坯［含碳量小于 0.25%（正方形截面除外）］	102902.89	3.01	54	未锻轧非合金铝	11866.76	0.35
5	铁或非合金钢的热加工条、杆（带有轧制过程中产生变形，热加工指热轧、热拉拔或热挤压）	96619.59	2.82	55	锰铁，按重量计含碳量在 2% 以上	11340.59	0.33
6	宽度小于厚度两倍的矩形截面钢坯（含碳量小于 0.25%）	94885.62	2.77	56	氯乙烯	11202.97	0.33
7	厚度 <3mm 的其他热轧卷材（除热轧外未进一步加工宽≥ 600mm，未包、镀、涂层）	82432.92	2.41	57	冻藏的整头及半头牛肉	10907.63	0.32
8	尿素	71437.55	2.09	58	其他钢铁结构体及部件（包括结构体用的已加工钢板、型材、管子及类似品）	10864.40	0.32
9	小麦或马尾松种子免耕小麦	65169.91	1.90	59	牛奶和奶油的固体形式 < 15% 脂肪	10829.33	0.32
10	10mm ≥厚度≥ 4.75mm 的热轧非卷材（除热轧外未进一步加工，宽≥ 600mm，未包、镀，涂层）	64322.07	1.88	60	镀锌的其他形铁或非合金钢宽板材（电镀锌的除外，宽≥ 600mm）	10708.50	0.31
11	已烧结铁矿砂及其精矿	56116.59	1.64	61	耐火黏土，不论是否煅烧	10174.18	0.30
12	圆截面直径 <14mm 的其他热轧盘条（不带有轧制过程中产生的变形）	53345.73	1.56	62	冷成形或冷加工的不锈钢条、杆（除冷加工外未进一步加工的不锈钢条、杆）	9968.84	0.29
13	硅锰铁	46238.68	1.35	63	初级形状比重≥ 0.94 的聚乙烯	9840.13	0.29
14	纵向埋弧焊接石油、天然气粗钢管（粗钢管指外径超过 406.4mm）	45313.33	1.32	64	酪蛋白	9680.37	0.28
15	大麦种子	44439.09	1.30	65	4.75mm> 厚≥ 3mm 大强度热轧非卷材（宽≥ 600mm）	9612.80	0.28
16	初榨的葵花油和红花油	41490.03	1.21	66	其他蒸馏酒及酒精饮料	9529.37	0.28

续表

排名	产品名称	出口值	占比	排名	产品名称	出口值	占比
17	氨	40367.00	1.18	67	厚 <3mm 的热轧非卷材（除热轧外未进一步加工，宽≥600mm，未包、镀，涂层）	9436.69	0.28
18	气态天然气	38524.02	1.13	68	葵花子油渣饼及固体残渣	9178.78	0.27
19	未烧结的铁矿石和精矿（焙烧黄铁矿除外）	37625.99	1.10	69	其他货物和其他船只运输货物和货物的船舶	9036.43	0.26
20	4.75mm> 厚度≥ 3mm 的大强度卷材（宽≥ 600mm）	35143.39	1.03	70	3mm> 厚 >1mm 冷轧卷材（宽≥ 600mm）	8516.47	0.25
21	宽≥ 600mm 热轧其他合金钢材（除热轧外未经进一步加工）	33103.77	0.97	71	铁道用非机动厢高 >60cm 敞篷货车（包括电车道用）	8493.84	0.25
22	其他奶酪	31108.06	0.91	72	用塑料涂面或盖面的壁纸及类似品（包括起纹，压花，着色，印制图案或经其他装饰）	8139.60	0.24
23	品目 8606 所列其他未列名非机动车	26757.38	0.78	73	金属轧机用轧辊	8099.51	0.24
24	其他玉米	26699.77	0.78	74	额定容量≥ 10000kVA 液体变压器	7943.85	0.23
25	未按种类指定的商品	26552.44	0.78	75	未镀或涂层的铁或非合金钢丝（不论是否抛光）	7833.32	0.23
26	其他以钢铁为主的废五金材料	25723.62	0.75	76	海绵钛	7646.65	0.22
27	其他冷轧的铁制无缝圆形截面管	25718.14	0.75	77	针叶木厚板材（经纵锯、纵切、刨切或旋切的，厚度超过 6mm）	7604.16	0.22
28	氧化铝，但人造刚玉除外	25698.22	0.75	78	丙烯	7596.03	0.22
29	其他钻探石油及天然气用的套管及导管（铸铁的除外）	24869.49	0.73	79	镍铁	7533.02	0.22
30	焦炭或半焦炭、甑炭	21890.86	0.64	80	柴油型的其他货车（装有压燃式活塞内燃发动机，超重型指车辆总重量 >20 吨）	7524.99	0.22
31	非合金生铁，按重量计含磷量在 0.5% 及以下	21600.51	0.63	81	其他非圆截面焊接钢管、管材和空心型材	7511.75	0.22
32	功率 >5000kW 的其他燃气轮机	21192.10	0.62	82	碳酸钠（纯碱）	7309.55	0.21

续表

排名	产品名称	出口值	占比	排名	产品名称	出口值	占比
33	其他巧克力及含可可的食品	20130.27	0.59	83	其他不含可可的糖食	7170.88	0.21
34	铁道及电车道机车用其他轴、轮（包括其他零件，含铁道及电车道其他车辆用的）	19566.88	0.57	84	其他液化石油气、烃类气	7126.14	0.21
35	1mm ≥厚度≥ 0.5mm 的冷轧非卷材（未进一步加工，宽≥ 600mm，未包、镀、涂层）	19505.17	0.57	85	冷藏－冷冻组合机（各自装有单独外门的）	6942.18	0.20
36	铁道用非机动油罐货车及类似车（包括电车道用，但不包括容积 50 立方米液化气铁路槽车）	18949.13	0.55	86	其他经掺杂用于工业的晶体切片	6885.77	0.20
37	电力	17821.15	0.52	87	烟草制的卷烟	6863.04	0.20
38	用于汽车、飞机或轮船的点火接线装置和其他接线装置	17165.08	0.50	88	其他合金钢热加工条、杆（除热轧，热拉拔或热挤压外未经进一步加工的）	6819.88	0.20
39	干量计二氧化钛≥ 80%的颜料	16677.02	0.49	89	脂肪含量≤ 1.5% 固状乳及奶油（指粉状、粒状或其他固体状态，浓缩，加糖或其他甜物质）	6764.26	0.20
40	截面高度≥ 80mm 槽钢	16495.76	0.48	90	麦芽酿造的啤酒	6763.88	0.20
41	1mm ≥厚度≥ 0.5mm 冷轧卷材（宽≥ 600mm）	15530.61	0.45	91	其他圆截面合金钢	6668.03	0.19
42	其他空气泵、气体压缩机及通风罩	15038.23	0.44	92	烟煤	6642.78	0.19
43	无烟煤	14341.80	0.42	93	其他乳酪	6594.33	0.19
44	其他栎木（橡木）厚板材（经纵锯、纵切、刨切或旋切的，厚度超过 6mm）	14199.24	0.41	94	甜饼干、华夫饼干和薄饼	6594.13	0.19
45	未锻轧铝合金	14040.33	0.41	95	其他合金钢半成品	6287.17	0.18
46	伏特加酒	13693.43	0.40	96	钛铁及硅钛铁	6165.04	0.18
47	其他角材、型材及异型材	13693.03	0.40	97	其他冷轧的铁制无缝圆形截面管（冷拔或冷轧的铁或非合金钢制的）	5992.72	0.18

续表

排名	产品名称	出口值	占比	排名	产品名称	出口值	占比
48	3mm> 厚度 >1mm 的冷轧非卷材（除冷轧外未进一步加工，宽≥ 600mm，未包、镀、涂层）	13245.36	0.39	98	毛制女式大衣、斗篷及类似品等（包括短大衣、短斗篷，羊毛或动物细毛制）	5990.47	0.18
49	精制的葵花油和红花油及其分离品	13088.44	0.38	99	航天器（包括卫星）及其运载工具（包括亚轨道运载工具）	5895.14	0.17
50	其他合金钢冷成形或冷加工条、杆（除冷成形或冷加工外未进一步加工）	12750.96	0.37	100	6– 己内酰胺	5847.24	0.17

数据来源：由联合国商品贸易数据计算整理所得

由表 UA–4 可知，2015 年乌克兰主要出口产品集中分布在农业、采矿业。其中其他玉米；初榨的葵花油和红花油；其他小麦及混合麦；已烧结铁矿砂及其精矿；未烧结的铁矿石和精矿（焙烧黄铁矿除外）；宽度小于厚度两倍的矩形截面钢坯（含碳量小于 0.25%）；用于汽车以及飞机或轮船的点火接线装置和其他接线装置；含碳量不小于 0.25% 的钢坯；其他大豆；铁或非合金钢的热加工条、杆（带有轧制过程中产生变形，热加工指热轧、热拉拔或热挤压）；其他大麦等为主要出口产品。

表 UA–4　2015 年乌克兰出口额排名前 100 产品

单位：万美元、%

排名	产品名称	出口值	占比	排名	产品名称	出口值	占比
1	其他玉米	299295.59	7.85	51	白利糖浓度超过 20 的苹果汁	10049.94	0.26
2	初榨的葵花油和红花油	279249.59	7.32	52	其他饰面用单板（经纵锯，刨切或旋切的，厚度≤ 6mm）	9813.374	0.26
3	其他小麦及混合麦	222384.14	5.83	53	麦精、粮食粉等制食品及乳制食品	9807.89	0.26
4	已烧结铁矿砂及其精矿	105157.45	2.76	54	飞机和其他飞机的空载重量超过 15000 公斤	9686.581	0.25
5	未烧结的铁矿石和精矿（焙烧黄铁矿除外）	104014.29	2.73	55	无壳核桃	9627.715	0.25
6	宽度小于厚度两倍的矩形截面钢坯（含碳量小于 0.25%）	94254.27	2.47	56	其他栎木（橡木）厚板材（经纵锯、纵切、刨切或旋切的，厚度超过 6mm）	8878.818	0.23

续表

排名	产品名称	出口值	占比	排名	产品名称	出口值	占比
7	用于汽车、飞机或轮船的点火接线装置和其他接线装置	93618.51	2.46	57	冻的整只鸡	8598.561	0.23
8	含碳量不小于 0.25% 的钢坯	88332.16	2.32	58	天然蜂蜜	8398.232	0.22
9	其他大豆	80541.98	2.11	59	功率 >5000kW 的其他燃气轮机	8392.918	0.22
10	铁或非合金钢的热加工条、杆（带有轧制过程中产生变形，热加工指热轧、热拉拔或热挤压）	79852.50	2.09	60	其他玻璃器皿	8198.088	0.22
11	其他大麦	76849.23	2.02	61	冷轧的不锈钢制无缝锅炉管	8071.759	0.21
12	葵花子油渣饼及固体残渣	74598.67	1.96	62	木制碎料板（不论是否用树脂或其他有机黏合剂黏合）	7813.516	0.20
13	其他矩形截面钢坯 [含碳量小于 0.25%（正方形截面除外）]	66171.15	1.74	63	其他角材、型材及异型材	7800.25	0.20
14	低芥籽酸油菜籽	56601.03	1.48	64	其他鲜的带壳濒危禽蛋	7744.993	0.20
15	厚度 <3mm 的其他热轧卷材（除热轧外未进一步加工宽≥ 600mm，未包、镀、涂层）	51625.61	1.35	65	卵石，砾石及碎石，圆石子及燧石	7713.798	0.20
16	非合金生铁，按重量计含磷量在 0.5% 及以下	51112.97	1.34	66	其他通信设备零件	7712.573	0.20
17	硅锰铁	46349.53	1.22	67	其他离心泵	7562.551	0.20
18	厚度 >10mm 的其他热轧非卷材（宽≥ 600mm，未包、镀，涂层）	43056.59	1.13	68	锰铁，按重量计含碳量在 2% 以上	7374.572	0.19
19	尿素	42960.09	1.13	69	电视接收机（在设计上不带有视频显示器或屏幕的）	7272.07	0.19
20	圆截面直径 <14mm 的其他热轧盘条（不带有轧制过程中产生的变形）	41097.07	1.08	70	汽轮机用的零件	7186.847	0.19
21	氧化铝，但人造刚玉除外	40624.23	1.07	71	钛矿砂及其精矿	7183.317	0.19
22	功率 >1100kW 涡轮螺桨引擎	38530.93	1.01	72	其他石油或天然气钢铁管道	7169.803	0.19

续表

排名	产品名称	出口值	占比	排名	产品名称	出口值	占比
23	其他以钢铁为主的废五金材料	28927.17	0.76	73	其他座具的零件	7132.449	0.19
24	烟草制的卷烟	27778.80	0.73	74	冷成形或冷加工的不锈钢条、杆（除冷加工外未进一步加工的不锈钢条、杆）	7096.044	0.19
25	氨	25210.40	0.66	75	其他供吸用的烟草	6954.531	0.18
26	4.75mm> 厚度≥ 3mm 的大强度卷材（宽≥ 600mm）	24836.10	0.65	76	小麦或混合麦的细粉	6890.063	0.18
27	镍铁	24684.17	0.65	77	其他货物和其他船只运输货物和货物的船舶	6813.633	0.18
28	针叶木厚板材（经纵锯、纵切、刨切或旋切的，厚度超过 6mm）	23372.38	0.61	78	10mm ≥厚≥ 4.75mm 的其他热轧卷材（除热轧外未进一步加工，宽≥ 600mm，未包、镀、涂层）	6802.998	0.18
29	精制的葵花油和红花油及其分离品	23105.41	0.61	79	盖子、瓶帽、螺口塞封志等包装用附件（贱金属制）	6502.428	0.17
30	天然铀及其化合物，含天然铀或天然铀化合物的合金、分散体（包括金属陶瓷）、陶瓷产品及混合物	19120.94	0.50	80	其他钻探石油及天然气用的套管及导管（铸铁的除外）	6444.723	0.17
31	耐火黏土，不论是否煅烧	17923.61	0.47	81	其他钢铁结构体及部件（包括结构体用的已加工钢板、型材、管子及类似品）	6386.687	0.17
32	截面高度≥ 80mm 槽钢	17743.85	0.47	82	上釉的大陶瓷砖，瓦，块及类似品	6383.382	0.17
33	10mm ≥厚度≥ 4.75mm 的热轧非卷材（除热轧外未进一步加工，宽≥ 600mm，未包、镀，涂层）	16584.61	0.43	83	其他合金钢冷成形或冷加工条、杆（除冷成形或冷加工外未进一步加工）	6379.539	0.17
34	电力	14970.13	0.39	84	脂肪含量≤ 1.5% 固状乳及奶油（指粉状、粒状或其他固体状态，浓缩，加糖或其他甜物质）	6295.941	0.17

续表

排名	产品名称	出口值	占比	排名	产品名称	出口值	占比
35	用塑料涂布，浸渍的其他纸及纸板（成卷或成张任何尺寸的，包括以纸或纸板为底制成的铺地制品）	14756.31	0.39	85	纵向埋弧焊接石油、天然气粗钢管（粗钢管指外径超过406.4mm）	6271.261	0.16
36	其他针叶木原木	14530.31	0.38	86	其他电压不超过1000伏的电导体	6221.02	0.16
37	用塑料涂面或盖面的壁纸及类似品（包括起纹，压花，着色，印制图案或经其他装饰）	13992.83	0.37	87	硅铁，含硅量在55%以上	6112.575	0.16
38	1mm ≥厚度≥ 0.5mm 冷轧卷材（宽≥ 600mm）	13541.78	0.36	88	宽≥ 600mm 热轧其他合金钢材（除热轧外未经进一步加工）	6057.648	0.16
39	3mm> 厚 >1mm 冷轧卷材（宽≥ 600mm）	13463.61	0.35	89	其他冷轧的不锈钢制无缝锅炉管	6016.184	0.16
40	其他冷轧的铁制无缝圆形截面管	12094.29	0.32	90	薪柴（圆木段，块，枝，成捆或类似形状）	5878.747	0.15
41	其他巧克力及含可可的食品	11946.29	0.31	91	1mm ≥厚度≥ 0.5mm 的冷轧非卷材（未进一步加工，宽≥ 600mm，未包、镀、涂层）	5809.592	0.15
42	冻的鸡块和杂碎	11794.82	0.31	92	其他涡轮喷气机、涡轮螺旋桨和燃气轮机	5717.94	0.15
43	未按种类指定的商品	11161.38	0.29	93	小麦糠、麸及其他残渣	5532.992	0.15
44	其他已配定剂量的药品	11025.24	0.29	94	未锻轧铝合金	5528.01	0.14
45	石油油和油脂	10982.22	0.29	95	其他编号未列名植物产品	5508.907	0.14
46	初榨的低芥子酸菜子油	10946.12	0.29	96	镀锌的其他形铁或非合金钢宽板材（电镀锌的除外，宽≥ 600mm）	5393.513	0.14
47	初榨的豆油	10682.91	0.28	97	干豌豆壳	5385.029	0.14
48	其他不含可可的糖食	10423.90	0.27	98	加热电阻器	5373.868	0.14
49	铁道及电车道机车用其他轴、轮（包括其他零件，含铁道及电车道其他车辆用的）	10327.44	0.27	99	其他钢铁制品	5348.823	0.14
50	提炼豆油所得的油饼和其他固体残渣	10298.89	0.27	100	烟煤	5344.765	0.14

数据来源：由联合国商品贸易数据计算整理所得

在乌克兰出口集中度上，从出口主导产品来看，2005年排名前5的主导产品出口额度为63.90亿美元，占比为18.67%；排名前10的出口主导产品出口总额为101.72亿美元，占比为29.72%。2015年，排名前5的主导产品出口额为101.01亿美元，占比为26.49%；前10出口主导产品出口总额达到144.67亿美元，占比为37.94%。相比于2005年，2015年乌克兰前5、前10主导产品的出口额度都有所提升，且总体产品集中度呈现上升趋势。

从出口主导产品结构来看，2005年与2015年相比，产品仍然主要分布在制造业、农业、采矿业等，但是产品种类发生了显著的变化。2005年出口排名前5的产品主要是汽油；厚度>10mm的其他热轧非卷材（宽≥600mm，未包、镀，涂层）；含碳量不小于0.25%的钢坯；其他矩形截面钢坯[含碳量小于0.25%（正方形截面除外）]；铁或非合金钢的热加工条、杆（带有轧制过程中产生变形，热加工指热轧、热拉拔或热挤压）等工业制造品；但是2015年农业产品成为了排名前列的主导产品。并且，在整体出口的主导产品上，农业产品出口所占比例也越来越大，这反映了乌克兰较好的农业发展状况。

2. 出口主导产业与比较优势产业的一致性分析

表UA-5为2015年乌克兰排名前10的比较优势产品及出口主导产品。虽然表中显示的具有显著比较优势的产品和出口主导产品都属于农业、制造业等行业，但是在对应的产品上，明显的具有不一致性。排名前10的具有显著比较优势的产品与出口主导产品只有初榨的葵花油和红花油这一产品相对应，且排名也不一致。其他产品，比较优势排在第二位的葵花子油渣饼及固体残渣，在出口产品中排在13位；比较优势排在第三位的耐火黏土，出口产品中排在31位；其他产品同样在比较优势和出口主导程度上很少对应。因此，可以得出乌克兰的比较优势产业与出口主导产业不具有一致性。

表UA-5　2015年乌克兰排名前10比较优势产品及出口主导产品

单位：%

排名	比较优势产品名称	RCA	排名	出口主导产品名称	占比
1	初榨的葵花油和红花油	243.3981	1	其他玉米	7.85
2	葵花子油渣饼及固体残渣	216.3946	2	初榨的葵花油和红花油	7.32
3	耐火黏土，不论是否煅烧	196.582	3	其他小麦及混合麦	5.83
4	含碳量不小于0.25%的钢坯	135.7736	4	已烧结铁矿砂及其精矿	2.76

续表

排名	比较优势产品名称	RCA	排名	出口主导产品名称	占比
5	宽度小于厚度两倍的矩形截面钢坯（含碳量小于 0.25%）	102.6387	5	未烧结的铁矿石和精矿（焙烧黄铁矿除外）	2.73
6	硅锰铁	94.05674	6	宽度小于厚度两倍的矩形截面钢坯（含碳量小于 0.25%）	2.47
7	鸵鸟、鸸鹋	87.87811	7	用于汽车、飞机或轮船的点火接线装置和其他接线装置	2.46
8	功率 >1100kW 涡轮螺桨引擎	86.03906	8	含碳量不小于 0.25% 的钢坯	2.32
9	非合金生铁，按重量计含磷量在 0.5% 及以下	73.39736	9	其他大豆	2.11
10	截面高度≥ 80mm 槽钢	68.08839	10	铁或非合金钢的热加工条、杆（带有轧制过程中产生变形，热加工指热轧、热拉拔或热挤压）	2.09

数据来源：由联合国商品贸易数据计算整理所得

（三）乌克兰出口比较优势变化分析

1. 描述性分析

依据表 UA-1 及表 UA-2，对比分析 2005 年及 2015 年乌克兰比较优势指数排名前 100 的产品，我们可以得出以下信息：

第一，相对于 2005 年，2015 年乌克兰前 100 名产品的比较优势指数下降显著，比较优势均值从 218.3471 下降到 36.15，降幅为 83.44%；比较优势指数最大值从 323.7922，下降到 243.3981，降幅为 24.83%；最小值从 72.77195 下降至 10.80079，降幅为 85.16%

第二，乌克兰具比较优势的产品数量呈现缩减态势。2005 年，比较优势指数大于 1 的产品共有 824 类，大于 2.5 的产品共有 523 类；而 2015 年，比较优势指数大于 1 的产业有 636 类，大于 2.5 的产品共有 346 类。表明乌克兰在国际上具有比较优势产品的竞争力逐渐减弱。

第三，比较优势指数排名产品结构不稳定，2015 年比较优势排名前 10 的产品与 2005 年完全不一样，原本具有显著比较优势的产品其比较优势已经基本上退出前 100 位，竞争优势逐渐消失；初榨的葵花油和红花油、葵花子油渣饼及固体残渣、耐火黏土等产品比较优势上升，成为了新的具有显著比较优势的产品。

2. 回归分析

将2015年乌克兰产业比较优势指数作为被解释变量，2005年乌克兰产业比较优势指数作为解释变量，对其进行回归分析。若回归系数>1，则表明乌克兰更加强化了具有比较优势的产业，弱化了不具有比较优势的产业；若0<回归系数<1，则表明具有比较优势的产业弱化了；若回归系数<0，则表明乌克兰比较优势的产业发生了质变。使用最小二乘法对其进行回归，得出结果如表UA-6所示。从表中可以看出，回归系数为0.1779635，介于0和1之间，因此说明相对于2005年，2015年乌克兰具有比较优势的产业弱化了。

表UA-6　回归结果

变量	Coef.	Std. Err.	t	P>|t|
2005比较优势指数	0.1779635	0.002296	77.51	0.000
常数项	0.2369789	0.901443	2.63	0.009
	R^2 = 0.6175		F-statistics =6007.67	

（四）乌克兰进口需求及其变化分析

表UA-7表示2005年乌克兰进口额排名前100产品。从表中可以看出，排名前10的进口产品有石油原油、气态天然气、汽油、1.5升<排量≤3升装点燃往复式活塞内燃发动机的其他载人车辆、烟煤、其他已配定剂量的药品、小型载人机动车辆车身（含驾驶室）、电视卫星地面站、未辐照燃料元件、未按种类指定的商品等。其中，石油原油进口额度最高，为46亿美元，占比达到12.74%；其次是气态天然气和汽油，进口额度分别为39.46亿美元、11.32亿美元，占比分别为10.92%、3.13%。从乌克兰进口前100名产品的结构来看，进口产品排名前5的额度占比为30.98%，具有相对集中性，特别是集中在对矿物能源的需求上。

表UA-7　2005年乌克兰进口额排名前100产品

单位：万美元、%

排名	产品名称	进口值	占比	排名	产品名称	进口值	占比
1	石油原油	460051.27	12.74	51	镀（涂）锡的非合金钢薄宽平板轧材	7450.34	0.21
2	气态天然气	394600.43	10.92	52	涂漆或涂塑的铁或非合金钢宽板材（宽度≥600mm）	7425.19	0.21

续表

排名	产品名称	进口值	占比	排名	产品名称	进口值	占比
3	汽油	113173.38	3.13	53	其他包装或打包机器（包括热缩包装机器）	7368.76	0.20
4	1.5 升 < 排量≤ 3 升装点燃往复式活塞内燃发动机的其他载人车辆	82089.96	2.27	54	其他利用温度变化处理材料的机器	7268.37	0.20
5	烟煤	69187.10	1.92	55	彩色阴极射线电视显像管（包括视频监视器用阴极射线管）	7056.03	0.20
6	其他已配定剂量的药品	55957.75	1.55	56	其他拖拉机	7053.12	0.20
7	小型载人机动车辆车身（含驾驶室）（品目 8703 所列车辆用）	53700.32	1.49	57	婴儿用卫生巾和卫生棉条、餐巾纸和餐巾纸，类似卫生用品	6983.71	0.19
8	电视卫星地面站	41003.98	1.14	58	上釉的大陶瓷砖，瓦，块及类似品	6941.73	0.19
9	未辐照燃料元件	29801.42	0.83	59	新鲜或干燥香蕉	6739.60	0.19
10	未按种类指定的商品	26906.32	0.74	60	压缩点火内燃活塞发动机（柴油或半柴油机）	6732.08	0.19
11	铝矿砂及其精矿	24069.05	0.67	61	其他塑料制品	6705.96	0.19
12	锰矿砂及其精矿	23019.39	0.64	62	冷冻鲱鱼（肝脏和鱼卵除外）	6554.91	0.18
13	光线路终端 / 脉冲编码调制多路复用器	20874.01	0.58	63	干衣量≤ 10kg 的全自动洗衣机	6471.62	0.18
14	焦炭或半焦炭、甑炭	18401.85	0.51	64	钢铁制桥梁及桥梁体段	6442.74	0.18
15	部分或全部去梗的烟草	18042.27	0.50	65	初级形状的纯聚氯乙烯	6413.48	0.18
16	排气量 >4 升带点燃往复式活塞内燃发动机其他车	17738.43	0.49	66	镀锌的其他形铁或非合金钢宽板材（电镀锌的除外，宽≥ 600mm）	6319.70	0.17
17	初级形状的聚对苯二甲酸乙二酯	17339.26	0.48	67	其他自动调节或控制仪器及装置	6253.95	0.17
18	排气量≥ 1000cc 往复式活塞发动机	16281.69	0.45	68	冻的鸡块和杂碎	6197.22	0.17
19	初级形状比重 <0.94 的聚乙烯	14867.93	0.41	69	容量控制 >5000 的数字程控公用电话交换系统	6183.91	0.17
20	其他编号未列名的食品	14851.76	0.41	70	其他货运挂车及半挂车	6176.48	0.17

续表

排名	产品名称	进口值	占比	排名	产品名称	进口值	占比
21	1 升 < 排量≤ 1.5 升带点燃往复式活塞内燃发动机其他车	14261.11	0.39	71	其他电力控制或分配的装置（电压不超过1000伏的线路）	5978.70	0.17
22	直接从铁矿还原的铁制品（铁团、铁粒及类似形状）	12408.61	0.34	72	其他身体部分和附件（包括驾驶室）	5955.68	0.16
23	冷藏 – 冷冻组合机（各自装有单独外门的）	12303.74	0.34	73	成卷或成张的新闻纸（成条宽 >36cm，或一边 >36cm，一边 >15cm 成张矩形）	5847.49	0.16
24	初级形状比重≥ 0.94 的聚乙烯	12131.62	0.34	74	最大截面尺寸 >6mm 的精炼铜丝	5842.30	0.16
25	已配剂量含有维生素等的其他药品	11950.45	0.33	75	镁，钙，铬含量 >50% 的耐火砖及类似品	5731.30	0.16
26	半挂车用的公路牵引车	11737.61	0.32	76	其他机械和机械设备	5727.78	0.16
27	钼铁	11385.96	0.32	77	已配剂量含有其他抗菌素的药品	5721.86	0.16
28	其他零件和附件	11272.67	0.31	78	合金铝制铝塑复合矩形板、片及带（包括正方形）厚度厚 >0.2mm	5713.55	0.16
29	计算机用终端（输入或输出部件，不论是否在同一机壳内有存储部件）	10562.18	0.29	79	纸 / 纸板（机械纤维除外）	5496.02	0.15
30	其他棕榈油及其分离品	10468.96	0.29	80	其他配制的动物饲料	5443.46	0.15
31	非货币用半制成金（包括镀铂的金）	10360.70	0.29	81	其他木制板（不论是否用树脂或其他有机黏合剂黏合）	5442.05	0.15
32	零售用除草剂	10230.11	0.28	82	壁纸原纸（未经涂布的，成卷或成张）	5382.55	0.15
33	总重量≤ 5 吨的其他货车（汽油型，装有点燃式活塞内燃发动机）	10175.93	0.28	83	80 伏 < 电压 <1000 伏无连接器电缆	5353.12	0.15
34	彩色卫星电视接收机	9867.41	0.27	84	其他钢铁结构体及部件（包括结构体用的已加工钢板、型材、管子及类似品）	5341.06	0.15
35	婴儿用卫生巾和卫生棉条、餐巾纸和餐巾纸，类似卫生用品	9514.65	0.26	85	含烟草或不含烟草代用品的烟草	5339.01	0.15
36	其他塑料板，片，膜，箔，扁条	9319.38	0.26	86	其他电视接收机零件	5252.08	0.15

续表

排名	产品名称	进口值	占比	排名	产品名称	进口值	占比
37	未烧结的铁矿石和精矿（焙烧黄铁矿除外）	9032.53	0.25	87	初级形状的聚丙烯	5205.58	0.14
38	其他氧化镁	8989.47	0.25	88	碳化原纸	5166.21	0.14
39	其他阀门（用于管道、锅炉、罐、桶或类似品的）	8880.31	0.25	89	1.5 升＜排量≤ 2.5 升装有压燃往复式活塞内燃发动机	5118.67	0.14
40	已配剂量含有其他生物碱等的药品	8513.68	0.24	90	已烧结铁矿砂及其精矿	5085.21	0.14
41	金属冶炼及铸造用铸造机	8321.10	0.23	91	其他含碳量小于 0.25% 的钢坯	5068.62	0.14
42	咖啡浓缩精汁	8315.01	0.23	92	数字程控交换系统的组成部分	5027.58	0.14
43	其他塑料及橡胶制鞋面的其他鞋靴	8208.47	0.23	93	氯乙烯聚合物制单丝、条、杆及型材	5020.98	0.14
44	其他钒铁	8159.17	0.23	94	852431	5001.89	0.14
45	柴油型其他小型货车（装有压燃式活塞内燃发动机，小型指车辆总重量≤ 5 吨）	8139.78	0.23	95	其他离心泵	4912.60	0.14
46	零售包装有机表面活性剂制品	8082.80	0.22	96	挖掘机（上部结构可转 360 度的）	4863.10	0.13
47	柴油型其他货车（装有压燃式活塞内燃发动机，重型指 5 ≤车辆总重≤ 20 吨）	7877.01	0.22	97	其他经涂布，浸渍，覆盖的纸及纸板（包括纤维素絮纸及纤维素纤维网纸，成卷或成张，包括以纸或纸板为底制成的铺地制品）	4860.05	0.13
48	联合收割机	7736.23	0.21	98	非合金生铁，按重量计含磷量在 0.5% 及以下	4857.53	0.13
49	其他美容品或化妆品	7608.53	0.21	99	其他医疗、外科或兽医用仪器器具	4793.12	0.13
50	其他客或货车用新充气橡胶轮胎	7487.84	0.21	100	其他自推进的凿井机械	4786.84	0.13

数据来源：由联合国商品贸易数据计算整理所得

表 UA-8 表示 2015 年乌克兰进口额排名前 100 产品。从表中可以看出，排名前 10 的进口产品有气态天然气；石油和油脂；烟煤；轻油及制品，不含生物柴油；其他已配定剂量的药品；未辐照燃料元件；焦炭或半焦炭、甑炭；蜂窝网络或其他无线网络的电话机；化学肥料或矿物肥料（含氮、磷、钾三种肥效元素）；零售包装抗萌剂及植物生长调节剂等。其中，气态天然气进口额度最高，为 45.07 亿美元，占比达到 12.01%；其次是石油和油脂以及烟煤，进口额度分别为 29.69 亿美元、14.74 亿美元，占比分别为 7.91%、3.93%。从 2015 年乌克兰进口前 100 名产品结构来看，乌克兰对矿物能源的需求仍然较为旺盛，特别是对气态天然气、石油等的需求仍然比较集中。

表 UA-8　2015 年乌克兰进口额排名前 100 产品

单位：万美元、%

排名	产品名称	进口值	占比	排名	产品名称	进口值	占比
1	气态天然气	450720.66	12.01	51	零售包装的生物杀虫剂	9242.99	0.25
2	石油和油脂	296935.59	7.91	52	其他配制的动物饲料	9047.08	0.24
3	烟煤	147493.35	3.93	53	其他美容品或化妆品	8990.63	0.24
4	轻油及制品，不含生物柴油	83960.18	2.24	54	未烧结的铁矿石和精矿（焙烧黄铁矿除外）	8786.45	0.23
5	其他已配定剂量的药品	72967.53	1.94	55	镍矿砂及其精矿	8636.47	0.23
6	未辐照燃料元件	64357.01	1.72	56	其他阀门（用于管道、锅炉、罐、桶或类似品的）	8516.43	0.23
7	焦炭或半焦炭、甑炭	39228.56	1.05	57	电力	8479.22	0.23
8	蜂窝网络或其他无线网络的电话机	33753.81	0.90	58	其他棕榈油及其分离品	8401.48	0.22
9	化学肥料或矿物肥料（含氮、磷、钾三种肥效元素）	33172.84	0.88	59	石油原油	8211.99	0.22
10	零售包装抗萌剂及植物生长调节剂	32062.44	0.85	60	已配剂量含有维生素等的其他药品	8179.79	0.22
11	未按种类指定的商品	25060.31	0.67	61	零售包装有机表面活性剂制品	7923.17	0.21
12	1.5 升 < 排量 ≤ 2.5 升装有压燃往复式活塞内燃发动机	24718.34	0.66	62	其他非泡沫乙烯聚合物板，片，膜，箔及扁条	7868.11	0.21
13	部分或全部去梗的烟草	22085.29	0.59	63	香水及花露水	7606.62	0.20
14	零售包装的杀菌剂成药	21493.29	0.57	64	烟草制的卷烟	7429.85	0.20
15	1.5 升 < 排量 ≤ 3 升装点燃往复式活塞内燃发动机的其他载人车辆	21287.47	0.57	65	其他塑料板，片，膜，箔，扁条	7356.34	0.20

续表

排名	产品名称	进口值	占比	排名	产品名称	进口值	占比
16	便携式自动数据处理设备（重量≤ 10kg，至少由一个中央处理器、键盘和显示器组成）	19495.96	0.52	66	冷藏 – 冷冻组合机（各自装有单独外门的）	7328.25	0.20
17	其他电压不超过 1000 伏的电导体	18909.02	0.50	67	其他通信设备零件	7234.47	0.19
18	锰矿砂及其精矿	18612.12	0.50	68	其他塑料制品	7193.25	0.19
19	铝矿砂及其精矿	18111.01	0.48	69	其他芳烃混合物	7178.70	0.19
20	初级形状比重 <0.94 的聚乙烯	17919.43	0.48	70	人血、其他毒素等 [包括培养微生物（不包括酵母）及类似产品]	7085.11	0.19
21	涂漆或涂塑的铁或非合金钢宽板材（宽度≥ 600mm）	16603.52	0.44	71	其他集成电路	6945.84	0.19
22	其他拖拉机	16226.19	0.43	72	1 升 < 排量≤ 1.5 升带点燃往复式活塞内燃发动机其他车	6887.21	0.18
23	额定电压≤ 1000 伏有接头电导体	16191.70	0.43	73	机动小客车用新的充气轮胎	6447.75	0.17
24	交换机和路由器	15216.38	0.41	74	硫化橡胶制其他用垫片，垫圈（包括密封垫，硬质橡胶除外）	6421.43	0.17
25	其他编号未列名的食品	15029.53	0.40	75	排气量≤ 1.5 升的装有压燃往复式活塞内燃发动机	6419.98	0.17
26	液化丙烷	14938.19	0.40	76	品目 8535、8536、8537 装置的零件（专用于或主要用于）	6287.10	0.17
27	排量 >2.5 升装有压燃往复式活塞内燃发动机	14789.31	0.39	77	非泡沫丙烯聚合物板，片，膜，箔及扁条	6216.47	0.17
28	初级形状的聚对苯二甲酸乙二酯	14704.43	0.39	78	移动通信基地站	6187.99	0.16
29	卫生巾（护垫）及止血塞	13980.22	0.37	79	其他无环醚及其卤化等衍生物	6174.60	0.16
30	初级形状比重≥ 0.94 的聚乙烯	13420.02	0.36	80	冻鲱鱼（大西洋鲱鱼、太平洋鲱鱼）（鱼肝及鱼卵除外）	6109.39	0.16
31	咖啡浓缩精汁	12915.95	0.34	81	其他编号未列名的化工产品	5927.58	0.16

续表

排名	产品名称	进口值	占比	排名	产品名称	进口值	占比
32	塑料制绝缘零件	12855.25	0.34	82	合金铝制铝塑复合矩形板、片及带（包括正方形）厚度厚 >0.2mm	5925.88	0.16
33	新鲜或干燥海枣	12350.95	0.33	83	橘子	5863.52	0.16
34	其他颜色的电视接收机	12225.59	0.33	84	其他未列名硫化橡胶制品（硬质橡胶除外）	5842.81	0.16
35	其他≤ 1000 伏电路开关等电气装置	12042.58	0.32	85	其他塑料及橡胶制鞋面的其他鞋靴	5788.15	0.15
36	其他客或货车用新充气橡胶轮胎	11815.83	0.31	86	半挂车用的公路牵引车	5741.08	0.15
37	初级形状的聚丙烯	11360.83	0.30	87	干衣量≤ 10kg 的全自动洗衣机	5733.96	0.15
38	葵花子	11220.61	0.30	88	耐火水泥、灰泥及类似耐火材料	5694.11	0.15
39	初级形状的纯聚氯乙烯	10804.62	0.29	89	烘焙咖啡，不含咖啡因	5690.06	0.15
40	种用玉米	10701.30	0.29	90	其他煤	5650.47	0.15
41	联合收割机	10659.41	0.28	91	人造纤维长丝丝束	5639.88	0.15
42	抗血清、其他血液成分和免疫产物	10413.07	0.28	92	饱和无环烃	5610.74	0.15
43	其他涂无机物的多层纸及纸板（成卷或成张的）	10385.46	0.28	93	其他非整张牛马皮革（经鞣制或半硝后进一步加工，羊皮纸化处理）	5579.14	0.15
44	柴油型其他小型货车（装有压燃式活塞内燃发动机，小型指车辆总重量≤ 5 吨）	10204.27	0.27	94	尿素	5578.63	0.15
45	三轮车、踏板车、踏板汽车和类似的带轮玩具；玩偶车	10016.96	0.27	95	镀（涂）锡的非合金钢薄宽平板轧材	5546.60	0.15
46	已配剂量含有其他抗菌素的药品	9991.11	0.27	96	磷酸二氢铵	5535.43	0.15
47	无烟煤	9961.83	0.27	97	静态转换器	5445.66	0.15
48	旧衣物	9739.37	0.26	98	零售包装的狗食或猫食	5351.00	0.14
49	80520	9302.54	0.25	99	已配剂量含有其他生物碱等的药品	5261.36	0.14
50	其他钢铁制品	9261.09	0.25	100	镀锌的其他形铁或非合金钢宽板材（电镀锌的除外，宽≥ 600mm）	5248.56	0.14

数据来源：由联合国商品贸易数据计算整理所得

对比2005年乌克兰排名前10的进口产品发现，2015年进口产品种类有所变化，但是主要商品仍然比较集中。相对于2005年，2015年乌克兰增加了轻油及制品（不含生物柴油）、其他已配定剂量的药品、化学肥料或矿物肥料（含氮、磷、钾三种肥效元素）、零售包装抗萌剂及植物生长调节剂等产品的进口需求；但是天然气、石油、烟煤等能源产品仍然是进口额度最高的几种商品。总体上，相比于2005年，2015年乌克兰前5、前10进口产品的总体集中度有所下降，但是降幅不大。2005年进口产品排名前5的额度占比为30.98%，排名前10的额度占比为36.72%；2015年进口产品排名前5的额度占比为28.04%，排名前10的额度比为33.44%。从乌克兰进口前100名产品结构来看，2005年与2015年，乌克兰进口产品分布变动幅度较小，具有一致性，主要分布在矿物能源、化学肥料、机械零部件、医疗药品等行业。

八、亚美尼亚出口比较优势分析与进口需求研究

（一）亚美尼亚出口比较优势分析

表 AM-1 显示了 2005 年亚美尼亚出口比较优势指数（RCA）排名前 100 的产品。整体上，2005 年亚美尼亚出口产品比较优势排名前 100 位的指数都大于 2.5，这说明这 100 种产品相对于其他产品在出口贸易中具有显著的竞争优势。2005 年比较优势排名前 10 的产品包括：钼制品；钼铁；蒸馏葡萄酒制得的烈性酒；其他氯丁二烯橡胶制品；非金属制的表壳；未列名圆形截面粗钢铁管（粗钢铁管指外径超过 406.4mm）；其他活、鲜、冷、干、盐腌或盐渍的带壳或去壳甲壳动物；未精炼铜；电解精炼用铜阳极；锌空气的原电池及原电池组；其他纺织材料制结织地毯（包括其他纺织材料制结织铺地制品），其比较优势指数分别达到了 1346.84、635.08、208.70、202.14、151.17、144.25、140.60、138.73、74.35、54.35。其中钼制品、钼铁的比较优势指数分别达到了 1346.84、653.08，这说明钼资源相关的制品在国际贸易中具有明显的垄断定位。从产品整体的类别来看，稀土矿物资源、机械零部件、酒类等具有明显的比较优势。

表 AM-1　2005 年亚美尼亚比较优势指数排名前 100 产品

排名	产品	RCA	排名	产品	RCA
1	钼制品	1346.84	51	未列名制作或保藏的水果、坚果	9.03
2	钼铁	635.08	52	胸带及腹带（不论是否针织或钩编）	8.96
3	蒸馏葡萄酒制得的烈性酒	208.70	53	硅质化石粗粉及类似的硅质土	8.69
4	其他氯丁二烯橡胶制品	202.14	54	可锻性铸铁及铸钢研磨机的研磨球（包括其类似品）	8.57
5	非金属制的表壳	151.17	55	未加糖及未加味的汽水、矿泉水	8.08

续表

排名	产品	RCA	排名	产品	RCA
6	未列名圆形截面粗钢铁管（粗钢铁管指外径超过 406.4mm）	144.25	56	其他利用温度变化处理材料的机器	8.01
7	其他活、鲜、冷、干、盐腌或盐渍的带壳或去壳甲壳动物	140.60	57	非用醋制作的杏	8.00
8	未精炼铜、电解精炼用铜阳极	138.73	58	其他非自动上弦贵金属机械手表	7.92
9	锌空气的原电池及原电池组	74.35	59	棉制针织或钩编男内裤及三角裤	7.92
10	其他纺织材料制结织地毯（包括其他纺织材料制结织铺地制品）	54.35	60	其他发酵饮料	7.90
11	已焙烧钼矿砂及其精矿	53.29	61	钟面或表面	7.90
12	非工业用其他钻石（未镶嵌）	50.57	62	钨硅铁	7.89
13	贵金属电子手表	42.09	63	其他印花与化纤混纺棉布（每平方米重不超过 200 克，含棉 85% 以下）	7.79
14	葡萄酒渣、粗酒石	42.07	64	汽车用橡胶内胎[机动小客车（包括旅行小客车及赛车）、客运车或货运车用]	7.79
15	胸罩（不论是否针织或钩编）	34.55	65	其他玻璃器皿	7.73
16	已组装的不完整表机芯	34.53	66	电力	7.70
17	锰铁，按重量计含碳量不超过 2%	31.55	67	烘干机	7.44
18	其他吊裤带、吊袜带、束袜带等（不论是否针织或钩编）	29.13	68	功率≤ 1000kW 的水轮机及水轮	7.28
19	番茄汁	28.19	69	氯丁二烯橡胶胶乳	7.09
20	非用醋制作的绞碎番茄	26.51	70	铝废碎料	6.98
21	其他硅酸盐水泥	26.50	71	其他纺织纱线（用橡胶或塑料浸渍、涂布、包覆、套裹）	6.93
22	非货币用半制成金（包括镀铂的金）	25.50	72	聚乙烯或聚丙烯制其他货物包装袋（针织或钩编的，用扁条及类似材料制成）	6.88
23	铁路和索道绝缘或冷藏货车和货车，非自走式、非卸车式货车	23.29	73	聚乙酸乙烯酯的水分散体	6.87
24	鲜或冷鳟鱼（河鳟、虹鳟、克拉克大麻哈鱼、阿瓜大麻哈鱼、吉雨大麻哈鱼、亚利桑那大麻哈鱼、金腹大麻哈鱼）	23.03	74	切削金属的其他升降台式铣床（但品目 8458 的车床除外）	6.72
25	其他气体焊接或表面回火机器及装置	22.96	75	他加工的其他宝石或半宝石（未成串或镶嵌）	6.62
26	水泥熟料	21.56	76	纸介质或塑料介质电容器	6.56

续表

排名	产品	RCA	排名	产品	RCA
27	表壳的零件	21.48	77	其他纺织材料制成的起绒铺地制品	6.53
28	输送带上连续称货的秤	21.06	78	制作或保藏的其他甲壳动物	6.37
29	烘焙咖啡，不含咖啡因	20.94	79	铁道用非机动带篷及封闭货车（包括电车道用）	6.32
30	其他纺材制针织或钩编起绒织物	20.63	80	其他石制成的石刻（不包括板岩制成的石刻）	6.17
31	焊接机器用零件	20.52	81	碳化钙	6.06
32	制成的其他纺材制非起绒铺地制品	20.46	82	贱金属制的表壳（不论是否镀金或镀银）	5.86
33	其他已冲洗的电影胶片	19.82	83	其他自动缝纫机	5.82
34	其他电阻焊接机器及装置	19.30	84	额定功率≤ 20W 线绕可变电阻器（包括变阻器及电位器）	5.82
35	经简单切削或锯开的其他石及制品（不包括板岩及制品）	16.52	85	压延机或其他压延机	5.72
36	其他烹煮的果酱、果冻	15.38	86	新的邮票（包括支票、股票，债券及类似的所有权凭证）	5.60
37	化纤制其他女三角裤及短衬裤	13.16	87	羊毛或动物细毛制的结织栽绒地毯（包括羊毛或动物细毛制的其他结织栽绒铺地制品）	5.57
38	其他贵金属制首饰及其零件（不论是否包、镀其他贵金属）	12.67	88	其他纺材针织或钩编女式便服套装	5.41
39	加工矿物等材料的锯切机	12.47	89	山毛榉木厚板材（经纵锯、纵切、刨切或旋切的，厚度超过 6mm）	5.38
40	柴油电力铁道机车	12.25	90	切削金属的其他卧式车床	5.25
41	经简单切削或锯开的大理石，石灰及石膏（具有一个平面）	12.09	91	其他加工矿物等材料的机床	5.20
42	手提喷焊器	11.16	92	其他热轧铁或非合金钢宽平板轧材（除热轧外经进一步加工，宽≥ 600mm，未经包，渡，涂层）	5.20
43	铜矿砂及其精矿	10.84	93	山毛榉木原木（用油漆，着色剂，杂酚油或其他防腐剂处理的除外）	5.15
44	铸铁废碎料	9.97	94	擦洗膏、去污粉及类似品	5.03
45	非用醋制作的樱桃	9.97	95	贵金属或包贵金属制的表壳	5.03
46	天然软木塞子	9.76	96	铜废料和废料	4.89

续表

排名	产品	RCA	排名	产品	RCA
47	棉制针织或钩编女三角裤及短衬裤	9.41	97	铁道用非机动自卸货车（包括电车道用，但子目 860610 的货品除外）	4.71
48	化学纤维制的其他絮胎及絮胎制品	9.37	98	其他贵重金属或贵金属包裹品	4.64
49	其他冷轧铁或非合金钢宽平轧材	9.31	99	其他带式连续运货升降、输送机	4.62
50	鲜杏	9.04	100	电气扩音机组	4.61

数据来源：由联合国商品贸易数据计算整理所得

表 AM-2 显示，2016 年亚美尼亚比较优势排名前 100 出口产品的指数依旧均大于 2.5，即这些产品在出口贸易中更具竞争优势。其中排名前 10 的产品包括色织棉制经编织物（包括由花边针织机织成的经编织物）；钼铁；贵金属或包贵金属制的表壳；未锻轧钼（包括简单烧结的条、杆）；非金属制的表壳；蒸馏葡萄酒制得的烈性酒；其他贵重金属或贵金属包裹品；格鲁米特；未精炼铜、电解精炼用铜阳极；轧制后未进一步加工的无衬背铝箔（厚度≤ 0.2mm），其比较优势指数分别为 1239.45、707.17、683.24、510.55、362.55、190.62、161.33、154.40、142.75、141.46。其中，排名前 3 位的产品比较优势指数分别达到了 1239.45、707.17、683.24，在国际贸易中具有一定的垄断地位。从产品种类上看，亚美尼亚出口的纺织材料及其制品、稀土矿物资源、机械零部件、酒类、药物等具有显著的比较优势。

表 AM-2　2016 年亚美尼亚比较优势指数排名前 100 产品

排名	产品	RCA	排名	产品	RCA
1	色织棉制经编织物（包括由花边针织机织成的经编织物）	1239.45	51	电池废碎料及废电池 [指原电池（组）和蓄电池的废碎料，废原电池（组）及废蓄电池]	11.98
2	钼铁	707.17	52	其他材料制女式内衣式背心等（含三角裤、短衬裤）	11.83
3	贵金属或包贵金属制的表壳	683.24	53	聚乙酸乙烯酯的水分散体	11.34
4	未锻轧钼（包括简单烧结的条、杆）	510.55	54	非用醋制作的其他蔬菜及什锦蔬菜	11.22
5	非金属制的表壳	362.55	55	毛制男式西服套装	10.88
6	蒸馏葡萄酒制得的烈性酒	190.62	56	毛制男式大衣、斗篷及类似品（含短大衣、短斗篷，羊毛或动物细毛制）	10.80
7	其他贵重金属或贵金属包裹品	161.33	57	工业用钻石（未加工或经简单锯开，劈开或粗磨未镶嵌）	10.39

续表

排名	产品	RCA	排名	产品	RCA
8	格鲁米特	154.40	58	其他钼矿砂及其精矿	10.30
9	未精炼铜、电解精炼用铜阳极	142.75	59	毛制女式大衣、斗篷及类似品等（包括短大衣、短斗篷，羊毛或动物细毛制）	9.60
10	轧制后未进一步加工的无衬背铝箔（厚度≤ 0.2mm）	141.46	60	非工业用其他钻石（未镶嵌）	9.33
11	硅质化石粗粉及类似的硅质土	115.21	61	其他电子手表	9.06
12	化纤制男式大衣、斗篷及类似品（包括短大衣、短斗篷）	112.89	62	毛制针织或钩编男式上衣	8.54
13	烟草制的卷烟	85.71	63	伏特加酒	8.52
14	其他贵金属矿砂及其精矿	75.23	64	非用醋制作的草莓	8.26
15	铜矿砂及其精矿	68.05	65	每根单丝细度 <67 分特的合成纤维制连裤袜及紧身裤袜（针织或钩编）	8.06
16	其他玻璃制品	62.00	66	山毛榉木厚板材（经纵锯、纵切、刨切或旋切的，厚度超过 6mm）	8.01
17	贱金属制的表壳（不论是否镀金或镀银）	48.39	67	其他烹煮的果酱、果冻	7.81
18	番茄汁	46.31	68	毛制男式短裤（羊毛或动物细毛制）	7.79
19	非用醋制作的樱桃	44.86	69	棉质男式其他防寒上衣（羊毛或动物细毛制）	7.75
20	钟面或表面	44.55	70	毛制女式裙子及裙裤（羊毛或动物细毛制）	7.55
21	其他气体焊接或表面回火机器及装置	44.14	71	乙烯聚合物制的硬管	7.21
22	其他材料制男式内裤及三角裤	43.39	72	毛制女式连衣裙（羊毛或动物细毛制）	7.06
23	化纤制女大衣、斗篷及类似品（含短大衣、短斗篷）	40.91	73	用醋制作的其他果、菜及食用植物	6.85
24	烟草代用品制的卷烟、雪茄烟	40.25	74	其他材料制男式其他防寒上衣（羊毛或动物细毛制）	6.60
25	未膨胀的蛭石、珍珠岩和绿泥石	31.29	75	毛制男式上衣（羊毛或动物细毛制）	6.45
26	棉制其他针织或钩编手套（非运动手套）	27.82	76	化纤制男式其他防寒上衣（羊毛或动物细毛制）	6.24
27	其他发酵饮料	27.26	77	大理石，石灰及石膏	6.23
28	非光学显微镜及衍射设备	25.36	78	其他蒸馏酒及酒精饮料	6.17

续表

排名	产品	RCA	排名	产品	RCA
29	表壳的零件	24.66	79	浸酸退鞣不带毛绵羊或羔羊生皮	6.15
30	鲟鱼子酱	23.33	80	白利糖浓度不超过 20 的苹果汁	5.61
31	含贵金属或贵金属化合物的灰	22.44	81	其他玻璃器皿	5.48
32	非用醋制作的杏	22.44	82	其他蒸汽锅炉（包括混合式锅炉）	5.42
33	其他碑用或建筑用石	22.40	83	制作或保藏的其他甲壳动物	5.34
34	经简单切削或锯开的大理石，石灰及石膏（具有一个平面）	21.65	84	未装有制冷装置的空调器	5.21
35	非货币用半制成金（包括镀铂的金）	21.28	85	棉制男式上衣	4.99
36	电力	21.20	86	毛制女式长裤、马裤	4.97
37	未加糖及未加味的汽水、矿泉水	19.74	87	其他银化合物	4.88
38	其他纺织材料制婴儿服装及衣着附件（除棉、合成纤维、羊毛或动物细毛外其他纺织材料制）	19.68	88	其他制作或保藏的鱼	4.84
39	其他石制成的石刻（不包括板岩制成的石刻）	18.63	89	其他口腔及牙齿清洁剂	4.26
40	其他电动的真空吸尘器	18.30	90	酒精浓度在 80% 及以上的未改性乙醇	4.24
41	兽用疫苗	18.09	91	硫化钠	4.07
42	经简单切削或锯开的其他石及制品（不包括板岩及制品）	17.38	92	其他非耐火涂面制剂	3.91
43	供零售用混纺棉纱线（混棉纱线指按重量计含棉量 <85%，缝纫线除外）	15.40	93	其他水、冰及雪	3.89
44	其他表带及其零件	15.33	94	非用醋制作的桃，包括油桃	3.84
45	绵羊或羔羊湿革	15.13	95	其他合成纤维制男式上衣	3.78
46	合成纤维制婴儿服装及衣着附件	14.60	96	毡呢铺地制品，最大面积 >0.3m^3（未簇绒或未植绒）	3.66
47	膨润土，不论是否煅烧	13.98	97	非用醋制作的梨	3.57
48	合纤制男式短裤	13.17	98	恒温器	3.55
49	未列名制作或保藏的水果、坚果	12.78	99	毛制女式其他防寒上衣（羊毛或动物细毛制）	3.53
50	锌矿砂及其精矿	12.23	100	其他毯子及旅行毯	3.45

数据来源：由联合国商品贸易数据计算整理所得

2005 年 –2016 年，亚美尼亚出口比较优势有所变化。从比较优势指数来分析，相对于 2005 年，2016 年亚美尼亚前 100 名产品的比较优势指数总体有所上升，比较优势均值从 42.89 上升到 60.21，增幅为 30.38%；但是值得注意的是，2016 年亚美尼亚前 100 名产品的比较优势指数最大值从 1346.84，下降到 1239.45，降幅为 7.97%；最小值从 4.61 下降至 3.45，降幅为 25.16%。从产品整体结构来看，2005 年与 2016 年排名前 10 的产品种类相对比较稳定，钼制品、纺织品、酒类等产品始终具有较大的比较优势。从排名前 10 的具体产品来看，产品比较优势指数变动幅度较大。2005 年比较优势排名第一的钼制品退出了前 10，被 2016 年的色织棉制经编织物（包括由花边针织机织成的经编织物）所替代，其比较优势指数为 1239.45；排名第二的钼铁虽然名次没有变化，但是比较优势指数从 635.08 上升到 707.17；排名第三的蒸馏葡萄酒制得的烈性酒名次下降到第六位，其比较优势指数也从 208.70 下降到 190.62。此外，2016 年其他氯丁二烯橡胶制品；未列名圆形截面粗钢铁管（粗钢铁管指外径超过 406.4mm）；其他活、鲜、冷、干、盐腌或盐渍的带壳或去壳甲壳动物；锌空气的原电池及原电池组；其他纺织材料制结织地毯（包括其他纺织材料制结织铺地制品）的比较优势也退出了前 10。

（二）亚美尼亚出口主导产业分析

1. 出口主导产业测度

出口主导产业是由产业出口额占国家总出口额的比例来衡量的，所占比例越大，表明其在出口中所占地位越重，同时表明，此国生产相应产品的能力越强或拥有相应丰富的资源。如表 AM-3，反映的是 2005 年亚美尼亚出口额排名前 100 的产品。整体上，2005 年亚美尼亚出口的产品主要集中在钻石、稀土元素及其制品、酒类等产品，排名前 10 的产品包括非工业用其他钻石（未镶嵌）；钼铁；蒸馏葡萄酒制得的烈性酒；未精炼铜、电解精炼用铜阳极；非货币用半制成金（包括镀铂的金）；其他贵金属制首饰及其零件（不论是否包、镀其他贵金属）；已焙烧钼矿砂及其精矿；胸罩（不论是否针织或钩编）；电力；钼制品，其中钻石和钼铁具有一定的主导地位。

表 AM-3　2005 年亚美尼亚出口额排名前 100 产品

单位：万美元、%

排名	产品名称	出口值	占比	排名	产品名称	出口值	占比
1	非工业用其他钻石（未镶嵌）	24606.63	26.26	51	柴油电力铁道机车	77.70	0.08

续表

排名	产品名称	出口值	占比	排名	产品名称	出口值	占比
2	钼铁	23349.81	24.92	52	其他≤1000伏电路开关等电气装置	77.55	0.08
3	蒸馏葡萄酒制得的烈性酒	7963.09	8.50	53	天然软木塞子	76.92	0.08
4	未精炼铜、电解精炼用铜阳极	4268.33	4.56	54	其他无酒精饮料	76.87	0.08
5	非货币用半制成金（包括镀铂的金）	3628.37	3.87	55	加工矿物等材料的锯切机	75.59	0.08
6	其他贵金属制首饰及其零件（不论是否包、镀其他贵金属）	3378.29	3.61	56	其他钼矿砂及其精矿	75.53	0.08
7	已焙烧钼矿砂及其精矿	2676.88	2.86	57	其他带式连续运货升降、输送机	73.35	0.08
8	胸罩（不论是否针织或钩编）	1846.62	1.97	58	未列名制作或保藏的水果、坚果	72.16	0.08
9	电力	1787.74	1.91	59	气态天然气	71.00	0.08
10	钼制品	1768.88	1.89	60	其他贵重金属或贵金属包裹品	68.95	0.07
11	非工业用钻石（未加工或经简单锯开，劈开或粗磨，未镶嵌）	1694.94	1.81	61	他加工的其他宝石或半宝石（未成串或镶嵌）	67.71	0.07
12	铜矿砂及其精矿	1662.64	1.77	62	塑料或橡胶用注模或压模	66.82	0.07
13	其他硅酸盐水泥	1131.29	1.21	63	羊毛或动物细毛制的结织栽绒地毯（包括羊毛或动物细毛制的其他结织栽绒铺地制品）	65.40	0.07
14	其他氯丁二烯橡胶制品	692.83	0.74	64	纸介质或塑料介质电容器	63.55	0.07
15	铝废碎料	420.34	0.45	65	其他非自动上弦贵金属机械手表	63.06	0.07
16	烘焙咖啡，不含咖啡因	403.27	0.43	66	其他钢铁制品	61.77	0.07
17	其他利用温度变化处理材料的机器	400.97	0.43	67	聚乙烯或聚丙烯制其他货物包装袋（针织或钩编的，用扁条及类似材料制成）	57.52	0.06
18	铜废料和废料	379.06	0.40	68	其他发电机组（风力驱动除外）	57.00	0.06

续表

排名	产品名称	出口值	占比	排名	产品名称	出口值	占比
19	其他玻璃器皿	346.97	0.37	69	非金属制的表壳	56.64	0.06
20	不是烘焙或不含咖啡因的咖啡	336.13	0.36	70	其他加工矿物等材料的机床	53.05	0.06
21	其他乳酪	322.08	0.34	71	单相交流电动机	52.57	0.06
22	烟草制的卷烟	316.80	0.34	72	纸或纸板印制的各种标签	52.55	0.06
23	非用醋制作的绞碎番茄	315.36	0.34	73	孵蛋	52.54	0.06
24	水泥熟料	314.72	0.34	74	其他电阻焊接机器及装置	52.12	0.06
25	其他以钢铁为主的废五金材料	294.82	0.31	75	其他机械和机械设备	51.49	0.05
26	未列名圆形截面粗钢铁管（粗钢铁管指外径超过406.4mm）	276.65	0.30	76	小包装的鲜葡萄酿造的酒	50.85	0.05
27	其他活、鲜、冷、干、盐腌或盐渍的带壳或去壳甲壳动物	254.15	0.27	77	其他制作或保藏的牛肉，杂碎，血	48.85	0.05
28	化纤制其他女三角裤及短衬裤	247.97	0.26	78	表壳的零件	48.38	0.05
29	数字程控交换系统的组成部分	190.03	0.20	79	其他带记录装置的检测电压、电流、电阻或功率的仪器	47.82	0.05
30	其他烹煮的果酱、果冻	178.88	0.19	80	其他手工工具（包括玻璃刀）	46.43	0.05
31	其他吊裤带、吊袜带、束袜带等（不论是否针织或钩编）	178.42	0.19	81	棉制针织或钩编T恤衫、汗衫等	45.88	0.05
32	锰铁，按重量计含碳量不超过2%	167.05	0.18	82	加工塑料或橡胶的挤出机	45.58	0.05
33	棉制针织或钩编女三角裤及短衬裤	162.08	0.17	83	化学纤维制的其他絮胎及絮胎制品	45.44	0.05
34	未加糖及未加味的汽水、矿泉水	140.19	0.15	84	山毛榉木厚板材（经纵锯、纵切、刨切或旋切的，厚度超过6mm）	42.45	0.05
35	棉制针织或钩编男内裤及三角裤	130.56	0.14	85	棉制针织或钩编套头衫等（包括开襟衫、背心及类似品）	41.82	0.04

续表

排名	产品名称	出口值	占比	排名	产品名称	出口值	占比
36	其他已配定剂量的药品	124.25	0.13	86	其他书籍，小册子及类似的印刷品（非单张的）	41.79	0.04
37	新的邮票（包括支票、股票，债券及类似的所有权凭证）	120.18	0.13	87	未列名的橡胶或塑料加工机器	41.67	0.04
38	锌矿砂及其精矿	119.55	0.13	88	棉制针织钩编婴儿服装及衣着附件	41.56	0.04
39	其他纺织材料制结织地毯（包括其他纺织材料制结织铺地制品）	105.34	0.11	89	硫化橡胶制其他用垫片，垫圈（包括密封垫，硬质橡胶除外）	40.76	0.04
40	排气量 >4 升带点燃往复式活塞内燃发动机其他车	103.81	0.11	90	其他可变电阻器（包括变阻器及电位器）	39.99	0.04
41	烘干机	103.45	0.11	91	其他电力控制或分配的装置（电压不超过 1000 伏的线路）	39.75	0.04
42	锌空气的原电池及原电池组	101.51	0.11	92	其他发酵饮料	38.00	0.04
43	铸铁废碎料	100.94	0.11	93	其他气体焊接或表面回火机器及装置	37.96	0.04
44	经简单切削或锯开的大理石，石灰及石膏（具有一个平面）	98.68	0.11	94	电气扩音机组	37.19	0.04
45	麦芽酿造的啤酒	95.08	0.10	95	棉制其他染色针织或钩编织物	36.54	0.04
46	其他电压 >1000 伏电路开关等电气装置	86.42	0.09	96	贵金属电子手表	36.08	0.04
47	非瓦楞纸或纸板制可折叠箱，盒，匣	85.59	0.09	97	染色的纯尼龙机织物	36.03	0.04
48	旧衣物	79.61	0.08	98	加工金属的非数控弯曲、折叠或矫平机床	35.50	0.04
49	焊接机器用零件	77.81	0.08	99	其他热轧铁或非合金钢宽平板轧材（除热轧外经进一步加工，宽≥ 600mm，未经包，渡，涂层）	35.32	0.04
50	不锈钢废碎料	77.79	0.08	100	冰淇淋及其他冰制食品	34.11	0.04

数据来源：由联合国商品贸易数据计算整理所得

如表 AM-4，2016 年亚美尼亚出口占比前 100 位的产品集中在铜矿原材料、烟草、酒类等。排名前 10 的产品包括，铜矿砂及其精矿；烟草制的卷烟；蒸馏葡萄酒制得的烈性酒；非货币用半制成金（包括镀铂的金）；非工业用其他钻石（未镶嵌）；轧制后未进一步加工的无衬背铝箔（厚度≤ 0.2mm）；其他贵重金属或贵金属包裹品；钼铁；未精炼铜、电解精炼用铜阳极；电力；其中铜矿原材料及其制品具有主导地位。

表 AM-4　2016 年亚美尼亚出口额排名前 100 产品

单位：万美元、%

排名	产品名称	出口值	占比	排名	产品名称	出口值	占比
1	铜矿砂及其精矿	37004.97	20.47	51	其他电动的真空吸尘器	246.74	0.14
2	烟草制的卷烟	21104.81	11.67	52	含贵金属或贵金属化合物的灰	237.25	0.13
3	蒸馏葡萄酒制得的烈性酒	14289.93	7.90	53	桃子，油桃	235.31	0.13
4	非货币用半制成金（包括镀铂的金）	14079.84	7.79	54	毛制男式西服套装	228.92	0.13
5	非工业用其他钻石（未镶嵌）	9650.51	5.34	55	棉制针织或钩编套头衫等（包括开襟衫、背心及类似品）	227.84	0.13
6	轧制后未进一步加工的无衬背铝箔（厚度≤ 0.2mm）	7706.50	4.26	56	其他烹煮的果酱、果冻	227.15	0.13
7	其他贵重金属或贵金属包裹品	7288.03	4.03	57	排气量 >4 升带点燃往复式活塞内燃发动机其他车	220.97	0.12
8	钼铁	6601.47	3.65	58	其他≤ 1000 伏电路开关等电气装置	218.37	0.12
9	未精炼铜、电解精炼用铜阳极	6275.63	3.47	59	伏特加酒	217.65	0.12
10	电力	5707.30	3.16	60	塑料制坛，瓶及类似品	213.42	0.12
11	其他贵金属矿砂及其精矿	3142.89	1.74	61	大理石，石灰及石膏	211.88	0.12
12	新鲜或冷藏西红柿	1907.57	1.06	62	荔枝	211.27	0.12
13	其他贵金属制首饰及其零件（不论是否包、镀其他贵金属）	1737.92	0.96	63	其他无酒精饮料	207.24	0.11
14	新鲜葡萄	1697.81	0.94	64	硅质化石粗粉及类似的硅质土	206.12	0.11
15	未按种类指定的商品	1527.43	0.84	65	棉制其他针织或钩编手套（非运动手套）	197.61	0.11

续表

排名	产品名称	出口值	占比	排名	产品名称	出口值	占比
16	化纤制女大衣、斗篷及类似品（含短大衣、短斗篷）	1374.14	0.76	66	鲜杏	192.13	0.11
17	化纤制男式大衣、斗篷及类似品（包括短大衣、短斗篷）	1351.43	0.75	67	未锻轧铝合金	180.74	0.10
18	锌矿砂及其精矿	1050.65	0.58	68	非改良种用家牛	180.29	0.10
19	其他乳酪	1015.75	0.56	69	钟面或表面	180.27	0.10
20	1.5 升 < 排量≤ 3 升装点燃往复式活塞内燃发动机的其他载人车辆	966.46	0.53	70	毛制女式大衣、斗篷及类似品等（包括短大衣、短斗篷，羊毛或动物细毛制）	179.71	0.10
21	非工业用钻石（未加工或经简单锯开，劈开或粗磨，未镶嵌）	939.14	0.52	71	镶嵌钻石的银首饰及其零件（不论是否包、镀其他贵金属）	176.24	0.10
22	鲜或冷藏的整头及半头羔羊肉	936.12	0.52	72	棉制针织或钩编 T 恤衫、汗衫等	176.01	0.10
23	合纤制男式短裤	729.29	0.40	73	化纤制女式其他防寒上衣	159.41	0.09
24	棉质男式短裤	647.57	0.36	74	色织棉制经编织物（包括由花边针织机织成的经编织物）	159.12	0.09
25	贵金属或包贵金属制的表壳	633.94	0.35	75	新鲜或冷藏的甜菜和其他类似的食用根	157.55	0.09
26	其他已配定剂量的药品	600.17	0.33	76	未装有制冷装置的空调器	155.90	0.09
27	贱金属制的表壳（不论是否镀金或镀银）	590.75	0.33	77	棉制男式衬衫	154.47	0.09
28	兽用疫苗	586.91	0.32	78	已配剂量含有维生素等的其他药品	153.19	0.08
29	其他玻璃器皿	584.22	0.32	79	温柏	153.17	0.08
30	未加糖及未加味的汽水、矿泉水	578.70	0.32	80	其他空气泵、气体压缩机及通风罩	151.80	0.08
31	小包装的鲜葡萄酿造的酒	534.78	0.30	81	乙烯聚合物制的硬管	149.72	0.08
32	未锻轧钼（包括简单烧结的条、杆）	502.06	0.28	82	恒温器	146.31	0.08
33	化纤制男式其他防寒上衣（羊毛或动物细毛制）	493.31	0.27	83	其他表带及其零件	145.65	0.08
34	鲜的玫瑰（制花束或装饰用的）	482.80	0.27	84	食品研磨机，搅拌器；水果或蔬菜的榨汁机	145.42	0.08

续表

排名	产品名称	出口值	占比	排名	产品名称	出口值	占比
35	非金属制的表壳	480.11	0.27	85	棉制男式上衣	143.99	0.08
36	其他鲜或冷鱼	466.14	0.26	86	麦芽酿造的啤酒	138.89	0.08
37	其他发酵饮料	451.00	0.25	87	棉质男式其他防寒上衣（羊毛或动物细毛制）	137.12	0.08
38	非用醋制作的其他蔬菜及什锦蔬菜	441.62	0.24	88	电池废碎料及废电池[指原电池（组）和蓄电池的废碎料，废原电池（组）及废蓄电池]	135.97	0.08
39	鲜或冷鳟鱼（河鳟、虹鳟、克拉克大麻哈鱼、阿瓜大麻哈鱼、吉雨大麻哈鱼、亚利桑那大麻哈鱼、金腹大麻哈鱼）	437.79	0.24	89	每根单丝细度 <67 分特的合成纤维制连裤袜及紧身裤袜（针织或钩编）	127.01	0.07
40	未列名制作或保藏的水果、坚果	429.45	0.24	90	铝制门窗及其框架、门槛	125.25	0.07
41	气态天然气	407.73	0.23	91	其他制作或保藏的鱼	124.09	0.07
42	经简单切削或锯开的大理石，石灰及石膏（具有一个平面）	388.44	0.21	92	非用醋制作的樱桃	123.90	0.07
43	烘焙咖啡，不含咖啡因	375.44	0.21	93	其他未列名的建筑用塑料制品	122.63	0.07
44	其他涡轮喷气机、涡轮螺旋桨和燃气轮机	369.77	0.20	94	新鲜或冷藏黄瓜和黄瓜	122.20	0.07
45	其他巧克力及含可可的食品	327.91	0.18	95	毛制男式上衣（羊毛或动物细毛制）	121.69	0.07
46	铜废料和废料	323.49	0.18	96	加味、加糖或其他甜物质的水	120.81	0.07
47	威士忌酒	294.21	0.16	97	交换机和路由器	120.38	0.07
48	其他蒸馏酒及酒精饮料	287.76	0.16	98	其他电子手表	119.02	0.07
49	酒精浓度在 80% 及以上的未改性乙醇	278.70	0.15	99	鲜蘑菇或冷藏蘑菇	118.69	0.07
50	化纤针织或钩编套头衫（包括开襟衫、背心及类似品）	257.13	0.14	100	其他不含可可的糖食	117.57	0.07

数据来源：由联合国商品贸易数据计算整理所得

从出口主导产品的集中度来看，2005 年，排名前 5 的主导产品出口额度为 6.38 亿美元，占比为 68.11%；排名前 10 的出口主导产品出口总额为 7.53 亿美元，占比

续表

为 80.34%。2016 年，排名前 5 的主导产品出口额为 9.61 亿美元，占比为 53.18%；排名前 10 的出口主导产品出口总额为 12.97 亿美元，占比达到 71.75%。相比于 2005 年，2016 年亚美尼亚前 5、前 10 主导产品的出口额度有所上升，但是所占比例有所下降，且下降幅度都在 10% 左右。虽然整体集中度有所下降，但是亚美尼亚出口商品仍然具有高度集中性的特征。从具体产品来看，2005 年排名第一的非工业用其他钻石（未镶嵌）出口额为 2.46 亿美元占比达到了 26.26%；但是 2016 年非工业用其他钻石（未镶嵌）出口额下降到了 0.97 亿美元，占比只有 5.34%，出现了大幅度的下降。不过 2005 年排名第 12 的铜矿砂及其精矿出口额度从 0.17 亿美元上升到了 2016 年第一名的 3.70 亿美元，占比也从 1.77% 增长到 2016 年的 20.47%。值得注意的是，与 2016 年相比，虽然出口产品整体集中度有所下降，但是没有改变亚美尼亚出口货物高集中性的特征，其中铜矿原料及其制品、烟草、酒类等产品在货物出口中仍然占据着一定的主导地位。

2. 出口主导产业与比较优势产业的一致性分析

事实上，对比了 2016 年亚美尼亚排名前 10 的比较优势产品和出口主导产品（如表 BY–5），我们发现亚美尼亚比较优势产业与出口主导产业一致程度并不高，仅仅在其他贵重金属或贵金属包裹品上和未精炼铜、电解精炼用铜阳极有所对应。亚美尼亚在纺织产品、钼铁、贵金属或包贵金属制的表壳、未锻轧钼（包括简单烧结的条、杆）的生产上具有显著的比较优势，但是在出口商品中却表现出对铜矿砂及其精矿、烟草制的卷烟的依赖，我们推测这可能受近年来国际贸易需求的影响。

表 AM–5　2016 年亚美尼亚排名前 10 比较优势产品及出口主导产品

单位：%

排名	比较优势产业名称	RCA	排名	出口主导产业名称	占比
1	色织棉制经编织物（包括由花边针织机织成的经编织物）	1239.45	1	铜矿砂及其精矿	20.47
2	钼铁	707.17	2	烟草制的卷烟	11.67
3	贵金属或包贵金属制的表壳	683.24	3	蒸馏葡萄酒制得的烈性酒	7.90
4	未锻轧钼（包括简单烧结的条、杆）	510.55	4	非货币用半制成金（包括镀铂的金）	7.79
5	非金属制的表壳	362.55	5	非工业用其他钻石（未镶嵌）	5.34
6	蒸馏葡萄酒制得的烈性酒	190.62	6	轧制后未进一步加工的无衬背铝箔（厚度≤ 0.2mm）	4.26

续表

排名	比较优势产业名称	RCA	排名	出口主导产业名称	占比
7	其他贵重金属或贵金属包裹品	161.33	7	其他贵重金属或贵金属包裹品	4.03
8	格鲁米特	154.40	8	钼铁	3.65
9	未精炼铜、电解精炼用铜阳极	142.75	9	未精炼铜、电解精炼用铜阳极	3.47
10	轧制后未进一步加工的无衬背铝箔（厚度≤ 0.2mm）	141.46	10	电力	3.16

数据来源：由联合国商品贸易数据计算整理所得

（三）亚美尼亚出口比较优势变化分析

1. 描述性分析

依据表 AM-1 及表 AM-2，对比分析 2005 年及 2016 年亚美尼亚比较优势指数排名前 100 产业，我们可以得出以下信息：

第一，从比较优势指数来分析，相对于 2005 年，2016 年亚美尼亚前 100 名产品的比较优势指数总体有所上升，比较优势均值从 42.89 上升到 60.21，增幅为 30.38%。

第二，亚美尼亚具比较优势的产品数量呈现下降态势。2005 年，比较优势指数大于 1 的产品共有 246 类，大于 2.5 的产品共有 142 类；而 2016 年，比较优势指数大于 1 的产品有 246 类，大于 2.5 的产品共有 124 类。

第三，2005 年与 2016 年排名前 10 的产品种类相对比较稳定，钼制品、纺织品、酒类等产品始终具有较大的比较优势。从排名前 10 的具体产品来看，产品比较优势指数变动幅度较大。2005 年比较优势排名第一的钼制品退出了前 10，被 2016 年的色织棉制经编织物（包括由花边针织机织成的经编织物）所替代，其比较优势指数为 1239.45；排名第二的钼铁虽然名次没有变化，但是比较优势指数从 635.08 上升到 707.17；排名第三的蒸馏葡萄酒制得的烈性酒名次下降到第六位，其比较优势指数也从 208.70 下降到 190.62。

2. 回归分析

将 2016 年亚美尼亚产业比较优势指数作为被解释变量，把 2005 年亚美尼亚产业比较优势指数作为解释变量，对其进行回归分析。若回归系数 >1，则表明亚美尼亚更加强化了具有比较优势的产业，弱化了不具有比较优势的产业；若 0< 回归系数 <1，则表明具有比较优势的产业弱化了；若回归系数 <0，则表明亚美尼亚比较优势

的产业发生了质变。使用最小二乘法对其进行回归，得出结果如表 AM-6 所示。从表中可以看出，回归系数为 1.026517，大于 1，因此说明相对于 2005 年，2016 年亚美尼亚具有比较优势的产业得到了强化。

表 AM-6 回归结果

变量	Coef.	Std. Err.	t	P>|t|
2005 比较优势指数	1.026517	0.041709	24.61140	0.0000
常数项	16.18376	6.486747	2.494897	0.0143
R^2=0.860740		F-statistics =605.7209		

（四）亚美尼亚进口需求及其变化分析

表 AM-7 为 2005 年亚美尼亚进口额排名前 100 产品。从表中可以看出，排名前 10 的进口产品有非工业用钻石（未加工或经简单锯开，劈开或粗磨，未镶嵌）；气态天然气；车用汽油、航天汽油、非货币用半制成金（包括镀铂的金）；石油油和油脂；非工业用其他钻石（未镶嵌）；硬粒小麦；烟草制的卷烟；其他已配定剂量的药品；金属轧机的其他零件。其中非工业用钻石（未加工或经简单锯开，劈开或粗磨，未镶嵌）额度最高，为 2.22 亿美元，占比达到 13.14%。从亚美尼亚进口前 100 名产品种类来看，主要为钻石原料和矿物能源。从进口主导产品的集中度来看，2005 年，排名前 5 的主导产品进口额度为 5.43 亿美元，占比为 32.10%；排名前 10 的进口主导产品进口总额为 7.58 亿美元，占比为 44.81%。

表 AM-7 2005 年亚美尼亚进口额排名前 100 产品

排名	产品名称	进口值	占比	排名	产品名称	进口值	占比
1	非工业用钻石（未加工或经简单锯开，劈开或粗磨，未镶嵌）	22223.75	13.14	51	自动数据处理设备及其部件（不论是否在同一机壳内有一或两个存储，输入或输出部件）	449.59	0.27
2	气态天然气	9110.17	5.39	52	零售包装有机表面活性剂制品	435.37	0.26
3	车用汽油、航空汽油	8636.15	5.11	53	其他皮革制面的其他鞋靴（橡胶、塑料、再生皮革制外底，运动用鞋靴除外）	411.07	0.24
4	非货币用半制成金（包括镀铂的金）	7432.63	4.39	54	新鲜或干燥香蕉	405.80	0.24

续表

排名	产品名称	进口值	占比	排名	产品名称	进口值	占比
5	石油油和油脂	6904.20	4.08	55	品目 8456-8461 机器用其他零件	404.33	0.24
6	非工业用其他钻石（未镶嵌）	4838.72	2.86	56	石油沥青	391.59	0.23
7	硬粒小麦	4730.13	2.80	57	品目 8471 所列其他机器零附件	384.37	0.23
8	烟草制的卷烟	4278.95	2.53	58	其他绘制玻璃片和吹制玻璃片	378.42	0.22
9	其他已配定剂量的药品	3897.74	2.30	59	其他电压不超过 1000 伏的电导体	368.50	0.22
10	金属轧机的其他零件	3747.27	2.22	60	柴油型其他货车（装有压燃式活塞内燃发动机，重型指 5 吨≤车辆总重≤ 20 吨）	363.32	0.21
11	已焙烧钼矿砂及其精矿	2505.19	1.48	61	空载重量 >2 吨的直升机	353.86	0.21
12	其他精制糖	2493.64	1.47	62	气量计	338.29	0.20
13	1.5 升 < 排量≤ 3 升装点燃往复式活塞内燃发动机的其他载人车辆	2275.39	1.35	63	金属冶炼及铸造用铸造机	335.24	0.20
14	其他热加工条、杆	1407.65	0.83	64	用于石油或天然气管道的其他管线管	332.60	0.20
15	不是烘焙或不含咖啡因的咖啡	1212.03	0.72	65	初榨的葵花油和红花油	330.45	0.20
16	数字程控交换系统的组成部分	1139.81	0.67	66	其他冻藏猪肉	323.55	0.19
17	其他玻璃器皿	1068.80	0.63	67	滚压或制片的其他谷物	322.39	0.19
18	冻的鸡块和杂碎	948.78	0.56	68	其他印刷品	314.71	0.19
19	冻藏的去骨牛肉	912.98	0.54	69	其他医疗、外科或兽医用仪器器具	311.82	0.18
20	伏特加酒	825.06	0.49	70	镀锌的其他形铁或非合金钢宽板材（电镀锌的除外，宽≥ 600mm）	309.86	0.18
21	总重量≤ 5 吨的其他货车（汽油型，装有点燃式活塞内燃发动机）	821.30	0.49	71	其他木家具	309.14	0.18
22	排气量 >4 升带点燃往复式活塞内燃发动机其他车	791.64	0.47	72	其他编号未列名的调制胶，黏合剂	307.94	0.18

续表

排名	产品名称	进口值	占比	排名	产品名称	进口值	占比
23	柴油型其他小型货车（装有压燃式活塞内燃发动机，小型指车辆总重量≤ 5 吨）	786.72	0.47	73	其他各种材料制的雕塑品原件	306.70	0.18
24	胸罩（不论是否针织或钩编）	782.53	0.46	74	压燃式活塞内燃发动机的客车	305.09	0.18
25	电视卫星地面站	752.81	0.45	75	其他护发品	288.55	0.17
26	氢化、酯化或反油酸化植物油、脂	738.88	0.44	76	圆截面直径 <14mm 的其他热轧盘条（不带有轧制过程中产生的变形）	287.39	0.17
27	其他巧克力及含可可的食品	722.35	0.43	77	其他不含可可的糖食	275.78	0.16
28	精制的葵花油和红花油及其分离品	633.42	0.37	78	不含瘦肉和家禽脂肪的猪脂肪	274.71	0.16
29	旧衣物	600.00	0.35	79	制作或保藏的其他鸡产品	271.47	0.16
30	部分机器、器具、仪器或装置用	594.11	0.35	80	经其他加工的玉米	271.35	0.16
31	彩色卫星电视接收机	591.77	0.35	81	氯乙烯聚合物制单丝、条、杆及型材	260.24	0.15
32	其他钢铁结构体及部件（包括结构体用的已加工钢板、型材、管子及类似品）	582.45	0.34	82	其他铁或非合金钢圆形截面焊缝管	259.33	0.15
33	上釉的大陶瓷砖，瓦，块及类似品	561.31	0.33	83	其他印刷机（用品目 8442 项下商品进行印刷的机器）	259.01	0.15
34	其他客或货车用新充气橡胶轮胎	548.02	0.32	84	其他阀门（用于管道、锅炉、罐、桶或类似品的）	254.71	0.15
35	计算机用终端（输入或输出部件，不论是否在同一机壳内有存储部件）	545.28	0.32	85	其他自推进的凿井机械	251.95	0.15
36	其他钼矿砂及其精矿	538.67	0.32	86	人造黄油	251.42	0.15
37	电力	534.05	0.32	87	10 座及以上机动车	250.16	0.15
38	黄油	532.80	0.31	88	其他无酒精饮料	249.96	0.15
39	柴油型的其他货车（装有压燃式活塞内燃发动机，超重型指车辆总重量 >20 吨）	532.62	0.31	89	独立窗式或壁式空气调节器	243.27	0.14
40	机动小客车用新的充气轮胎	527.19	0.31	90	婴儿用卫生巾和卫生棉条、餐巾纸和餐巾纸，类似卫生用品	242.35	0.14

续表

排名	产品名称	进口值	占比	排名	产品名称	进口值	占比
41	可使用气体燃料的其他家用器具	525.02	0.31	91	其他美容品或化妆品	242.24	0.14
42	液化丁烷	517.04	0.31	92	其他铝合金制条、杆	237.21	0.14
43	硫酸铵	506.89	0.30	93	其他编号未列名的食品	236.00	0.14
44	压缩式家用型冷藏箱	503.08	0.30	94	其他身体部分和附件（包括驾驶室）	234.90	0.14
45	1 升 < 排量 ≤ 1.5 升带点燃往复式活塞内燃发动机其他车	499.58	0.30	95	其他不夹心块状或条状含可可食品	229.29	0.14
46	部分或全部去梗的烟草	491.44	0.29	96	制造或整理纸及纸板的机器零件	225.80	0.13
47	缆车、座式升降机等用牵引装置（包括滑雪拉索）	489.50	0.29	97	洗发剂	220.79	0.13
48	糙米	483.42	0.29	98	光线路终端 / 脉冲编码调制多路复用器	220.00	0.13
49	其他配制的动物饲料	460.05	0.27	99	人用疫苗	217.69	0.13
50	干衣量 ≤ 10kg 的全自动洗衣机	456.66	0.27	100	其他平板轧材制角材、型材、异型材（冷成型或冷加工制的）	214.95	0.13

数据来源：由联合国商品贸易数据计算整理所得

表 AM-8 为 2016 年亚美尼亚进口额排名前 100 产品。从表中可以看出，排名前 10 的进口产品有气态天然气、石油油和油脂、轻油及制品，不含生物柴油、其他已配定剂量的药品、非工业用其他钻石（未镶嵌）、其他小麦及混合麦、非工业用钻石（未加工或经简单锯开，劈开或粗磨，未镶嵌）、部分或全部去梗的烟草、未锻轧非合金铝、蜂窝网络或其他无线网络的电话机等。其中，气态天然气进口额度最高，为 3.46 亿美元，占比达到 10.76%。从 2016 年亚美尼亚进口前 100 名产品种类来看，主要为能源及其制品、药品、钻石等。从亚美尼亚进口前 100 名产品的结构来看，进口产品排名前 5 的额度为 6.88 亿美元，占比为 21.37%；排名前 10 的额度为 9.48 亿美元，占亚美尼亚进口总额的 29.48%。因此，亚美尼亚进口需求依然集中在部分产品上，特别是在对气态天然气等为代表的能源及其制品上，进口表现相对集中。

表 AM-8 2016 年亚美尼亚进口额排名前 100 产品

单位：万美元、%

排名	产品名称	进口值	占比	排名	产品名称	进口值	占比
1	气态天然气	34633.91	10.76	51	品目 8474 所列机器的零件	911.78	0.28
2	石油油和油脂	11433.13	3.55	52	其他通信设备零件	873.45	0.27
3	轻油及制品，不含生物柴油	8396.30	2.61	53	香水及花露水	860.01	0.27
4	其他已配定剂量的药品	7376.76	2.29	54	钢铁制研磨机用研磨球及类似品（经锻造或冲压后，未经进一步加工）	837.67	0.26
5	非工业用其他钻石（未镶嵌）	6938.96	2.16	55	新鲜或干燥海枣	811.12	0.25
6	其他小麦及混合麦	5887.67	1.83	56	初级形状比重≥ 0.94 的聚乙烯	804.46	0.25
7	非工业用钻石（未加工或经简单锯开，劈开或粗磨，未镶嵌）	5631.81	1.75	57	提炼豆油所得的油饼和其他固体残渣	792.14	0.25
8	部分或全部去梗的烟草	5556.68	1.73	58	冷藏 – 冷冻组合机（各自装有单独外门的）	785.01	0.24
9	未锻轧非合金铝	4660.21	1.45	59	其他美容品或化妆品	762.13	0.24
10	蜂窝网络或其他无线网络的电话机	4333.67	1.35	60	其他客或货车用新充气橡胶轮胎	739.51	0.23
11	硝酸铵	3977.85	1.24	61	其他电力控制或分配的装置（电压不超过 1000 伏的线路）	739.48	0.23
12	烟草制的卷烟	3792.09	1.18	62	其他货运挂车及半挂车	734.12	0.23
13	人造纤维长丝丝束	3491.73	1.08	63	染色的纯尼龙机织物	730.11	0.23
14	交换机和路由器	3240.36	1.01	64	未按种类指定的商品	706.31	0.22
15	蒸馏葡萄酒制得的烈性酒	2923.42	0.91	65	其他护发品	705.98	0.22
16	1.5 升 < 排量≤ 3 升装点燃往复式活塞内燃发动机的其他载人车辆	2415.28	0.75	66	其他阀门（用于管道、锅炉、罐、桶或类似品的）	694.97	0.22
17	不是烘焙或不含咖啡因的咖啡	2405.83	0.75	67	色织棉制经编织物（包括由花边针织机织成的经编织物）	689.81	0.21
18	其他巧克力及含可可的食品	2399.18	0.75	68	干衣量≤ 10kg 的全自动洗衣机	689.27	0.21
19	冻的鸡块和杂碎	2269.67	0.71	69	其他热加工条、杆	680.29	0.21
20	精制的葵花油和红花油及其分离品	1844.11	0.57	70	棉制针织或钩编 T 恤衫、汗衫等	678.04	0.21

续表

排名	产品名称	进口值	占比	排名	产品名称	进口值	占比
21	非货币用未锻造金	1840.55	0.57	71	硅铁，含硅量在 55% 以上	665.35	0.21
22	未加香料或着色剂其他甘蔗原糖	1802.91	0.56	72	冻藏的去骨牛肉	651.81	0.20
23	其他颜色的电视接收机	1724.57	0.54	73	氰化钠、氧氰化钠	649.46	0.20
24	黄油	1696.60	0.53	74	便携式自动数据处理设备（重量≤ 10 千克，至少由一个中央处理器、键盘和显示器组成）	647.31	0.20
25	零售包装有机表面活性剂制品	1505.06	0.47	75	石油沥青	646.29	0.20
26	伏特加酒	1475.76	0.46	76	涂漆或涂塑的铁或非合金钢宽板材（宽度≥ 600mm）	644.57	0.20
27	排气量 >4 升带点燃往复式活塞内燃发动机其他车	1449.63	0.45	77	其他冻藏猪肉	641.08	0.20
28	其他涂无机物的多层纸及纸板（成卷或成张的）	1430.71	0.44	78	其他面包，糕点，饼干及烘焙糕饼	639.96	0.20
29	其他配制的动物饲料	1336.37	0.42	79	移动通信基地站	637.53	0.20
30	电力	1258.77	0.39	80	人造黄油	628.90	0.20
31	其他玻璃器皿	1206.19	0.37	81	自动数据处理设备及其部件（不论是否在同一机壳内有一或两个存储，输入或输出部件）	612.65	0.19
32	机动小客车用新的充气轮胎	1204.46	0.37	82	集中供暖用的热水锅炉（但集中供暖锅炉除外）	610.33	0.19
33	上釉的大陶瓷砖，瓦，块及类似品	1183.12	0.37	83	挖掘机（上部结构可转 360 度的）	601.98	0.19
34	硫化钠	1173.94	0.36	84	初级形状比重 <0.94 的聚乙烯	600.41	0.19
35	其他钢铁结构体及部件（包括结构体用的已加工钢板、型材、管子及类似品）	1137.05	0.35	85	有衬背铝箔（厚度≤ 0.2mm）	598.84	0.19
36	木制碎料板（不论是否用树脂或其他有机黏合剂黏合）	1132.53	0.35	86	初级形状的聚丙烯	598.02	0.19
37	其他的烟草加工及制作机器（本章其他编号未列名的）	1124.68	0.35	87	其他机械和机械设备	593.32	0.18
38	半挂车用的公路牵引车	1124.18	0.35	88	橘子	592.24	0.18
39	卫生巾（护垫）及止血塞	1119.73	0.35	89	棉质男式短裤	591.72	0.18
40	其他发电机组（风力驱动除外）	1111.95	0.35	90	洗发剂	574.45	0.18

续表

排名	产品名称	进口值	占比	排名	产品名称	进口值	占比
41	非公路用货运自卸车	1102.45	0.34	91	厚度 <3mm 的其他热轧卷材（除热轧外未进一步加工宽 ≥ 600mm，未包、镀、涂层）	569.55	0.18
42	镀锌的其他形铁或非合金钢宽板材（电镀锌的除外，宽 ≥ 600mm）	1097.00	0.34	92	其他铝制品	569.10	0.18
43	其他不含可可的糖食	1061.18	0.33	93	初级形状的聚对苯二甲酸乙二酯	565.86	0.18
44	其他塑料及橡胶制鞋面的其他鞋靴	1057.81	0.33	94	纺织材料制鞋面胶底的其他鞋靴（橡胶或塑料制外底，运动用鞋靴除外）	558.80	0.17
45	其他混合制成的植物质、动物质油脂或制品	1004.12	0.31	95	其他玉米	557.33	0.17
46	其他编号未列名的食品	957.19	0.30	96	其他皮革制面的其他鞋靴（橡胶、塑料、再生皮革制外底，运动用鞋靴除外）	550.80	0.17
47	其他夹心块状或条状的含可可食品	929.62	0.29	97	其他电动机、发电机（组）零件	549.05	0.17
48	其他医疗、外科或兽医用仪器器具	922.96	0.29	98	加味、加糖或其他甜物质的水	545.16	0.17
49	其他活动房屋	921.05	0.29	99	道路车轮及其零件和附件	542.95	0.17
50	兽用疫苗	917.05	0.28	100	棉制女式长、马、短裤	539.80	0.17

数据来源：由联合国商品贸易数据计算整理所得

对比2005年及2016年亚美尼亚排名前10的进口产品发现，种类变动幅度较小，对能源及其制品、钻石等商品的进口需求依旧比较旺盛。具体商品中，非工业用钻石（未加工或经简单锯开，劈开或粗磨，未镶嵌）、气态天然气、石油油和油脂、非工业用其他钻石（未镶嵌）、非工业用其他钻石（未镶嵌）等产品在2016年依旧是主要的进口商品。相对于2005年，2016年亚美尼亚增加了其他已配定剂量的药品、蜂窝网络或其他无线网络的电话机、其他小麦及混合麦等产品的进口需求，降低了烟草制的卷烟、非货币用半制成金（包括镀铂的金）等产品的进口需求。从进口产品的集中度来看，2005年，排名前5的主导产品进口额度为5.43亿美元，占比为32.10%；排名前10的进口主导产品进口总额为7.58亿美元，占比为44.81%。2016

年，进口产品排名前 5 的额度为 6.88 亿美元，占比为 21.37%；排名前 10 的额度为 9.48 亿美元，占亚美尼亚进口总额的 29.48%。相比于 2005 年，2016 年亚美尼亚的出口货物集中度有所下降，但是亚美尼亚进口需求依然集中在部分产品上，特别是在对气态天然气等为代表的能源及其制品上，进口表现相对集中。2005 年与 2016 年，亚美尼亚进口产业变动幅度较小，具有一致性。主要进口的大类仍然集中在矿物能源及其制品、钻石、医疗用品、农作物产品、机械零部件等。

图书在版编目（CIP）数据

“一带一路”沿线国家出口比较优势分析与进口需求研究．俄罗斯、蒙古国和独联体其他六国／李敬，邓靖，李志军著．—北京：经济日报出版社，2019.8

ISBN 978－7－5196－0581－0

Ⅰ．①一… Ⅱ．①李… ②邓… ③李… Ⅲ．①进出口贸易－对比研究－世界 Ⅳ．①F746

中国版本图书馆 CIP 数据核字（2019）第 170165 号

“一带一路”沿线国家出口比较优势分析与进口需求研究：
俄罗斯、蒙古国和独联体其他六国

作　　者	李　敬　邓　靖　李志军等
责任编辑	高　远
责任校对	薛银涛
出版发行	经济日报出版社
社　　址	北京市西城区白纸坊东街 2 号 A 座综合楼 710
邮政编码	100054
电　　话	010－63567684（总编室）
	010－63538621　63567692（发行部）
网　　址	www. edpbook. com. cn
E － mail	edpbook@sina. com
经　　销	全国新华书店
印　　刷	北京建宏印刷有限公司
开　　本	710×1000 mm　1/16
印　　张	12.5
字　　数	210 千字
版　　次	2019 年 9 月第 1 版
印　　次	2019 年 9 月第 1 次印刷
书　　号	ISBN 978－7－5196－0581－0
定　　价	68.00 元

版权所有　盗版必究　印装有误　负责调换